일본 시민의 역사반성 운동

본서는 2011년도 광운대학교 교내학술연구비 지원에 의해
집필 및 제작되었음.

일본 시민의 역사반성 운동

초판 1쇄 발행 2013년 10월 31일

번역·공저 | 김광열
발 행 인 | 윤관백
발 행 처 | 선인

편   집 | 최진아
표   지 | 안수진
영   업 | 이주하

인   쇄 | 대덕인쇄
제   본 | 바다제책

등록 | 제5-77호(1998.11.4)
주소 | 서울시 마포구 마포동 324-1 곳마루 B/D 1층
전화 | 02)718-6252 / 6257   팩스 | 02)718-6253
E-mail | sunin72@chol.com
Homepage | www.suninbook.com

정가 19,000원
ISBN 978-89-5933-661-6 93300

· 잘못된 책은 바꿔 드립니다.

일본 시민의 역사반성 운동

-평화적인 한·일 관계를 위한 제언-

김 광 열 번역·공저

선인

차례

일러두기

이 책에 게재된 투고자들의 일본어 원고에 있던 '조센진(朝鮮人)'은 '한인'으로, '자이니치 조센진(在日朝鮮人)'과 '자이니치 간코쿠초센진(在日韓國·朝鮮人)'은 모두 '재일 한인'으로 번역하였다. (단 자료명이나 고유명사에 해당하는 것은 직역하였음) 일본어의 '자이니치 조센진'을 '재일 조선인'으로 번역하여 사용한 적이 있으나, 이는 어디까지나 일본어의 직역(直譯)에 지나지 않는 것이며 한국어 사용권에서는 어색한 용어라고 판단하였기 때문이다. 이 '한인' 또는 '재일 한인'이란 용어는 국가의 소속을 초월한 한민족 전체를 지칭하는 것이다.

한·일 간의 역사관련 미해결 과제와 일본 시민운동

김 광 열(金廣烈)*

들어가며

본서는 지난 수십 년 동안 일본의 시민들이 전개한 한국 관련 역사반성 운동을 소개하여 한국인 일반에게 그들의 활동이 가지는 의미를 진지하게 검토하는 기회를 제공함으로써, 향후 한일 양국민이 시민운동이라는 차원에서 새로운 소통의 장을 갖는 계기를 만들고자 하는 것이다.

국가 간의 관계도 인간관계와 마찬가지로 각자가 일방적인 주장만 하면 결코 평화적인 관계를 유지할 수는 없다. 종래에 한국의 시민 사회는 일본의 양식 있는 시민들의 역사반성 운동을 적극 이해하고자 하지 않았다. 하지만 그에 대해 이해하고자 하는 시도는 한일 양국민 사이에 최소한의 공감대가 될 것이다.

특히 역사적 미해결 과제는 쌍방 소통을 하는 '관계사적 시점'에서서 장기적으로 접근을 해야 해소될 가능성이 있다. 그를 위해서

---

* 광운대학교 국제학부 교수.

는 상호의 유사 경험을 가진 양국의 시민들이 교류를 통해 서로 공감대를 형성하는 작업을 꾸준히 지속해야 할 것이다. 이하에서 소개하는 일본의 진보적인 지식인 및 평화운동 계열의 활동가들의 역사반성 운동의 경험은 양국 간에 놓여있는 미해결 역사 문제를 개선할 수 있는 실마리가 될 수 있을 것이다.

1. 한·일 양국 관계 속의 역사관련 현안

일반적으로 국가 간의 외교적 이슈는 각국 정부의 정치적 이해관계와 직결되는 국내 이슈보다 후 순위로 밀리는 경우가 적지 않다. 외교적 이슈 중에서도 그 내용이 역사 관련의 사안이라면 더욱 그렇다. 하지만 국가 간의 외교 테이블에 역사적 사안이 올라갈 때는 당사국 정권의 정치적 입지 때문에 내셔널리즘을 앞세운 원칙론을 되풀이하거나, 역사 인식의 차이로 인해 분쟁으로 변질되는 경우도 있다. 동아시아 국가들 사이, 특히 한일 및 중일 관계에서 그러한 사례를 종종 볼 수 있다.

한국은 1945년 8월 해방 이후, 일본과 국교를 회복하는 과정에서 과거 일본제국의 식민지 강점에 대한 사후처리를 말끔히 했어야 했다. 그러나 1965년 한일조약을 체결할 당시, 박정희 정권은 미국과의 동맹관계 및 경제발전을 우선시한다는 정치적 판단에서, 식민지 강점으로 인한 피해 및 '독도 영유권' 등과 같은 민감한 사안은 미해결 상태로 남겨두었다. 그로 인해 한일 양국은 평소에 서로 양호한 관계를 유지하다가도, 상기의 역사관련 사안이 대두되면 서로 의견충돌이 일어나 감정적인 대립각을 세운다.

그러나 이런 국가 간의 역사관련 사안은 이미 많은 시간이 경과된 것이기 때문에 원칙론만 되풀이하면 절대 해결되지 않을 것이다. 한일 양국의 정부가 역사적 현안에 대해 해결되지 않은 상태를 '즐긴다'면 논외이지만, 무역 등 민간기관의 교류에서 나아가, 상대국과의 정신적인 우호 증진까지 바란다면, 양국 관계사 속에서 국민감정이 상해 있는 부분을 단계적으로 해결하는 방책을 강구해야 할 것이다. 그리고 관민을 초월한 협력 태세를 만들어 양국 간의 대화 채널을 만들어야 할 것이다.

하지만 종래의 양국 관계는 그렇지 않았다. 그리고 양국의 정권은 역사문제를 국내정치에 이용하는 경우도 있었다. 일본 측의 예를 들면, 1980년대부터 지금까지 정부의 대표인 수상이 과거 일본 제국의 침략전쟁에서 사망한 군 관계자와 A급 전범들이 합사(合祀)되어 있는 야스쿠니(靖国) 신사(현재는 도쿄의 종교법인)를 참배하거나 그에 준하는 행위를 한 적이 있다. 이는 일본의 보수 정권이 국내에서 시도한 개혁 정책을 원활하게 수행하기 위해 보수층 유권자의 지지를 폭넓게 모으고자 한 획책이었다. 하지만, 그로 인해 일본은 아시아 주변국으로부터 맹렬한 비판을 받았으며, 특히 한-일 및 중-일 간의 외교 관계가 극도로 나빠졌다. 한편 최근 한국에서는, 건국 최초로 대통령이 독도 상륙을 감행하는 돌발적인 퍼포먼스를 했다. 제2차 세계대전 종결 이후, 한일 관계에서 가장 민감한 사안이 바로 '독도 영유권 문제'이다. 그럼에도 불구하고 당시 대통령이 일부러 그런 선택을 한 것은 국내에서 정치적 위기에 몰린 상황을 모면하고자 했기 때문이었다.

이와 같이 정치적 이해를 위해 역사문제를 이용하는 행위는 양국의 해묵은 역사 현안을 해결하기는커녕, 오히려 더 심각한 국민 감정의 대립과 갈등을 확산시킬 뿐이다. 그 좋은 예로 작년과 금년에 걸쳐 도쿄나 오사카의 한인 집중거주 지역에서 '재일 한인의 특권을 없애는 모임'(재특회)이라는 일본 극우 단체가 현지의 동포들을 배척하는 데모를 자주 벌이고 있다. 근본적으로 극우단체의 배외주의 획책이 잘못된 것이지만, 정치가들이 역사문제를 이용함으로 인해 현실적으로 가장 피해를 보는 것은 상대국 현지에서 생업에 종사하거나 교류를 하고 있는 자국민들이라는 점을 간과해서는 안 된다.

한일 양국 간의 역사 과제는 일방적으로 상대를 무시하거나 자국 우월적인 행위를 해서는 절대 해결할 수 없다. 무엇보다 양국의 양식 있는 시민들 사이에서 근대사 속의 불행한 관계를 반드시 해결해야 한다는 공감대 형성이 중요하다.

2. 상호이해의 구도를 위한 시민운동이 필요하다

종래 한일 양국은 역사관련 문제로 분규가 일어나면 정부든 언론이든 상대의 부당함을 강조하며 비판하였다. 특히 식민지 강점이라는 피해 경험이 있는 한국 측에서 일본을 향한 비판이 한층 강했다.

하지만 이미 한반도가 식민지 강점에서 해방된 지 68년째에 접어들었다. 이렇게 긴 세월이 지났건만 아직도 양국 간에서 역사 관련 사안으로 분쟁이 지속되고 있는 현실을 보면, 과연 양국 정부에게 역사문제를 해결하기 위한 의지가 있는지 의심이 들 정도이다. 역시 이 문제를 풀어가기 위해서는, 무조건 상대방에만 책임을 전가하기보다는 먼저 문제의 현실적인 해결책이 무엇인지를 강구하는 태도가 필요하다.

역사 연구자들이 원리적인 학술 연구의 결과를 도식화하여 나열시키는 형태는 결코 학문의 영역을 넘지 않는다. 언론을 통해 국민 감정을 조장하며 일방적으로 상대에 대해 수정 요구를 한다는 선정적인 방식으로도 이 문제는 해결할 수 없다.

또한 지난 수십 년 동안 한일 양국 간에서 내셔널리즘을 앞세운 역사인식 충돌이 무슨 의미가 있었는지 재고해 볼 필요가 있다. 국민 관심을 주목시키는 정치적인 효과 이외에, 과연 국민들 개개인의 현실생활 개선에 어떤 도움이 되었는지를 돌이켜 볼 때가 되었다. 이제 일단 내셔널리즘적인 사고를 초월하여, 민간 차원에서 가능한 것이 무엇인지부터 찾아서 그것을 지속적으로 발전시키는 국민적 차원의 운동을 모색할 때이다.

그를 위해 무엇보다도 우리는 지난 수십 년 동안 양국의 평화적인 관계를 위해 노력한 시민들의 활동 경험에 주목할 필요가 있다. 한국 사회가 그렇듯이, 일본 사회도 그냥 한 덩어리의 그룹으로 존재하는 것이 아니라, 그 속에는 여러 생각을 가진 다양한 사람들이 공존하고 있다. 전후의 일본에서는 정부나 우익들과는 다른 사상과 행동을 가지며, 식민지 지배의 역사를 반성하고 그 책임을 구명하고자 하는 시민운동이 꾸준하게 이어지고 있는 것이 확인된다.

일본은 패전 직후인 1940년대 후반부터 연합국군 점령통치기구 GHQ/SCAP(General Headquarters/Supreme Commander for the Allied Powers)의 민주화 방침에 따라 경제, 교육, 정치, 농업 등 전 방면에 걸쳐 민주화적인 시스템의 개선이 이루어졌다. 냉전 시작과 6·25전쟁을 계기로 점령통치의 방침이 민주화에서 반공으로 전환하였지만, 민주화 운동은 점령 통치에서 독립한 이후에도 원수폭 금지 운동, 미일안보조약 반대운동, 미군기지 반대운동 등으로 이어졌다. 하지만 초기에는 일본의 민주화 운동과 과거 식민지 지배에 대한 역사반성 운동으로 연결되지는 않았으며, 일본에 잔류한 한인들의 권리옹호 운동 및 민족교육 운동에도 적극적인 관심을 기울이지 않았다.

하지만 한일조약이 체결된 1960년대 이후 한반도에 대한 관심과 우호 친선을 도모하는 진보적인 시민 활동가들의 운동이 서서히 표면화되었다. 이후 1970년대에는 베트남전쟁 반대운동의 흐름을 잇는 활동가들 사이에서 한국의 민주화 운동에 대한 관심이 높아졌고, 더불어 과거 일본제국의 침략사를 반성하는 시민들이 나타났다. 예를 들면, 김대중 구명운동을 포함한 한국 민주화 운동 지원, 일본열도 각지에서 '일조협회'를 중심으로 전개된 '한인강제연행 진상조사' 활동 등을 들 수 있다.

나아가 1980년대에는 한층 더 일본 사회 전체로 확산된 형태로, 외국인등록증 지문날인 반대운동이라든지, 취업 및 복지 차별 등 일본거주 동포들이 일상생활에서 겪는 차별에 반대하는 운동이 전개되었으며, 그를 적극 지원하는 일본 시민그룹의 모습이 확인된다. 1990년대에는 매년 1회씩 아시아태평양전쟁기에 강제동원이 있었던 일본내 각 지역을 순회하는 '한인·중국인 강제연행·강제노동을 생각하는 전국교류집회'가 열렸다. 1990년에 아이치(愛知)현에서 모인 집회를 시작으로 1999년 구마모토(熊本)현 집회까지 10회에 걸쳐 일본 전국의 강제동원 진상규명의 활동가들과 연구자들이 모여 과거 일본제국의 전쟁에 동원된 한인과 중국인의 피해에 대한 운동의 현황을 알리고 과제를 논의하는 집회를 개최하였다.

그러나 한국 사회 일반에 이상과 같은 사실들이 잘 알려지지 않고 있으며, 그들 일본 시민운동가들을 이해하고자 하는 시각조차 형성되어 있지 않다.

3. 강제동원 피해 진상규명 운동은 한일 시민 상호협력의 모델

지난 2010년에는 1910 '한일합방' 늑약이 체결된 지 100년째 되는 해답게 한국과 일본에서 다양한 관련 행사가 개최되었다. 그 중에서도 '강제병합 100년 공동행동 한일 실행위원회'라는 시민 그룹의 행사는 괄목할 만한 것으로서, 같은 해 8월 22일부터 8월 28일까지 서울과 도쿄에서 한국과 일본의 학자, 시민운동가, 학생 등이 회동하여 시민공동선언, 학술회의, 학생포럼, 시민포럼 등의 행사를 개최하였다. 그 일련의 행사는 일본제국주의의 식민지 지배로 인해 한국인이 얼마나 많은 피해를 입었는지를 다각도로 강조하거나, 한국과 일본인 참가자들이 평화를 기원하는 세리머니를 함께 하는 형태였다.

하지만 식민지 강점을 당한 지 100년을 기념하는 행사임에도 주로 1945년 이전의 일본제국주의를 비판하는 구태의연한 내용이 많았던 반면, 미래의 100년을 향해 좀 더 새로운 시도를 하는 내용은 부족했다. 이를테면, 1945년 이후 한일 양국의 시민들이 과거를 어떻게 극복하고자 노력했는지 구체적으로 검토하여 평가하고, 향후의 과제가 무엇인지 논의하는 시도가 필요하다. 쌍방이 소통하는 '관계사적인 시점'에서 미래 지향의 목표를 만들고자 하는 시도이다. 거기에는 당연히 그 동안 일본에서 침략주의적인 역사를 반성하고 수정 행동에 나섰던 양식적인 시민들에 대한 평가도 포함되어야 할 것이다.

이제 한국에서도 일본 측에서 오랫동안 역사책임을 자각하며 운동을 전개해 온 일본시민들의 노력과 활동을 제대로 평가할 때가 되었다. 특히 1990년대부터 일본 각지의 재판소에서 한국인 강제동원 피해자 및 그 유족을 원고로 한 전후보상 요구소송이 전개되었다는 사실에 주목할 필요가 있다. 그 과정에서 한국인 원고와 일본의 지원자들과의 교류가 깊어졌다. 일련의 소송들은 한국 내 민주화 진전의 영향을 받은 동원 피해자나 유족들의 주장으로 연결된 것이지만, 일본의 지원자들이 없었다면 일본에서 소송을 진행하기 힘들었던 것도 사실이다. 그들 일본 지원자들은 과거 일본제국의 한반도 식민지 지배를 반성하고, 한국인 원고가 과거 태평양전쟁 시에 일본의 정부 또는 기업에 의해 동원되어 입은 피해를 보상하라고 요구하는 재판 활동을 적극 후원하였다.

이러한 지난 30여 년 동안 지속된 일본 시민들의 활동은 충분히 주목할 만한 가치가 있다. 그들의 운동은 한일 민간교류사에 있어서 귀중한 경험이라 할 수 있다. 1965년에 맺은 한일 양국의 '청구권협정'이 피해자 보상의 장벽으로 존재하고, 한국정부가 자국민에 의한 전후보상 요구소송에 아무런 도움이 되지 않고 있는 현실 하에서는 더욱 그렇다. 일본 시민그룹의 도움이 없었다면, 1990년대부터 일본에서 진행된 한국인의 전후보상 요구소송은 성립될 수 없었다고 할 수 있다. 그들의 헌신적인 봉사 및 소송 지원을 통한 민간교류의 귀중한 경험이 현대 한일 관계에서 무엇을 의미하는지 제대로 평가할 필요가 있다.

그러나 관련된 과제를 해결하기 위해 무엇을 해야 할 것인지 논의하는 공동의 장조차 형성되어 있지 않다. 그 이유를 생각해 보면, 보통 한국인은 식민지 강점의 역사에 대한 불편한 감정으로 일본 시민들의 지원 활동을 '당연한 것'으로 인식하고 있기 때문은 아닐까. 하지만 일반적으로 현재 시점을 살고 있는 사람은 자기와 직접 이해관계가 없는 과거의 일에 대해 책임을 지는 경우는 없다.

일본시민들의 한국인 전후보상 소송 지원 활동을 '일본인이니까 당연하다'라고 대수롭지 않게 넘길 일이 아니다.

필자는 지난 수십 년 동안 일본에서 전개된 그 시민운동이 엉클어져 있는 한일 양국의 역사 분쟁을 푸는 실마리가 된다고 생각한다. 따라서 본서를 통해, 그들 일본 시민들의 실천 기록을 한국의 독자에게 소개하고자 한다. 이를 통해 일단 그들의 노력이 한국 사회에서 이해되는 기회가 되었으면 한다. 물론 일본에서 전개된 한·일 간 과거사 관련의 시민운동 속에는 우리 동포들도 존재한다. 하지만, 본서에서는 우선 일본 사회의 다수자인 일본인에 의한 운동을 먼저 소개하고자 한다. 재일 동포들의 마이너리티 입장에서 전개된 다양한 운동은 차후의 기회를 통해 소개 및 정리하고자 한다.

4. 본서에 게재한 일본 활동가 13명의 기록

본서에 소개하는 일본인 활동가(연구자 포함) 13명은 모두 해당 주제의 운동에서 대표자 또는 중요한 축을 맡고 있는 인물들이다. 원고료를 드리지 못하는 집필 부탁이라 그런지, 애초에 예정한 원고 모집에 무척 많은 시간이 걸렸다. 필자는 이들 전원에게 해당 운동에 참가한 계기를 포함하여 운동의 경과와 과제 등에 대해 집필을 부탁하였다. 대개의 투고자들이 그 형식에 따라 집필해 주었지만, 그렇지 않은 투고자도 소수 있다. 하지만 그것도 각 활동가들의 개성이며, 이들이 수십 년 동안 활동했던 '기록'을 한국의 독자에게 전달하는 것이 더 중요하므로, 억지로 형식을 통일하지 않고 그대로 번역하였다. 이 '기록' 자체가 감동을 주고도 남음이 있다고 생각되기 때문이다.

전체 구성은 제1부, 제2부로 나누었다. 그 취지와 각 부별로 실은 글에 대해 간략히 설명하면 다음과 같다.

제1부에는, 과거 일본제국이 한반도를 강점한 역사의 결과가 일본 사회에서 어떻게 존재하고, 일본 시민들이 그를 둘러싼 문제를 어떻게 해결하고자 하였는지에 관한 글들을 실었다.

야마다 쇼지(山田昭次) 씨는 「관동대지진 시 한인 학살사건을 둘러싼 전후 일본인의 운동」에서 금년에 90주년을 맞이한 1923년 관동대지진 시의 한인 학살사건을 그동안 일본인이 어떻게 추도했는지에 대해 전전과 전후로 나누어 개괄적으로 고찰하였다.

히구치 유이치(樋口雄一) 씨는 「일본조선연구소와 한일조약 반대운동」에서 1960년대 일본에서 한반도에 관한 연구와 한일 국교정상화 반대운동의 중심에 있었던 일본조선연구소의 행적과 주요 인물에 대해 정리하였다.

사토 노부유키(佐藤信行) 씨는 「'전후 일본'과 재일 한인」에서 1970년대 이후 일본에서 전개되었던 재일 한인 인권옹호 운동의 주요 흐름을 짚었고 최근 2012년의 외국인등록법 개정의 의미를 살펴보았다.

호리우치 미노루(堀內稔) 씨는 「무궁화 회, 효고(兵庫)조선관계연구회, 청구(靑丘)문고, 고베(神戸)청년학생센터을 통해 본 한반도 관련 운동」에서 재일 한인의 최대 거주지인 간사이(関西) 지방의 고베(神戸) 지역에서 활발하게 활동한 4개 단체의 창립 과정과 활동 상황을 정리하였다.

히다 유이치(飛田雄一) 씨는 「일본에서 전개된 강제동원 전후보상 요구 운동」에서 한국인 원폭피해자의 소송 지원에서 시작한 전후보상 지원 운동이 1990년대에는 '강제연행－강제노동을 생각하는 집회'를 일본 각지를 순회하며 개최하였고, 2005년에 한국정부가 강제동원피해를 조사하는 위원회를 설치한 것에 호응하여 일본의 활동가들이 강제동원 진상구명 네트워크를 설립한 과정과 과제를 정리하였다.

　제2부에서는, 일본제국에 의한 식민지 강점의 모순이 확실하게 나타난 아시아태평양전쟁기의 한인 강제동원 피해에 대해 일본 시민들이 구체적으로 어떠한 운동을 전개하였는지에 관한 글을 모았다. 외견상으로는 각 글의 주제가 넓거나 좁은 것처럼 보이지만, 자세히 보면 결국 필자들이 추구하는 결론은 제국주의 침략의 피해를 해결함으로써 한일 간의 진정한 우호 관계를 이루자는 것이다. 더욱이 지역에서 전개된 운동의 구체적인 사례를 통해 당해 운동의 진면목을 볼 수 있다.

　도노히라 요시히코(殿平喜彦) 씨는 「홋카이도(北海道)의 민중사 운동과 강제동원 피해규명 운동」에서 전후 일본에서도 특이한 홋카이도 지방의 '민중사 발굴 운동'의 경과와 그 흐름을 잇는 '강제연행·강제노동 희생자를 생각하는 홋카이도 포럼'이라는 시민운동 단체가 전개한 강제동원 희생자 유골 반환운동의 경과를 정리하였다.

　야노 히데키(矢野秀喜) 씨는 「강제동원 기업을 대상으로 한 전후보상 운동의 경과와 의의」에서 정부의 전쟁에 협력하기 위해 한인을 동원하여 직접 사역시킨 일본 기업을 상대로 전후보상 책임을 추궁하는 소송 지원 운동의 경과와 그 의의를 정리하였다.

　다케우치 야스토(竹內康人) 씨는 「시즈오카(静岡)현에서 전개된 한인 강제노동 진상규명 운동」에서 시즈오카현을 중심으로 강제동원의 현장을 발굴하거나 한국의 피해자 지원 운동의 전개 과정에 대해 정리하였다.

후루카와 마사키(古川雅基) 씨는 「재한 군인군속 피동원자의 재판 지원 활동」에서 일본의 전쟁에 군인 또는 군속으로 동원된 한국인의 보상요구 소송 지원 활동의 경과와 의의를 정리하였다.

곤도 이즈미(近藤泉) 씨는 「나가노(長野)현에서 전개된 강제동원 진상규명 운동」에서 대학생 시절에 재일 한인과 만났던 경험이 나가노현 내의 강제동원 사실 규명 운동으로 연결되는 과정과, 전쟁 말기에 천황을 피신시키려고 현내의 마쓰시로(松代)에 건설한 거대한 지하 요새를 보존하고자 하는 운동에 대해 정리하였다.

야마모토 나오요시(山本直好) 씨는 「일본제철 가마이시(釜石)제철소 피동원자의 소송 지원 운동」에서 현재 일본의 최대 제철회사인 신일철주금 주식회사의 전신에 해당하는 일본제철 주식회사의 가마이시제철소에 동원되었다 사망한 한국인 소송 지원운동의 경과를 정리하였다. 또한 같은 일본제철의 오사카(大阪)제철소에 동원되었던 한국인의 미불임금 반환소송 지원 운동을 정리한 나카타 미쓰노부(中田光信) 씨의 「일본제철 오사카제철소의 피동원자 소송 지원 운동」을 실었다.

끝으로 고바야시 히사토모(小林久公) 씨는 「한인 강제동원 희생자의 유골반환 운동」에서 일본에 동원되어 노동 중에 희생된 한인들의 유골을 발굴하고 반환하는 운동을 정리하였다.

이상에서 소개한 바와 같이, 열정에 찬 일본인 활동가들의 경험담이 한국인 독자들에게 새로운 자극을 주리라 믿는다. 그들의 활동기록을 보면 종래 한국의 매스컴 등에서 비춰졌던 획일적인 일본상과는 다르다는 것도 잘 알 수 있을 것이다. 그들이야말로 근린 우호평화와 민주적인 일본 사회를 추구하고 있는 진정한 국제주의 자들이다. 특히 홋카이도의 강제동원·강제노동 진상규명 운동은 필자도 현지에서 직접 지켜본 경험이 있는 운동으로서, 일찍이 당해 지역에서 전개된 민중사 운동의 흐름을 계승하며 민족을 초월하여 과거 제국주의 시대에 희생된 동아시아 민중의 슬픈 역사를 발굴하고 기억하자는 활동이다.

(※ 본서에 실은 일본의 연구자 및 활동가 14명의 기록은 일본어로 된 원고를 받아서 필자가 번역했다. 이 중에서 야마다, 히구치, 히다, 호리우치 네 사람의 원고는 2011년 8월에 광운대학교에서 개최된 '한일 합동 심포지엄'의 발표문(이 책의 발행의도와 동일한 내용)을 저자들에게 가필 및 수정을 부탁한 다음, 필자가 다시 번역을 체크하였다.)

[제 1 부]

일본 사회에 존재하는 한반도 관련의 역사문제와 시민운동

관동대지진 시 한인 학살사건을 둘러싼 전후 일본인의 운동

-한인 희생자 추도 및 조사 활동과 한인 학살에 관한 국가책임 추궁-

야마다 쇼지(山田昭次)*

[서장] 패전 이전에 해결되지 않은 관동대지진 한인 학살사건이라는 부(負)의 유산

들어가며

본고는 1923년 9월의 관동대지진 시에 일어난 한인 학살사건의 책임을 전후의 일본인이 추도 및 조사 활동을 통해 국가책임을 추궁하는 형태로 추진한 과정을 밝히고자 한다. 그에 앞서 ① 관동대지진 시의 한인 학살에 관한 국가책임이란 무엇인가, ② 제2차 세계대전 종결 이전의 일본인은 한인 학살에 관한 국가책임을 추궁했는가, 이 두 가지를 먼저 해명하면 패전 이후 일본인이 해야 했던

---

* 릿쿄(立敎)대학교 사학과 명예교수. '관동대지진 조선인 학살의 국가 책임을 묻는 모임' 공동대표.

과제가 분명해질 것이기 때문에, 위에서 말한 두 가지부터 검토하고자 한다.

1. 한인 학살에 관한 국가책임

관동대지진 시의 한인 학살에 관한 국가책임을 크게 나누면, 1) 한인 학살사건을 일으킨 책임, 2) 한인 학살사건을 일으킨 책임을 철저하게 은폐한 사후 책임, 이 두 가지이다. 이제까지의 연구는 사후책임에 대해서는 그다지 관심을 갖지 않았지만, 사실은 매우 중대한 문제를 내포하고 있다.

1) 한인 학살사건을 일으킨 국가의 책임

경찰관을 비롯한 관헌이 한인이 폭동을 일으켰다고 믿고, 이 오인정보를 유포하고, 군대뿐만 아니라 방대한 수의 일본 민중을 한인 학살로 유도했다는 책임이다. 그 원인은 일본 관헌이 한인 특히 재일 한인의 민족운동 고양과 그에 대한 일본인 사회주의자의 연대 지향성이 생겨난 것에 대해 강한 경계심을 갖고 있었기 때문이다.

대지진이 발생한 것은 9월 1일 오전 11시 58분 44초이다. 그리고 9월 1일 저녁에는 이미 경찰관이 한인이 살인과 방화를 했다는 소문을 퍼뜨리기 시작해, 군인과 민중의 한인 학살이 시작되었고, 밤에는 경시청 산하의 경찰서는 군대의 지원하에 일본인 사회주의자들을 검속하기 시작했다. 9월 2일에는 도쿄(東京)와 가나가와(神奈川)현에서 경관이 더욱 활발히 오인정보를 퍼뜨리고 다녔으며, 민중에 대해서 "한인을 죽여도 지장이 없다"고 학살을 용인하는 태도를 취했기 때문에 한인 학살을 자랑하는 사람도 있었다. 9월 2일부

터 3일에 걸쳐 경찰을 관할하는 최고 관청인 내무성 경보국(警保局)이 한인이 폭동을 일으켰다고 하고, 한인에 대한 경계 강화를 전국의 도부현에 명령했다(山田昭次, 「関東大震災時の朝鮮人虐殺事件の歴史的意味と国家責任·再考」; 関東大震災85周年シンポジウム実行委員会編, 『震災·戒厳令·虐殺』, 三一書房, 2008년, 66~67쪽, 77~81쪽).

한편, 9월 2일에 도쿄시와 그 주변 5개 군에 계엄령이 시행되었다. 그리고 3일에는 도쿄부와 가나가와현에, 4일에는 사이타마(埼玉)현과 지바(千葉)현에 계엄령이 시행되었다. 이것이 민중의 한인 학살을 촉진했다. 민중에 의한 한인 학살은 일반적으로는 1일 밤부터 6일까지 행해졌고, 군대의 한인 학살은 5일까지 행해졌다. 단, 지바현 나라시노(習志野)에 주둔하고 있던 기병대는 7일부터 9일에 걸쳐 나라시노 수용소에 수용되어 있던 한인을 그 주변 농촌의 농민에게 넘겨서 죽이게 했다(千葉県における関東大震災と朝鮮人犠牲者追悼·調査実行個委会, 『いわれなく殺された人びと一関東大震災と朝鮮人一』, 青木書店, 1983년, 124쪽).

2) 한인 학살 책임을 회피 및 은폐한 국가의 사후책임

(1) 한인 폭동의 날조에 의한 책임 회피책

9월 5일에 임시 진재(震災)구호사무국 경비부에 모인 각 방면의 관헌은 "한인이 폭행 또는 폭행하려고 한 사실을 적극적으로 조사하고, 긍정하게끔 힘쓸 것" "뜬소문을 철저하게 조사하고, 이것을 사실로 할 수 있는 만큼 조사해서, 이것을 가능한 사실로써 긍정하게끔 노력할 것"을 정하였다(姜德相·琴秉洞 편, 『現代史資料 6 関東大震災と朝鮮人』, みすず書房, 1963년, 79~80쪽). 즉, 일본 관헌은

<표 1> 사법성이 발표한 관동대지진 시 '한인 범죄'의 신빙성

사건의 신빙성의 정도	죄 명	건 수	인 원(명)
① 피의자의 성명 불명	유언비어, 방화, 협박, 강간, 강도 기타	20	85~86
② 30명 정도의 단체 사건, 1명을 제외 성명 불명, 성명 판명자도 소재불명	강도	1	약 30
③ 용의자의 성명은 판명되지만 소재불명, 도망, 사망 등	강도강간, 살인미수	3	4
①~③의 합계		24	119~120
④ 용의자로서 취조, 예심, 공판 중	강도, 폭발물 단속벌칙 위반, 총포화약 단속벌칙 위반의 용의	3	3
⑤ 용의자의 성명 판명	절도, 횡령, 장물운반	15	16
합 계		42	138~139

*司法省,「震災後に於ける刑事事犯およびこれに関連する事項調査書」; 姜徳相·琴秉洞 編·解説,『現代史資料 6 関東大震災と朝鮮人』, みすず書房, 1963년, 420~432쪽에서 작성.

5일이 지나도 한인 폭동의 확증을 발견하지 못했으므로, 그것을 날조해서라도 국가의 학살 책임을 회피할 방침을 세웠던 것이다.

10월 20일, 사법성은 소위 '한인 범죄'라는 것을 발표했다. 그 발표를 정리하면 <표 1>과 같다. 이 표에 의하면, ①②③으로 분류된 자는 성명불명, 소재불명, 사망, 도망 등으로서 확실한 증거가 없는 자들이며, 그 인원수는 119~120명으로 전체 138~139명의 약 86%를 차지한다.

④로 분류된 취조, 예심, 공판중인 자는 범죄인이라고 할 수 없다. 법적으로 말하면, 판결이 내려질 때까지는 용의자인 것이지 범

죄인은 아니다. 법을 관장하는 사법성이 이것을 무시했다.

⑤로 분류된 절도, 횡령, 장물운반 등의 행위는 진재와 화재로 생계가 곤란한 자가 행한 행위일 것이다. 당시는 일본인도 이러한 행위를 한 자가 많이 있었다. 따라서 이 행위에는 정치성은 없다.

결국, 사법성이 발표한 '한인 범죄'란 확증이 없고, 일본정부에 의한 한인 학살을 정당화하기 위해서 날조한 것에 지나지 않는다.

(2) 형식적인 재판에 의한 한인 학살의 국가책임 회피

임시 진재구호 사무국의 경비사법위원회는 9월 11일에 한인 학살 가해자에 대한 검거 방침을 아래와 같이 결정했다(松尾章一監修, 田崎公·坂本昇編, 「関東戒厳司令部詳報」, 『関東大震災政府陸海軍関係資料』, 日本経済評論社, 1997년, 154쪽).

   - 정상참작을 해야 할 점이 적지 않기 때문에, 검거의 범위는 현 저한 자에게만 한정한다.
   - 경찰에게 반항한 자에 대한 검거는 엄정하게 한다.

가해자 검거는 9월 19일부터 10월 사이에 이루어졌고, 이후 재판이 전개되었다. 제1심의 판결 상황을 정리한 것이 다음 페이지의 〈표 2〉이다.

이를 통해 다음과 같은 경향을 볼 수 있다. 한인을 학살해서 형을 언도받은 피고는 80% 이상이 집행유예였고, 실형을 받은 피고의 형량은 징역 1년 이상 4년 이내였다. 경찰서 또는 경찰 차량을 습격하고 한인을 학살해서 형을 언도받은 피고는 50% 가까이가 실형을 받았고, 최고 형벌이 징역 5년 이상이었다. 일본인을 학살한 피

<표 2> 관동대지진 시 한인 · 일본인 학살사건 제1심 판결 분류

사건의 유형		한인 학살	경찰습격 · 한인 학살	일본인 학살
건 수		17건	5건	16건
실 형	징역 5년 이상	–	2명	2명
	징역 4년 이상	–	5명	1명
	징역 3년 이상	2명	6명	12명
	징역 2년 이상	5명	15명	30명
	징역 1년 이상	9명	17명	9명
	징역 반 년 이상	–	3명	–
	소 계	16명	48명	54명
집행유예 피고수		81명	54명	37명
A: 형벌언도를 받은 전체 피고수		97명	102명	91명
A중, 실형을 언도받은 피고율		16.5%	47.1%	59.3%
무죄가 된 피고		5명	4명	0명

고는 60% 가까이가 최고 징역 5년 이상의 실형을 언도받았다.

즉 한인을 학살한 피고의 경우는 대부분이 집행유예를 받았고, 실형이라 해도 가벼웠다. 그에 반해 한인을 학살하기 위해서 경찰서나 경찰의 트럭을 습격한 피고 또는 일본인을 학살한 피고는 더 무거운 형벌이 가해졌다.

(3) 경찰의 일본정부 은닉과 인도 요구에 대한 거부

경찰은 학살된 한인 유해를 숨겼다. 경시청은 '재일본 관동지방 이재 동포 위문반'이라는 한인 조사단의 유해 인도 요구를 거부했

다(山田昭次, 『関東大震災時の朝鮮人虐殺－その国家責任と民衆責任』, 創史社, 2003年, 180~185쪽; 같은 책 한국어 번역본, 논형, 2008년, 203~208쪽).

(4) 한인 폭동 소문 유포의 책임을 민중에 강요, 관헌 자신의 오인 정보 책임 은폐

한인 학살사건 직후 발표된 내무대신 미즈노 렌타로(水野錬太郎), 내무성 경보국장 고토 후미오(後藤文夫), 경시총감 아카이케 아쓰시(赤池濃) 등의 담화는 모두 관헌이 오인 정보를 유포한 사실을 은폐했다. 또한 경시청이 편집 간행한 『대정 대진 화재지(大正大震火災誌)』(1925년)와 가나가와(神奈川)현 경찰부가 편집 간행한 『대정 대진 화재지』(1926년), 가나가와현의 경찰관 니시자카 가쓰토(西坂勝人)의 『가나가와(神奈川)현의 대진재와 경찰』(警友社, 1926년), 법무부 특별심사국장인 요시카와 미쓰사다(吉川光貞)의 『관동대지진의 치안 회고』(法務府特別審査局, 1949년)에서는 오인 정보가 발생하고 유포한 책임을 모두 일반 민중에게 떠넘겼다(山田昭次, 「関東大震災時の朝鮮人虐殺事件の歴史的意味と国家責任を改めて考える」(2), 『統一評論』, 2008년 10월호, 45~48쪽).

(5) 재일 한인이 다년간 실시한 한인 학살 희생자의 추도 및 항의 운동에 대한 경찰의 탄압

재일 한인은 한인 학살사건 이후 한인 희생자를 추도하고 학살에 항의하는 운동을 여러 해에 걸쳐 끈질지게 실시했다. 경찰은 이 운동을 실시하는 좌익 한인에 대해서 특히 엄하게 탄압을 가한 결과, 재일 한인에 의한 한인 희생자의 추도 및 학살 항의 운동은

1939년에 완전히 종식되었다(山田昭次, 「戰前における在日朝鮮人の
関東大震災時被虐殺朝鮮人追悼·抗議運動年表」, 『在日朝鮮人史硏究』 제
40호, 2010년, 61~71쪽).

2. 한인 학살의 국가책임에 대한 패전 이전 일본인의 추궁

한인 학살사건 1주년이 다 된 1924년 8월에 2개의 신문이 한인
학살에 관해 국가책임을 추궁하는 목소리를 높였다. 첫 번째는 8월
28일자 『아사히(朝日)신문』의 「오늘의 과제」란이었다. 거기에는 "진
재 당일을 기념하게 된다면, 우선 이 한인 소동의 전말을 뭔가의
방법으로 공표하고, 잘못을 천하에 사죄하는 것이 첫 번째"라고 주
장하였다. 그리고 현실에서는 "한인 사건에 관해서 잊게 하려고 하
든지, 걸핏하면 비밀리에 처리해 버리려고 노력한다. 더욱 창피를
당할 것"이라고 하였다. 비판의 대상을 명시하지는 않았지만, 일본
정부의 태도를 지적한 것이다.

두 번째는 8월 29일자 『호치(報知)신문』 석간의 논설 「무수한 비
극을 낳은 유언비어의 자초지종은 영원히 비밀리에」였다. 이 비판
은 매우 통렬하다. "지금도 경시청은 진재 당시의 유언비어의 출처
를 아직도 모른다. 정말로 이상한 일이다. (중략) '전혀 자경단 조
직 같은 것을 권유한 기억이 없어요'라고 시치미 떼고 있다. 입만큼
편리한 것이 없다. (중략) 유언비어의 출처가 관헌이라는 것을 증
명할 근거는 얼마든지 있지만, 책임을 진 관리는 한 사람도 없다.
결국 영원히 비밀리에 부쳐지고 말았다"고 정부를 비판했다.

같은 해 12월 15일, 제국국회 중의원 본회의에서 헌정회 소속의
국회의원 나가이 류타로(永井柳太郎)는 9월 2일에 내무성의 지시로

사이타마현 내의 군정촌장 앞으로 자경단의 결성을 명령한 사이타마현 내무부장의 통지와 9월 3일 후나바시(船橋) 해군 무선전신송신소에서 전국 지방장관 앞으로 보낸 내무성 경보국장의 한인 단속 명령의 전문 등, 확실한 증거를 내세워 "정부가 직접 보낸 이 유언비어에 대해 책임을 느끼지 않는가"라고 정부에 다그쳤다. 총리대신인 야마모토 곤노효에(山本權兵衛)가 나가이의 질문의 핵심을 피하는 답을 하자, 나가이는 다시 답변을 요구했다. 그러자 야마모토는 "정부는 일어난 사항에 대해서 현재 조사 중이다. 마지막 단계가 되면 그 사항을 본 회의에서 호소할 때도 있겠지만 오늘은 아직 그 시기가 아니라는 것을 알아주길 바란다"고 답했다(『官報号外』, 1923년 12월 16일, 105~111쪽).

그러나 현실은 위에서 서술한 바와 같이 관헌의 책임을 은폐하는 작업이 착착 진행되고 있었다. 패전 이전 시기에 국가책임을 추궁하는 작업은 더 이상 볼 수 없었다. 따라서 국가책임의 추궁은 패전 이후 일본 사회의 과제로서 남겨졌다.

[제1장] 전후 재일 한인에 의한 관동대지진 시 한인 학살의 국가책임 추궁운동

들어가며: 한인 학살의 국가책임을 추궁하지 않는 일본인에
　　　　　대한 역사학자 금병동의 비판

전후 일본인의 관동대지진 시 한인 학살의 국가책임 추궁운동을 서술하기 위해서는 먼저 재일 한인에 의한 학살에 대한 국가책임 추궁운동을 서술하지 않으면 안 된다. 왜냐하면, 이 점에 있어서

일본인의 운동은 재일 한인의 운동에 비해서 훨씬 후진적이었기 때문이다. 1996년에 재일 한인 역사학자 금병동(琴秉洞)은 일본인에 대해서 다음과 같은 비판을 하였다.

> 대진재 시의 한인 학살은 천하가 다 아는 명백한 대량 학살사건인데 일본정부의 대답은 전혀 없고, 그 정부의 비열함을 추궁하는 국민적·대중적 또는 국제적인 운동 기반도 없으며, 국회에서의 본격적인 논쟁도 없다는 것을 어떻게 생각하면 좋겠는가. 물론, 진지하고 선의에 찬 개별 연구도 많이 있고, 대진재 기념일 때마다 자기 책임으로 보는, 죄악감과 성의에서 나온 큰 행사나 행동, 그리고 연구 발표도 적지 않다. 많은 사람들이 참가하고 있는 것을 알고 있고, 참으로 고마운 일이라고 생각한다. 그러나 국가 차원에서 정부의 답변도 전혀 없고, 그것을 촉구하는 운동체도 없는 것은 왜일까, 라고 생각하지 않을 수 없다(琴秉洞 編·解説, 『関東大震災朝鮮人虐殺問題関係史料 Ⅳ 朝鮮人虐殺に関する知識人の反応』2, 緑蔭書房, 1996년, 16쪽).

이 금병동의 비판은 일본인의 사상 상황 및 운동 상황을 적절하게 파악한 것이라 할 수 있다. 패전 이후 일본인의 운동에 대해 설명하기 전에, 일찍부터 한인 학살에 대한 국가책임 추궁의 목소리를 높였던 재일 한인의 운동을 먼저 서술할 필요가 있다.

1. 재일본조선인연맹에 의한 관동대지진 한인 희생자 추도 운동의 부활

1945년 8월 15일 일본패전 이후, 재일 한인에 의한 관동대지진 한인 희생자 추도운동은 매우 빨리 부활되었다. 같은 해 10월 15일에 각지에서 자생적으로 조직된 수많은 한인 단체를 통일하여 재일본조선인연맹(이하 '조련')이라는 전국적 단체가 결성되었다. 조련은 1946년 9월 1일에 '관동대지진 학살희생자 추도회'를 개최했다.

조련의 '제8회 중앙위원회의사록'에 있는 '총무부 경과보고'에 의하면, 학살희생자 추도회에는 일본인 민주단체도 준비회 일원으로 가담하였다. 일본인은 장소와 연사 등의 준비를, 조련은 동원을 분담했다. 당일의 첫 번째 집회장소인 황거 앞 광장에서는 오전 10시부터 추도 대회가 개최되었다. 참가자는 약 1만 명이었고 대부분이 한인이었다. 연사는 진재 당시의 목격자, 경험자, 일본의 해방운동가였다. 두 번째 집회장소인 도쿄 간다(神田)의 공립 강당에는 약 5천 명이 참가했다. 이 대회에서는 그 당시의 사태와 경험을 자세히 설명하고, 23년간이나 공공연한 비밀로 부쳐온 역사의 죄악이 이날 청천백일 하에 대중 앞에 판연하게 드러나서 모두 알게 되었다. 특히, 일본제국주의하에서 신음했던 민중이 어떠한 길을 찾아야만 하는지가 그 국제적인 추도회 단상에서 강조되었다. 연사는 일본 자유법조단의 후세 다쓰지(布施辰治)1), 일본공산당의 노사카 산조(野坂三造)2), 도쿠다 큐이치(德田球一)3) 그리고 김천해(金天海)4) 등이

---

1) 1880~1953년. 변호사. 미야기(宮城)현 출신. 1903년에 도쿄변호사회에 변호사 등록. 톨스토이의 영향을 받은 인도주의자, 평화주의자. 일본패전 이전에는 식민지 출신 한인 및 대만인의 구제, 치안유지법 사건의 변호를 주로 맡았다. 대표적인 사건으로는 '대역죄'로 체포된 박열과 가네코 후미코(金子文子) 재판이 있다. 전후에는 식량 메이데이, 미타카(三鷹) 사건, 스이타(吹田) 사건의 변호를 맡았다(역자 주).

2) 1892~1993년. 야마구치(山口)현 출신. 정치가, 국회의원(참의원). 1922년 7월 일본공산당 창립에 참가, 1923년 1차공산당 탄압 및 1930년 3.15탄압에서 치안유지법 위반으로 체포. 1931년 소련 입국, 1935년 코민테른 위원이 된 후 미국에서 대일 공작. 1940년 중국 연안에서 일본인 포로들과 반전 운동을 전개. 일본패전 이후 1955년 일본공산당 제1서기, 1958~1982년 중앙위원회 의장 역임(역자 주).

3) 1894~1953년. 사회운동가, 정치가. 오키나와 출신이란 이유로 유년기의 차별

었다(朴慶植, 『朝鮮問題資料叢書 第9卷 解放後の在日朝鮮人運動 1』,
アジア問題研究所, 1983년, 109~110쪽).

2. 재일 한인에 의한 국가책임 추궁운동

재일 한인에 의한 관동대지진 한인 학살의 국가책임 추궁운동도
비교적 일찍 시작되었다. 재일대한기독교 고구라(小倉)교회의 최창
화(崔昌華)5) 목사를 대표로 하는 '재일 한국인·조선인의 인권획득
투쟁 전국연합회'는 1978년부터 매년 9월 1일에 도쿄 간다(神田)에
서 집회를 개최하였다. 1990년의 9·1집회는 도쿄의 치요다(千代田)
구 간다 미토시로(美土代)정의 도쿄YMCA에서 개최되었는데, 관동
대지진 시 한인 학살에 대한 사죄의 결의, 학살의 실태조사, 자료
의 보관, 추도비 및 자료관의 건립을 요구하고, 국회에 청원할 것
을 결의했다(동 전국연합회자료). 이 국회청원 결의는 최창화 목사
가 1995년에 사망해서 실현되지 않았지만, 일본의 정부 내지 국회
에 대해 한인 학살에 관한 국가의 책임을 공적으로 인정하라고 하

경험을 딛고 1920년 변호사 자격 취득. 1921년 극동민족대회 출석. 1922년 7
월 일본공산당 창립에 참가. 1928년 3.15 탄압 시에 치안유지법 위반으로 체
포. 1945년 10월에 출옥 후 일본공산당 서기장. 1946년 중의원 의원. 1950년
6월 레드 퍼지로 공직 추방. 1953년 북경에서 사망(역자 주).

4) 1898~미상. 울산 출신. 재일 사회운동가, 정치가. 본명 김학의. 1925년 재일
본노동총동맹 조직. 1928년 조선공산당 일본총국 책임비서. 3.15 탄압 시에
치안유지법 위반으로 체포. 1945년 재일본조선인연맹 창립. 일본공산당 중
앙위원, 정치국장 역임. 1949년 공직추방 후, 북한으로 방명(역자 주).

5) 1930~1995년. 평안북도 출신. 1950년에 도일, 1958년 고베(神戸) 개혁파 신학
교 졸업. 1968년 김희로 사건 이후 인권운동에 관여. 1975년 NHK를 상대로
"한국인 이름을 일본어 음으로 방송하는 것은 인권침해"라고 소송을 제기하
나, 최고재판소에서 패소. 이후 일본의 매스컴에서는 한인의 이름을 원음대
로 발음하게 됨. 1980년대는 지문날인 거부 운동에서도 앞장섬(역자 주).

는 재일 한인의 요망이었다.

1998년 8월 31일, '관동대지진 시에 학살된 조선인 동포를 추도하는 지바현 서부지역 동포의 모임' 대표인 이병하는 일본변호사연합회(이하 '일변연') 앞으로 「관동대지진 시의 조선동포 대학살에 관한 인권구제 신청」을 제출했다. 그것은 "일본정부는 관동대지진 시에 아무런 죄도 없는 수많은 우리 동포의 목숨을 빼앗은 대학살에 대해 사건의 진상조사를 포함한 적절한 조치를 강구해달라"고 요청하는 것이었다. 이 인권구제 신청을 한 배경에는, 그동안 장기간에 걸쳐 지바현 서부에 거주하는 한인들이 실시한 추도 행위가 있었다. 인권구제 신청을 할 즈음에 실시한 조사에 참가한 재일본조선인총연합회(이하 '총련') 지바(千葉)현 서부지부 고문인 박찬준의 증언에 의하면, 1946년 9월 1일에 조련 지바현 서부지부와 그 지역거주 한인들이 후나바시(船橋)시 혼쵸(本町) 2정목의 화장장 근처에 있던 '법계 무연탑'(1924년 후나바시불교연합회 건립) 앞에서 개최한 관동대지진 한인 희생자 추도회가 이 지역 동포모임이 설립된 발단이었다. 이 화장장은 1923년 9월 4일에 후나바시쵸 고코노카이치(九日市)에서 일본인 민중에 의해 학살된 다수의 한인 유해를 임시로 매장한 장소이다. 패전 이전에는 1935년과 1937년의 9월 1일에 후나바시의 한인모임인 자조융화회가 여기에서 추도회를 개최하였다(內務省警保局, 『社会運動の状況』, 1935년분, 1937년분; 內務省警報局, 『特高月報』 1935년 9월분, 1937년 9월분). 이를 통해, 전후 한인의 추도회가 패전 이전에 한인이 개최했던 추도회를 계승하고 있음을 알 수 있다.

1947년의 3·1운동 기념일에는 이 화장장의 근처에 조련 지바현 본부에 의해 '관동대지진 희생동포 위령비'가 건립되었다. 이병하의 청취 조사에 따르면, 현지의 한인들이 곤궁한 생활에도 불구하고 건립비를 갹출했다고 한다. 비석의 뒷면에는 조련 중앙총본부위원 장 윤근이 기초한 한글 비문이 새겨져 있다. 이 비문은 다음과 같 이 일본정부의 한인 학살 책임을 명기하였다.

> 당시 야마모토 군벌내각은 계엄령을 시행하여, 사회주의자와 한 인들이 공모, 폭동을 계획 중이라는 근거 없는 소문을 내어 재향군 인과 우민을 선동·교사하여 사회주의자와 우리 동포를 학살시켰다.

그 후 오늘날까지 재일 한인이 건립한 추도비를 봐도 이 정도로 일본정부의 한인 학살 책임을 명기한 비문은 없다. 그것은 이 비문 이 쓰여진 시기가 해방으로 한인의 사기가 고양되어 있었던 일본 패전 직후였기 때문일 것이다.

지바현 서부지역의 한인들은, 1947년 이후 이 추도비 앞에서 매 년 9월 1일에 추도식을 거행하게 되었다. 이 추도비는 1963년에 후 나바시시의 마고메(馬込) 공동묘지로 이전했기 때문에, 추도식도 거기에서 행해졌다. 참가자는 100명 정도였는데, 많을 때는 120명 에서 130명이 모였다. 이것을 연례행사로 하고자 해서 '관동대지진 시에 학살된 한인 동포를 추도하는 지바현 서부지역 동포의 모임' 이 조직되었다. 이병하의 증언에 의하면, 한인 동포로부터 "매년 그저 제사만을 올리고 있어서는 아무런 해결이 나지 않는다"라는 목소리가 높아져서 인권구제 신청에 이르렀던 것이다. 즉, 지바현 서부거주의 한인들은 장기간 추도 행위의 결과, 일본정부의 사죄 를 요구했던 것이다. 그 인권구제 신청을 한 이듬해 1999년 12월 10일에 문술선이 '조선인강제연행진상조사단' 재일 한인 측 사무국 장 홍상진을 대리인으로 하여 일변연에 인권구제 신청을 했다. 그

녀는 관동대지진 당시 16세였고 도쿄부 에바라(荏原)군 오이(大井)쵸(현 도쿄도 시나가와(品川)구 오이마치(大井町))에서 한인 학살을 목격한 산증인이었다.

인권구제 신청을 받은 일변연은 이 모임의 인권옹호위원회에 아즈사와 가즈유키(梓澤和幸)를 위원장으로 하는 '관동대지진 사건위원회'를 설치하고 사건을 조사했다. 일변연은 2003년 8월 25일에 「관동대지진 인권구제신청사건 조사보고서」를 첨부하여 고이즈미 준이치로 수상에게 '권고서'를 제출하고, 관동대지진 시의 한인·중국인 학살의 국가책임을 인정하고 피해자와 그 유족에게 사죄할 것, 사건을 조사하고, 그 원인을 분명히 할 것을 권고했다. 그러나 고이즈미 수상으로부터의 응답은 없었다. 총련 계통의 모든 단체는 이 권고에 대한 열렬한 지지를 표명했지만, 일본인 측에서 국가책임을 추궁하는 운동이 없었던 것에 그 원인이 있었다고 생각된다.

이상과 같이 한인 학살의 국가책임을 인정하라는 요구는 재일 한인 측이 더 높았고 일본인은 뒤처졌다. 사건의 조사, 연구의 면에서 1963년에 조선대학교 역사지리학과 교수와 학생들이 사료집 『관동대지진에서의 조선인 학살의 진상과 실태』(조선대학교출판사)를 간행하였고, 또한 강덕상·금병동 두 연구자가 『현대사사료 6, 관동대지진과 조선인』(みすず書房)을 편집하여 출판하였다. 금병동은 그 후로도 장기간에 걸쳐서 사료의 수집·편찬을 계속하여 1989년부터 1996년에 걸쳐서 『관동대지진 조선인 학살문제관계 사료』(緑陰書房)라는 자료집 4권을 출판했다. 연구의 기초가 되는 주요한 사료집의 편찬도 재일 한인 연구자에 의해서 이루어진 것이다.

[제2장] 한인 학살 가담자라는 자기 고백으로부터 국가책임 추궁으로까지 발전한 전후 일본인의 운동

들어가며: 일본인이 집필한 한인추도비 비문에 일본인이 학살자라고 명기된 것은 매우 늦은 2009년

일본인이 건립한 추도비에 한인을 학살한 자는 일본의 국가와 민중이라고 최초로 명기된 것은 2009년 8월 29일에 도쿄도 스미다(墨田)구 야히로(八広)의 아라카와(荒川) 강변에 '관동대지진 시에 학살된 조선인의 유골을 발굴하여 추도하는 모임'과 '시민그룹 봉선화(鳳仙花)'에 의해 건립된 '애도 관동대지진, 한국·조선인 순난자 추도의 비'이다. 이 추도비의 뒷면에 새겨진 비문의 서두에는 "1923년 관동대지진 시, 일본의 군대·경찰·유언비어를 믿은 민중에 의해 많은 한인이 살해되었다"고 기록되었다.

'관동대지진 시에 학살된 조선인의 유골을 발굴하여 추도하는 모임'은 도쿄도의 초등학교교사 고 기누타 유키에(絹田幸恵)의 호소에 의해 결성되어, 1982년 9월에 관동대지진 시에 요쓰기바시(四ツ木橋) 부근의 아라카와 하천부지에 매장된 한인 유골의 시굴을 실시했다. 한인 유골은 학살사건 후 바로 경찰이 갖고 가버렸기 때문에 발견할 수 없었지만, 그 모임은 매년 9월에 이 하천부지에서 추도회를 개최하고, 도쿄와 한국에서 조사를 계속하여 1992년에 조사보고서『바람아 봉선화를 날려라−관동대지진과 조선인 학살−』을 교육사료 출판회에서 간행했다. '시민그룹 봉선화'는 한인추도비의 건립을 목표로 1993년에 발족한 단체이다. 이러한 장기간에 걸친 운동 끝에 일본의 국가와 민중이 한인을 학살했다고 명기한 추도비가

마침내 건립되었던 것이다. 조선인연맹이 한인 학살은 일본의 국가와 민중에 의한 것임을 명기한 추도비는 1947년에 건립되었다. 일본인이 그 사실을 추도비에 확실하게 명기한 것은 그것보다 62년 뒤의 일이었다.

1. 한인 희생자 묘비·추도비의 건립을 통해 본 일본인의 사상 상황

전후가 되어도 일본 민중이 한인 학살의 국가책임 추궁을 할 수 없었던 사상적인 원인은 자기가 그 한인 학살에 가담했다는 것을 오랫동안 고백할 수 없었기 때문이다. 관동대지진 당시, 재일 한인과 일상적인 친한 교류가 있었던 극히 일부의 일본인은 제외하고, 대다수의 일본 민중은 국가의 권위를 믿거나 국가 공동체의 환상을 갖고 있었기 때문에, 독립을 요구하는 한인을 일본 민중의 적이라고 굳게 믿고 있었다. 관헌이 한인이 폭동을 일으켰다고 오인정보를 유포하면, 이것을 쉽게 믿고 한인 학살에 가담했다. 따라서 일본 민중이 자기가 국가에 의한 한인 학살의 가담자 내지는 공범자였다는 깊은 반성과 고백을 하지 않고는 국가의 한인 학살을 추궁할 수가 없다. 그러나 자기가 한인 학살자임을 고백하는 것은 쉬운 일이 아니다. 따라서 국가책임의 추궁은 더욱 어려운 일이 된다. 이러한 일본인의 사상 상황은 한인 희생자의 묘비·추도비의 건립에 구체적으로 나타나 있기 때문에 묘비·추도비의 건립상황을 통해서 일본인의 사상 상황을 분석해 본다.

한인 희생자의 묘비, 추도비는 〈표 3〉이 보여주듯이 패전 이전에 11개, 이후에 17개가 건립되었다.

먼저, 패전 이전에 건립된 추도비·묘비를 통해 일본인의 사상

<표 3> 관동대지진 시 한인 희생자 추도비·묘비의 건립자 구분

1945년 8월 이전 건립		1945년 8월 이후 건립			
건립자	비 수	건립자	비 수	건립자	비 수
일본인	10	일본인	8	조일합동	3
조선적	1	조선적	1	한조일합동	1
합계	11	한국적	4	합계	17

상황을 보자. 패전 이전에는 한인의 추도·항의에 대한 탄압이 엄중했기 때문에, 한인이 건립한 것은 1938년에 사이타마현 구마가야(熊谷)의 오하라(大原) 공동묘지에 건립된 '공양탑'밖에 없다. 이것도 한인이 일본인 명망가를 앞세운 것이지, 자신들은 표면에 드러나지 않게 건립한 것이다. 일본인이 건립한 묘비·추도비에는 학살 사실을 기록한 비석은 하나도 없다. 당시 일본인 민중은 한인 학살을 후회는 해도, 학살의 역사적·사상적 의미를 생각하는 수준에는 지극히 미치지 못했던 것이다.

전후에는 일본인 희생자를 연고자가 없는 망자로 취급한 '무연고 묘'라든가 '무연고 공양탑'이라는 명칭의 묘비, 추도비가 건립되었다. 한인 희생자를 추도할 마음은 있어도, 학살 대상이 한인이었다고 명시하는 것을 결단할 수 없었던 결과일 것이다.

놀라운 것은 일본인이 한인과 협력해서 건립한 추도비의 비문조차 한인을 학살한 자가 그 지방의 민중이라는 것이 기재되어 있지 않다는 점이다. 그 사례는 아래의 3곳이다.

1) 1952년 사이타마(埼玉)현 고다마(児玉)군 가미사토(上里)쵸 진보하라(神保原)의 안세이(安盛)사에 건립된 '관동진재 조선인

희생자 위령비'

철학자 야나기타 겐쥬로(柳田謙十郎)가 기록한 비문의 서두는 아래와 같이 기록되어 있다.

> 다이쇼(大正) 12년 관동대지진에 즈음하여, 조선인이 동란을 일으켰다는 뜬소문에 의해 도쿄 방면에서 이송되어온 수십 명의 사람들이 이 지역에서 비참한 최후를 마쳤다.

실은 1923년 9월 4일에 현지 주민들이 혼죠 경찰서의 트럭을 습격해서 거기에 타고 있던 한인을 몰살시켰던 것이었다. 비문은 그 사실을 은폐하고 있다.

2) 패전 이전에 건립된 추도비가 파손되어 1957년 군마(群馬)현 후지오카(藤岡)시 죠도(成道)사 묘지에 재건된 '관동진재 조선인 희생자 위령의 묘'

역사학자 하기와라 스스무(萩原進)가 쓴 이 비문에도 "후지오카시에서도 도쿄·사이타마 방면에서 피난해온 17명이 비참한 최후를 마쳤다"고 기록되어 있다. 사실은 9월 5일과 6일에 걸쳐 현지의 군중이 후지오카경찰서를 습격하여, 거기에 구속되어 있던 한인 17명을 학살했던 것이다. 이 비문도 이 사실에 관해서 침묵하고 있다.

3) 1959년에 사이타마현 혼죠(本庄)시 히가시다이(東台)의 나가미네(長峰) 묘지에 건립한 '관동진재 조선인 희생자 위령비'

원수폭금지 일본협의회 이사장 야스이 가오루(安井郁)가 쓴 비문에도 "1923년 관동대지진에 즈음하여 한인이 동란을 일으키려고 했다는 뜬소문에 의해 도쿄방면에서 이송되어 온 86명의 한인이 이 지역에서 비참한 최후를 마쳤다"고 기록되어 있다. 사실은 9월 4일 밤, 현지의 군중이 혼죠경찰서를 습격해서 그곳에 구속되어 있던 한인을 학살했던 것이다. 이 비문도 이 사실에 관해서 침묵하고 있다.

상기 3곳의 추도비는 모두 재일 한인의 운동이 원동력이 되어 건립되었다. 진보하라의 쇼지 긴스케(庄司銀助)는 1946년에 김 아무개라는 한인과 기요하라(清原)라는 인물과 함께 진보하라 한인 학살 사건을 조사했다. 그것은 "사건을 분명히 하여 일본의 지자체나 어딘가에 그 책임을 느끼게 하여 고쳐서라도 공양을 하게끔 해야 하지 않는가"라고 생각했기 때문이다(関東大震災六十周年朝鮮人犠牲者調査追悼事業実行委員会編·刊, 『かくされていた歴史-関東大震災と埼玉の朝鮮人虐殺事件-』, 1987년, 96쪽). 이렇게 일본인에 의한 자주적인 움직임도 있었던 것이다.

이토 하마고로(伊藤浜五郎)는 "전후, 제가 가미무라(加美村)의 촌장을 하고 있을 때에 한인들이 지자체 사무소에 많이 와서 이 사건의 위령비 말을 했었지만, 나는 건립해야 한다고 생각하고 진보하라의 촌장과 함께 협력하여 추도비를 건립했다"고 회상하고 있다(『かくされていた歴史-関東大震災と埼玉の朝鮮人虐殺事件-』,   88쪽). 쇼지 긴스케도 "전후에 조선이 해방 되어 조선 사람들이 강해지고, 그래서 진재 당시의 사건이 거론"되었다고 한인들이 추도비 건립의 원동력이었던 것을 말해주고 있다(『かくされていた歴史-関東大震災と埼玉の朝鮮人虐殺事件-』, 96쪽).

후지오카의 추도비 재건의 경과는, 1996년에 필자가 조선 총련 군마현 다노(多野)지부의 전 위원장 백태옥으로부터 청취한 증언에 의하면, 실은 아이들이 1924년에 건립한 추도비에 밧줄을 매달아 타잔놀이를 해서 비석을 훼손한 것에서 비롯되었다. 후지오카(藤岡) 경찰서장 미야카와 시로(宮川四郎)가 한인의 반발을 두려워했는지 백태옥을 찾아와서 "어떻게 해야 되나"라고 묻자, 백은 "재건할 수밖에 없다"고 대답하고 기부금을 모았다. 그 결과, 군마현 내외의 한인으로부터 8~9만 엔, 후지오카시로부터 5만 엔, 신마치 정장으로부터도 2만 엔, 다노군 정촌회에서 5만 엔 정도의 기부금이 모여 추도비의 재건이 달성되었다. 기부금총액의 대부분이 재일 한인에 의한 기부금이라는 것에서, 추도비 재건의 원동력이 재일 한인이었던 것을 알 수 있다.

혼죠(本庄)에서도 재일 한인들이 중심이 되고, 혼죠시의 협력도 얻는 형태로 학살사건의 이듬해인 1924년에 건립한 '선인(鮮人)의 비'를 대신하여, 1959년에 새로이 추도비를 재건했다. 그 이유는 "재일 한인으로부터 '선인의 비'라는 차별적인 표현은 납득할 수 없다는 목소리가 높아졌기" 때문이다(『かくされていた歷史-關東大震災と埼玉の朝鮮人虐殺事件-』, 324쪽).

추도비의 건립 내지는 재건의 원동력이 재일 한인이었음에도 불구하고, 비문에 한인 학살자를 명기할 수 없었던 이유는 뭘까. 학살자가 현지의 민중이기 때문에 일본인 비문 집필자도 학살자를 기록하는 것을 꺼렸고, 또한 그 분위기를 알아차린 한인이 역사적 사실에 충실하게 비문을 기재하는 것을 재고한 결과가 아닌가.

이상은 필자의 짐작이다. 1999년에는 한인 학살 책임의 소재를 추도비의 비문에 새기려고 한 시도가 현지 민중의 찬성을 얻지 못했기 때문에 좌절하는 사태가 발생했다. 그것은 1999년 9월 5일에 지바현 야치요(八千代)시 다카즈(高津)에 있는 간논지(觀音寺)의 묘

지에 다카즈구 특별위원회, 다카즈 구민, 다카즈 간온지, '지바현에서의 관동대지진과 조선인희생자추도·조사실행위원회'(이하, 추도·조사실행위원회)가 공동으로 관동대지진 한인 희생자 위령의 비를 건립하는 과정에서 일어났다. 앞에서 서술했듯이, 지바현 나라시노(習志野)의 기병연대는 9월 7일부터 9일에 걸쳐서 나라시노 수용소에 수용되어 있던 한인을 주변 마을의 농민에게 건네주고 죽이게 했다. 이 다카즈의 농민도 군의 명령에 따라서 수용소로부터 넘겨받은 한인 6명을 8일과 9일에 현지에서 살해하고, 그 유해를 다카즈의 측백나무 숲에 매장했다(千葉県における関東大震災と朝鮮人 犠牲者追悼·調査実行委員会, 『いわれなく殺された人びと―関東大震災と朝鮮人』, 青木書店, 1983년, 7~8쪽).

간논지 주지였던 세키 미쓰젠(石光禅)의 증언에 의하면, 1965년경에 시주인 한 노인이 그에게 "학살된 사람들의 탑공양을 올리고 싶다"라고 말을 해서 매년 9월 1일에 측백나무 숲에서 위령제를 올렸고, 1982년에는 다카즈 구민일동이 삼각탑을 세워 추도법요를 실시하였다(千葉県における関東大震災と朝鮮人犠牲者追悼·調査実行委員会編·刊, 『史料集増補改定版』, 2009년, 129쪽). 여기에는 추도·조사실행위원회에서 3명이 참가했다(『いわれなく殺された人びと―関東大震災と朝鮮人』, 青木書店, 168쪽).

1983년 이후는 다카즈 주민, 간온지, 추도·조사실행위원회의 3자에 의해 매년 위령제를 거행하게 되었다. 추도·조사실행위원회는 위령제를 거듭하는 가운데 다카즈 주민에게 한인의 유해를 발굴하자고 몇 번이나 제안한 끝에, 1998년에 겨우 다카즈 주민의 동의를 얻어 동년 9월 4일에 6구의 한인 유골을 발굴하여 다음 달에 화장하였으며, 1999년 9월 5일에 추도비를 건립했다. 그때 추도·조사실

행위원회는 군대의 명령으로 농민이 한인을 살해한 경과를 비문에 새기려고 했지만, 당사자들의 다음 세대였던 다카즈 주민들이 군대에 명령받았던 것은 틀림없지만, 살해한 것이 자신들이었다고 자책하는 마음의 괴로움에서 추도·조사실행위원회의 제안을 받아들이지 않아서 비문을 새길 수가 없었다. 다카즈 주민은 "우리들의 문제이니까"라고 하며 유해발굴의 비용도 부담했다(平形千惠子, 「朝鮮人犧牲者の遺骨堀り起こしと慰霊碑の建立」, 関東大震災八〇周年記念行事実行委員会編, 『世界史としての関東大震災ーアジア・国家・民衆』, 日本経済評論社, 2004年, 90~92쪽). 하지만, 다카즈 주민은 그렇게 가해책임의 중대함을 느꼈다고 해도 자기책임을 고백하는 난제를 넘을 수는 없었다. 그 결과로서 한인 학살을 명령한 군대의 책임도 비문으로 새길 수가 없었다. 그러나 추도·조사 실행위원회는 지금도 비문의 기재를 단념하지 않았다.

2. 전후 일본인에 의한 관동대지진 시 한인 희생자의 추도·조사운동

상기와 같이, 일본인 민중은 국가에 의한 한인 학살의 가담자였기 때문에 자기책임의 고백을 보류하고 국가책임을 추궁하기에는 어려운 위치에 있었다. 이 때문에 한인 학살의 국가책임 추궁은 한인 희생자를 추도·조사하는 운동이 진전된 다음에 겨우 시작되었다. 이하, 그 과정의 개략을 서술한다.

일본인이 관동대지진 시 한인 학살사건 희생자의 추도와 조사 활동을 시작한 것도 재일 한인의 활동보다 훨씬 늦은 사건 40주년에 해당하는 1963년부터였다. 여기에서는 나의 능력의 한계 때문에 여러 지방에서 이루어진 추도행사는 언급하지 않고, 한인 학살 40주년부터 80주년에 해당하는 2003년까지 각 시기마다 실시되었던 중앙집회 내지는 중앙행사에 한정하여 그 동향을 개관해본다.

1) 1963년 한인 학살사건 40주년의 조사와 추도

1963년 4월 하순에 결성된 일조(日朝)협회[6]의 '조선인희생자조사특별위원회'는 같은 해 7월 17일, 참의원 회관 제1회의실에서 이하와 같은 '관동대지진 시 한인 희생자에 대한 강연회'를 개최하였다.

> 하니 고로(羽仁五郎, 특별위원장, 역사학자): '관동대지진 40주년을 맞이하는 데 즈음하여'
> 시오타 쇼베이(塩田庄兵衛, 특별위원, 도쿄도립대학교수): '관동대지진과 카메이도사건'
> 강덕상(재일 조선인과학자협회회원): '날조된 유언 – 관동대지진에 있어서의 조선인 학살에 대해서'

하니가 이 강연에서 강조한 것은, 첫째 일본과 조선의 관계해결이라는 것이 일본의 국제관계의 해결의 첫걸음이라는 것, 둘째 일본과 조선의 문제의 해결을 해야 하는 것은 일본정부라는 것, 셋째 일본과 조선의 관계는 국제적으로 최대의 위험을 내포하고 있는 장소중의 하나라는 것이었다(『歷史評論』, 1963년 9월호, 1~8쪽). 하니는 한일관계에서 문제 해결의 원칙론으로서 중요한 점을 말했지만, 관

---

6) 1955년 11월에 일본의 진보적인 지식인들이 일본과 한반도 간의 불행한 과거를 되풀이하지 않고 평화적 관계를 염원하며 창립한 단체. 각 지역의 지부에서 관동대지진 시 한인 학살사건, 아시아태평양전쟁시 한인 강제동원 등의 진상 조사에 앞장섰다(역자 주).

동대지진 시의 한인 학살에 대해서는 무엇 하나 구체적인 발언을 하지 않았다. 그도 이 사건에 관한 지견이 전무에 가까웠던 것이다. 전후 일본인의 인식과 운동은 이와 같이 빈약한 상태에서 출발했다.

같은 해 9월 1일, 도쿄 히비야(日比谷)공회당에서 일조협회, 종교가, 평화단체, 노동조합, 정당, 학자, 문화인, 재일 한인 등 약 천삼백 명이 모여서 관동대지진 기념 한인 희생자 위령제가 개최되었다. 일조협회의 하타나카 마사하루(畑中正治) 이사장이 동 협회 '조선인희생자 조사위령 특별위원회'의 조사에 기초해서 한인 학살의 실태에 대해 말했다. 이어서 군마(群馬)현과 사이타마현의 대표가 해당 지역의 추도운동 보고를 하였고, 당시 구사일생으로 살아남은 신창범 및 한인 학살을 목격한 작가 후지모리 세이키치(藤森成吉)와 극작가 가네코 요분(金子洋文)의 체험 보고가 있었다(『赤旗』, 1963년 9월 2일자).

이 집회에 앞서 일조협회 '조선인희생자 조사위령 특별위원회'는 그 밖의 단체와 함께 5월 12일에 사이타마(埼玉)현 혼죠(本庄)시에서, 19일에 지바(千葉)현 후나바시(船橋)시에서 한인 학살사건의 조사를 실시했다. 혼죠시의 조사는 일조협회 사이타마현 연합회가 중심이 되어 이루어졌다(加藤卓造, 「関東大震災の教訓ー日朝協会の調査・研究活動」, 『歴史評論』, 1963년 9월호, 43~46쪽, 64쪽). 그리고 이 해에 「혼죠・후나바시 조사보고」가 발표되었다. 이렇게 해서 전후 일본인의 조사・추도 활동은 시작되었다.

2) 1973년 한인 학살사건 50주년의 조사와 추도

1973년 9월, 일조협회 도시마(豊島)지부는 관동대지진 한인 학살사건을 체험한 일본인, 한인의 체험기록을 편집한 『민족의 고난-관동대지진과 조선인 학살의 기록』을 간행했다.

1973년에 일조협회 사이타마(埼玉)현연합회의 호소로 결성된 '관동대지진 50주년 조선인희생자 조사·추도행사실행위원회'는 현 내를 조사한 후, 1974년 7월에 『감춰진 역사-관동대지진과 사이타마의 조선인 학살사건-』을 간행했다. 이들 조사보고서는 이 사건을 본 사람들이 다수 생존하고 있던 시기에 경험담을 수집한 귀중한 조사보고서였다.

1975년 9월, '관동대지진 50주년 조선인희생자 조사·추도행사실행위원회'가 『역사의 사실, 관동대지진과 조선인 학살』(現代史出版會)이라는 단행본을 출판했다. 이것은 일본의 역사과학협의회와 역사학연구회에 소속하는 연구자에 의한 연구·조사보고서이며, 동시에 기초적인 사료도 수록한 사료집도 겸하고 있다.

3) 1983년 한인 학살사건 60주년의 조사와 추도

'관동대지진 60주년 조선인희생자 조사·추도행사실행위원회'는 1987년에 『감춰진 역사-관동대지진과 사이타마의 조선인 학살사건』 증보보존판을 간행하였다. 같은 해에 지바현의 '관동대지진과 조선인희생자 추도·조사실행위원회'도 조사보고서 『말하지 못해 살해당한 사람들-관동대지진과 조선인-』(靑木書店)을 간행하였다.

4) 1993년 한인 학살사건 70주년의 조사와 추도

앞에서 말했듯이, 1993년 70주년을 맞이하는 데 즈음하여 그 전년에 관동대지진 시에 학살된 한인 유골을 발굴하여 조사하는 모임이 그 조사보고서 『바람아 봉선화를 날려라-관동대지진 조선인 학살로부터 70년-』을 교육사료출판에서 간행했다.

1993년 8월 28일부터 30일에 걸쳐 도쿄도 고토(江東)구 종합구민센터에서 '관동대지진 기념행사실행위원회'가 관동대지진 70주년 기념집회를 개최했다. 이 집회는 사전에 매월 1회에서 9회에 걸친 학습회를 연 후에 개최되고, 전문 연구자뿐만 아니라 시민적 연구자와 사건의 체험자도 집결한 시민적 대집회였다. 운동의 뿌리를 민중에 내리는 점에서 전진을 가져왔다. 1994년 1월에는 이 집회의 보고서『이 역사 영원히 잊지 않고-관동대지진 70주년 기념집회의 기록-』이 일본경제평론사에서 간행되었다. 또한 이 집회 운영을 도맡아 한 사람들이 1997년에 마쓰오 쇼이치(松尾章一: 역사학자, 호세이(法政)대학 명예교수-역자) 감수의 『관동대지진 정부, 육해군 사료(史料)』전 3권을 간행하였다.

5) 2003년 한인 학살사건 80주년의 조사와 추도집회

2003년 8월 30일과 31일에 도쿄 고토(江東)구의 가메이도(亀戸)문화센터에서 '관동대지진 80주년 기념행사 실행위원회'에 의해 관동대지진 80주년 기념집회가 개최되었다. 이 집회는 과거 70주년 기념집회의 방식을 답습한 것으로서 시민들에 의한 대집회였다.

3. 2003년에 시작된 일본인에 의한 한인 학살의 국가책임 추궁 운동

이상의 서술에서는, 한인 학살의 국가책임 추궁이 문제의 초점으로서 등장하지 않았다. 다만, 위에서 말한 관동대지진 80주년 기념집회의 경우, 필자는 '관동대지진과 현대-진재 시의 조선인 학살사건과 국가책임·민중책임'라는 주제로 강연을 실시했다.

이 강연의 취지는, 한인 학살의 조사와 한인 희생자의 추도는 중요하지만, 민중을 한인 학살에 가담시킨 국가의 책임을 추궁하지 않으면 민중책임을 완전히 완수한 것이 안 된다는 것이었다. 그러나 이것은 필자 개인의 견해이고, 대회의 방침과는 관계가 없었다. 나의 강연은 그러한 상황에 대한 나의 호소였던 것이다.

1) 2003년 6월 15일, 한일 양국 여성 · 전쟁 · 인권 단체가 관동대지진 한인 학살과 관련하여 일본정부와 관동지방 도현지사에 대해 책임 추궁의 성명

아무튼 2003년부터 한인 학살의 국가책임을 추궁하는 목소리가 일본인과 한국인으로부터 높아졌다. 2003년 6월 15일에 와세다(早稻田)대학 국제회의장에서 개최되었던 일본의 여성 · 전쟁 · 인권 학회와 한국의 전쟁과 여성인권센터의 공동 주최로 심포지엄 ‘젠더 관점에서 식민지 폭력을 회고한다3 · 1운동에서 관동대지진 · 조선인 학살로-’가 개최되었다. 심포지엄 참가자 일동은 「관동대지진 조선인 · 중국인 · 일본인 학살 진상규명을 요구하는 결의문」을 채택했다. 이 결의문은 한인 · 중국인 · 일본인 학살에 대해서 정부는 물론 도쿄와 그 주변 여러 현의 지사에게도 책임이 있다고 인정하고, “우리들은 일본국 수상 및 도쿄도, 지바(千葉)현, 사이타마현, 가나가와(神奈川)현 등의 정치 책임자인 지사들에게 관동대지진의 한인 · 중국인 · 일본인 학살의 진상규명, 재조사, 그리고 살해당한 사람들에 대한 사죄, 추도비의 건설을 요구한다”라고 결의했다. 이 결의는 같은 해 4월 26일에 와세다대학 국제교육센터에서 열렸던 동 학회의 포럼에서 필자의 강연 ‘관동대지진 · 조선인 학살 · 가네코 후미코(金子文子)’와 그 토론 내용을 고려한 것이었다.

2) 2003년 9월 1일, 졸저『관동대지진 시의 조선인 학살-그 국가책임
   과 민중책임-』의 출판

2003년 9월 1일에 1988년 이후 발표한 논문들을 정리한 졸저『관
동대지진 시의 조선인 학살-그 국가책임과 민중책임-』(倉史社)이
간행되었다. 졸저는 한인 학살을 일으킨 국가책임보다도 그 국가책
임을 은폐한 사후책임의 구명에 중점을 두었다(단, 이 시기에는 5
개의 전후책임 중 (1) (2) (3)밖에 생각이 미치지 않았다). 그것은 기
존의 연구에서 사후책임을 거의 구명하지 않았기 때문이다.

그것과 동시에 일본인이 집필한 추도비 비문에 한인 학살 책임
이 표명되어 있지 않는 것에 초점을 맞추었다. 그 이유는 졸저의
후기에 기록했듯이, "민중이 국가에 의해 한인 학살에 빠져들게 된
자기의 사상적 결함을 반성함과 동시에 민중을 한인 학살의 가담자
로 한 국가책임을 명백히 하여, 고발하는 것이 민중에 부과된 중요
한 책임이다. 민중책임은 이 두 가지 측면을 지니고 있다. 이 두
가지 모두 무시해서는 안 된다"고 생각했기 때문이다.

3) 2007년 이후의 일본인 · 재일 3자 연대의 한인 학살의 국가책임추
   궁운동의 전개

(1) 2007년 9월 3일, 한국의 '아힘나(아이들의 힘으로 만드는 나
라)운동본부', '아힘나운동 일본지부', 일본의 '아시아하우스'의 3자가
공동 주최하고, 한국의 '올바른 역사교육을 위한 국회의원 모임'의
후원을 받아 '관동대지진(1923년 9월 1일) 84주기 재일 한인 학살의
진상규명과 명예회복을 위한 특별행사'가 한국 국회 내의 의원회관
에서 개최되었다. 발표 주제는 다음과 같다.

> 강덕상(姜德相, 재일한인역사관 관장): '관동대지진 시의 재일 조
> 선인 학살의 진상'
> 야마다 쇼지(山田昭次, 릿쿄대학 사학과 명예교수): '관동대지진
> 시의 조선인 학살의 국가책임과 민중책임'
> 이은자(李恩子, 간사이가쿠인대학 객원강사): '관동대지진 시의
> 조선인 학살의 진상규명활동과 한국정부의 책임'

(2) 상기 서울에서의 집회를 기초로 하여 2007년 11월 17일에 일본
인·재일 코리안·한국인 유지들이 '관동대지진 조선인 학살의 진상
규명과 명예회복을 요구하는 한·일·재일 시민의 모임'(이하 '한·
일·재일 시민의 모임')이라는 단체를 창립하였다.

(3) 2008년 3월 27일에는 한국 경기도 오산시에 소재하는 한신대
학교에서 이 대학의 인문과학연구소와 한·일·재일 시민의 모임이
공동 주최하여 '89주년 3·1절을 맞이하여 관동대지진의 역사적 평
가'라는 주제의 심포지엄이 개최되었다. 보고는 다음과 같았다.

> 강덕상: '계엄령 만일 없었다면'
> 야마다 쇼지: '관동대지진 시의 조선인 학살의 역사적 의미와 국
> 가책임'
> 서굉일(한신대학교 사학과 교수): '관동대지진 시의 조선인 학살
> 에 대한 민족운동사적 고찰'

(4) 한·일·재일 시민의 모임을 모체로 조직된 관동대지진 85주
년 심포지엄 실행위원회가 2008년 8월 9일 도쿄도 지요다(千代田)
구 사루가쿠쵸(猿楽町)에 위치한 재일한국YMCA에서 '관동대지진 85
주년 조선인 희생자 추도 심포지엄'을 개최하였다. 여기서 다뤄진
내용은 관동대지진 85주년 심포지엄실행위원회 편, 『진재·계엄령·

학살』(三一書房)로 출판되었다. 이날의 보고 주제는 다음과 같다.

> 서굉일, '3·1운동과 그 이후의 식민지통치의 실상'
> 강덕상, '학살 재고, 계엄령 만일 없었다면'
> 야마다 쇼지, '관동대지진 시 조선인 학살의 역사적 의미와 국가 책임 재고'
> 금병동, '대진재 시의 조선인 학살에 대한 일본 측과 조선인 측의 반응'

이 심포지엄은 '관동대지진 시에 학살된 조선인 희생자의 명예회복을 요구하는 성명'을 채택했다. 이 성명의 말미에 다음과 같이 기술이 있다. "일본정부는 85년 동안 학살사건의 진상을 은폐했던 태도를 깊이 반성하고, 학살사건의 진상규명과 희생자에 대한 사죄를 행할 것을 우리들은 강력히 요청한다. 또한 대한민국정부와 북한정부도 이 사건의 한인 희생자의 명예회복을 위해서 일본정부에 요청할 것을 기대한다."

한인 학살사건의 시기에 개최된 집회가 일본정부에 대해서 관동대지진 시 한인 학살사건의 조사와 희생자에 대한 사죄를 요청한 것은 이것이 처음이었다. 또한 남북한 양정부에게 촉구한 것도 처음이었다.

(5) 2009년 3월 28일에 서울시 종로의 기독교회관에서 한·일·재일 시민의 모임, 민족문제연구소, 아힘나운동본부의 3자가 주최한 3·1절 90주년 기념심포지엄 '관동대지진 조선인 학살 식민지범죄에 대한 일본정부의 책임을 묻는다'가 개최되었다. 강연 주제는 다음과 같았다.

> 강덕상: '독립운동 · 불령선인 · 학살' (병 때문에 대독)
> 야마다 쇼지: '관동대지진 시 조선인 학살의 일본의 국가책임'
> 마에다 아키라(前田郎, 동경조형대학 교수): '코리안 · 제노사이드
> 란 무엇인가'
> 아즈사와 가즈유키(梓沢和幸, 변호사): '일변연 권고의 취지와 재
> 발 방지'

여기에서는 국가책임을 추궁하는 방법에 대해서 구체적인 논의가 이루어졌다.

4) '관동대지진 조선인 학살의 국가책임을 묻는 모임'의 발족

이상과 같은 경과를 배경으로, 2010년 9월 24일 도쿄도 도시마(豊島)구 니시이케부쿠로(西池袋)에 위치한 도쿄예술극장에서 '관동대지진 조선인 학살의 국가책임을 묻는 모임'을 발족하는 총회가 개최되었다. 이 결성의 원동력이 되었던 것은 한 · 일 · 재일 시민의 모임에 모였던 젊은 사람들이었다.

발족 총회에서는 경과 설명 후, 야마다가 '관동대지진 시의 조선인 학살의 국가책임이란 무엇인가'라는 주제로 기조 보고를 했다. 공동대표에는 아래 사람들이 취임했다.

> 강덕상(시가 현립대학 명예교수, 재일한인역사사료관장)
> 이시바시 마사오(石橋正夫: 일조협회 대표이사, 일조협회 도쿄도
> 연합회이사장)
> 이시다 사다(石田貞: 사이타마현 조선인강제연행 진상조사단 일
> 본 측 단장)
> 시시우에 테루오(猪上輝夫: '기억 반성 그리고 우호'의 추도비를
> 지키는 모임 사무국장)
> 요시카와 기요시(吉川清: 지바현 관동대지진과 조선인 희생자추
> 도 · 조사실행위원회 위원장)

야마다 쇼지(릿쿄대학 사학과 명예교수)

오랜 기간 동안에 도쿄, 사이타마, 군마, 지바 등의 각지에서 한인 학살사건의 조사와 추도 활동을 계속했던 사람들의 대표가 여기에 결집한 것이다. 사무국장에는 젊은 회원을 대표하여 센슈(專修)대학 문학부 교수인 다나카 마사다카(田中正敬)가 취임했다. 회칙 제2조에 의하면, 이 모임의 목적은 다음과 같다.

> 본 모임은 관동대지진 시의 한인 학살사건을 비롯한 국가와 민중에 의한 학살에 대해서 일본정부가 '일본변호사연합회권고서'의 취지를 토대로 사죄의 의사를 표명하고, 이하의 것을 실시하도록 요구하는 것을 목적으로 한다.
> 첫째, 일본정부는 책임을 인정하여 사죄하고, 필요한 조치를 행할 것
> 둘째, 일본정부는 희생자와 그 가족에 대해서 조서를 행할 것
> 셋째, 일본정부는 학살사건의 조사결과와 자료의 항구적인 보존·공개를 행할 것

강덕상은 이 날의 인사말에 임하여 "이로써 드디어 일본인과 손을 잡게 되었다"고 술회했다. 이 말의 의미는 애석하게도 이 날을 기다리지 못하고 2008년 9월 4일에 갑자기 세상을 떠난 금병동의 생각을 대변하는 것이리라. 드디어 일본인이 한인 학살에 대한 일본 국가의 책임을 실제로 묻는 단계에 접어든 것이다.

〈자료〉 2010년 9월 도쿄예술극장에서 열린 '관동대지진 조선인 학살의 국가 책임을 묻는 모임'의 창립총회에서 대표 인사를 하는 야마다 쇼지 씨

일본조선연구소와 한일조약 반대운동

히구치 유이치(樋口雄一)*

들어가며

일본조선연구소(日本朝鮮硏究所: 이하 '일조연')는 1961년 11월 11일에 창립된 일본의 민간 연구소이다. 사무국은 도쿄(東京)의 분쿄구(文京区) 유시마(湯島)에 있는 식당 건물 2층의 방 2개(1개는 작아서 보관창고로 사용)를 사용했다. 나는 이 연구소에 한일조약이 체결된 전후 7년 정도 관여했는데, 그 시기가 일조연의 활동이 가장 활발했던 시기였다고 생각한다.

최근 이 연구소에 대해서는 이타가키 류타(板垣竜太: 역사학자, 도시샤(同志社)대학 교수-역자)의 논문(「日韓会談反対運動と植民地支配責任論-日本朝鮮硏究所の植民地主義論を中心に-」, 『思想』, 岩波書店, 2010년 1월호 수록)이 발표되면서 관심을 받게 되었다. 이미 당시의 주요 멤버들은 고인이 되었고, 특히 중심적인 역할을 했던 데라오 고로(寺尾五郎)[1]는 1999년에 고인이 되었다. 앞서 거론한

---

* 高麗博物館 관장, 재일조선인운동사연구회 대표.
1) 1921~1999년. 홋카이도(北海道) 무로란(室蘭)시 출신. 1940년 치안유지법 위반으로 검거. 1943년 징병되어 만주로 파견되나 반전활동을 하다 헌병에 체

이타가키는 안자코 유카(庵ざこ由香: 역사학자, 리쓰메이칸(立命館) 대학 교수-역자), 미야모토 마사아키(宮本正明: 역사학자-역자)와 같이 미야타 세쓰코(宮田節子)[2], 하타다 시게오(畑田重夫)[3] 등의 일조연 관계자들에 대한 구술 작업을 행하였다. 또한 2010년 조선사 연구회(朝鮮史研究会)에서 미야타 세쓰코가 전후 일본 조선연구 속의 일조연에 대해 보고하였다.

이 연구소는 일본인으로만 구성되어 있었고 일본인으로서 한반도 문제나 조선사 그리고 조선관에 대해 어떻게 대응할 것인가를 생각했던 단체이다. 그때까지 조선사와 재일 한인 문제는 오로지 한인에 의해서 이루어지고 있던 상황이었으므로 획기적인 일이었다. 재일 한인은 민족단체 내에 연구소를 만들어 연구를 행하고 있었다.

연구는 되고 있지만, 일조연이 연구사적 대상이 될 수 있다든지, 혹은 역사적인 평가의 대상이 될 수 있는지에 대해서는 아직 정해지지 않았다고 생각한다. 나 자신이 관계하고 있었지만, 일조연에 대해 학문적으로 체계적인 자리매김 등에 대해서는 생각해 본 적이

포. 1945년 10월 출소 후, 일본공산당의 활동과 동시에, 일조(日朝) 우호운동을 전개함. 1961년 일본조선연구소를 설립하고 그 운영에서 중심적 역할을 함. 1965년 한일조약 체결 이후 중국의 문화대혁명을 지지하며 중국 문제로 관심 전환. 1968년 부인 데라오 토시(寺尾とし)와 함께 '중국파'라고 일본공산당에서 제명됨. 만년에는 에도시대 사상가인 안도 쇼에키(安藤昌益) 연구에 몰두(역자 주).

2) 1935년생. 지바(千葉)현 출신. 조선 근현대사 연구자. 1958년 조선근대사료연구회, 1959년 조선사연구회, 1961년 일본조선연구소의 결성에 관여했음. 대표 저서인 『朝鮮民衆と皇民化政策』(未来社)이 국내에 번역 출판되었다. 현재 가쿠슈인(学習院)대학 부설 동양문화연구소의 객원 연구원으로 있다(역자 주).

3) 1923년생. 나고야(名古屋)대학 조교수를 사직하고 국제정치 평론 활동과 노동자 교육, 평화운동에 헌신. 1983년 근로자통신대학장 역임(역자 주).

없다. 다만, 여기서는 개인적인 체험을 근거로 해서 정리를 하고자 한다. 즉 개인적인 회상이지 연구라고 할 수 있는 수준의 것이 아니라는 점을 밝혀두고 싶다. 50년도 더 지나서 자료를 망실한 것도 많지만, 1964년의 제4회 총회 기록 등의 기록과 연구소가 간행한 인쇄물, 1966년의 회의 노트, 운영 위원회의 기록,『소보(所報)』의 일부를 참조하면서 작성했다. 자료는 그 밖에도 있다고 생각되지만 발굴되어 있지 않다. 따라서 '연구 구상' 정도로 이해해 주길 바란다.

1. 나의 학창 시절

나의 학창 시절은 안보투쟁과 미이케(三池)투쟁을 거쳐 한일조약이 화제가 되기 시작하고 있었을 때였다. 그 중에 특히 안보투쟁 중에는 미국에 대한 비판과 일본정부에 대한 비판이 과제가 되고 있었다. 운동의 과정에서 발생한 한국의 4·19혁명은 나에게 충격을 주었다. 한국에서 일본에 망명한 학생의 연설 등을 듣기도 했다.

졸업 후 다른 활동이나 운동에는 참가하지 않았고, 또 역사연구자가 될 생각도 없었다. 당시 일본에는 한국과 시민 레벨에서 교류하는 단체는 없었다. 재일 한국인 단체로 민단이 있었지만, 일본인 시민들과의 접점은 적었다고 생각한다. 다만 한반도 전체와 우호 활동을 하던 일조협회(日朝協会)의 세타가야(世田谷) 지부를 방문해 입회했다. 데라오 도시(寺尾とし)4) 씨가 그곳의 사무국장을 맡고 있었다. 회원에는 우메쓰 하기(梅津萩) 씨도 있었다.

---

4) 1901~1973년. 에히메(愛媛)현 출신. 사회운동가. 1927년 노동농민당 서기. 이후 일본공산당 활동가가 되어 치안유지법 위반으로 수차례 투옥됨. 1968년 남편 데라오 고로(寺尾五郎)와 함께 '중국파'라고 일본공산당에서 제명됨(역자 주).

일 년 정도는 회비 수집 등을 하고 있었지만, 데라오 씨 집에 출입하고 있는 동안에 남편인 데라오 고로와도 만나게 되었다. 데라오 도시 씨로부터 조선에 대해 공부하라는 권유를 받고 이미 설립되어 있던 일조연에 다니기 시작했다. 1963년경의 일이라고 기억한다. 데라오 씨의 집 가까운 곳에는 일조연의 초대 사무국장인 기모토 겐스케(木元賢輔)도 살고 있었으므로 알고 지내는 사이였다.

2. 한일협정 반대운동의 전후

1965년 한일협정을 앞두고 반대운동이 시작되었을 무렵이다. 당시 한일협정에 반대하는 사람 중에서 "박(정희정권)에게 돈을 주려면 차라리 나에게 줘"라고 하는 말이 나올 정도였다. 식민지 지배 책임에 대한 인식은 좌파 안에서도 지극히 빈약했다고 생각한다. 한일조약은 군사동맹으로서 유사시에는 일본이 말려들어갈 수 있기 때문에 반대한다는 것이 대부분이었다. 일조연으로서 어떻게 대응할지가 과제였다. 어떻게 일본인에게 호소해야 할 것인지가 과제였다. 그래서 데라오 고로는 일조협회 세타가야 지부에서 실험적인 강연회를 실시하였고 그 결과물로 나온 것이 『일본과 조선의 관계사 및 일조 우호 운동의 의의』라고 하는 등사판 60페이지의 책자이다.

이것을 기본으로 1964년 6월에 안도 히코타로(安藤彦太郎)[5], 데라오 고로(寺尾五郎), 미야타 세쓰코(宮田節子), 요시오카 요시노리(吉岡吉典)[6]의 4명이 대표가 되어 192페이지짜리 『일 · 조 · 중 삼국 인

---

5) 1917~2009년. 요코하마(横浜) 출신. 중일관계사 연구자. 와세다(早稲田)대학 정경학부 교수. 1946년 중국연구소 창립 멤버. 1988년 일중학원장 역임(역자 주).

6) 1928~2009년. 시마네현 출신. 사회운동사 연구자. 정치가. 일본공산당 참의

민 연대의 역사와 이론』이란 책을 내었는데, 용어해설 등은 우부가타 나오키치(幼方直吉)[7], 오자와 유사쿠(小沢有作)[8], 가지무라 히데키(梶村秀樹)[9], 기모토 겐스케(木本賢輔), 구스하라 도시하루(楠原利治), 와타나베 마나부(渡辺学)[10]가 담당하였다. 이 책의 특징은 식민지 지배의 본질과 책임에 대해 언급하고 일·조·중 인민 연대의 역사와 본질, 해방 후의 조선문제 등에 대한 견해를 분명히 하고 있다. 이 책은 수만 부 팔렸고 한일회담 반대운동에 큰 역할을 담당했다. 단순한 연구소라기보다 운동과 연구의 발신지가 되었다. 이 밖에 소형 팸플릿을 3권 간행한 것으로 기억하고 있다.

그러나 한일조약은 체결되었다. 체결 이듬해인 1966년에 내가 메모한 것에 의하면 일조연에서는 다음과 같은 활동을 했다.

1966년이 되자 한일조약에 대한 총괄이 각 단체에서 행해지지 않고 있다는 것 등이 문제가 되어, 일조연에서는 현상 분석 회의가 열려 한국과의 관계를 포함한 베트남 정세의 검토 등을 행하고 있

원 의원. 일본제국주의의 아시아 침략사를 신랄하게 비판한 저작 다수 발표. 2009년 3월 1일 서울에서 열린 '3·1독립운동 90주년 기념 심포지엄'에서 강연 후 심근경색으로 사망(역자 주).

7) 중국제도사 연구자. 재단법인 중국연구소 상근 연구원. 일본인의 조선관에도 관심이 있어 1961년『思想』10월호에「일본인의 조선관-야나기 무네요시를 통해」를 발표(역자 주).

8) 1932~2001년. 도쿄 출신. 교육학 연구자. 도쿄 도립대학 교수. 식민지 교육과 한인 강제징용, 재일 동포 문제, 남북교류 등 한일 현대사 및 재일 동포 교육에 관한 선구적인 연구업적을 쌓아왔다. 대표적 저서인『재일조선인교육론』을 국내에서『재일조선인 교육의 역사』로 번역 출판(역자 주).

9) 1935~1989년. 도쿄 출신. 일본의 대표적인 조선근현대사 연구자. 도쿄대 동양사학과를 졸업한 뒤 1961년~79년까지 일본조선연구소에서 연구활동을 함. 가나가와(神奈川)대학 교수.『한국사입문』,『한국근대경제사연구』등 다수의 저작이 국내에서 번역 출판됨(역자 주).

10) 1913년생. 교육학자이다. 조선의 국민학교를 다녔으며 경성사범학교와 경성제대를 졸업하였으며, 이조 시대 서원에 대한 연구 등 한국 교육사에 조예가 깊다. 한국정부로부터 국민훈장 동백장을 수여함(역자 주).

다. 아키모토(秋元, 요미우리 신문), 후지시마(藤島) 등이 일본의 대
한국 정책 등에 대한 보고를 하였다. 이 해에는 '화요 강좌'라는 것
이 실시되었다. 차례대로 보면 가와고에 케이조(川越敬三) '한일회
담 후의 아시아정세' 2월 1일, 다카다 야스오(高田保夫) '대한국 경
제진출' 3월 22일, 가지무라 히데키 '조선근대사연구의 문제점' 4월
19일, 미야타 세쓰코 '근대사의 문제점' 5월 16일 등이었다. 그 다음
은 하타다 시게오, 오무라 마스오(大村益男)[11], 사쿠라이 히로시(桜
井浩), 마키세 코지(牧瀬浩二), 시오타 쇼베(塩田庄兵衛), 김달수[12]
등이 발표를 했다. 그리고 그 사이에 이사회, 간사회, 연구 위원회,
각종 연구회(교육·문학·근대사 등)의 연구회가 진행되었다.

　같은 해 2월에는 데라오 고로의 여섯 번째의 북한방문 보고가 있
었다. 나의 메모에는 여성이 엷은 화장을 하고 있었다는 점, 일본
인에게는 행동의 자유가 인정되지 않는다는 점, 세관 검사가 엄격
했다는 점 등이 기록되어 있다.

　한일조약이 체결되어 운동의 기세는 꺾였지만, 일조연에서는 간
행물 발행이 활발하게 진행되었다. 월간지『조선연구』는 정기적으
로 간행되었다. 그 외에 북한의 연구서, 예를 들어『조선민주주의
공화국의 수산업 1·2』,『최근 조선의 공동농장』을 가지무라 히데

---

11) 1953년생. 와세다대학 교수. 재만 한인문학 연구자. 한글 교육자. 시인 윤동
　　주의 묘소를 중국 지린성에서 찾아냄.『조선의 혼을 찾아서』란 제목의 에세
　　이 묶음집이 국내에서 번역 출판 됨(역자 주).
12) 1919~1997년. 경상남도 출신. 10세 때 도일. 신문기자. 소설가. 재일 동포 문
　　학의 효시격 인물. 해방 후 조선 총련 산하에서 활동하였으나, 1975년에 이진
　　희, 강재언과 함께 계간지『三千里』를 창간할 무렵에는 이미 총련에서 떠났
　　음. 그의 역작『日本の中の朝鮮文化』(講談社) 시리즈는 고대 한반도와 일본
　　의 밀접한 관계에 관해 일본 사회에 큰 반향을 일으켜, 이후 고대 한반도에
　　서 일본으로 건너간 사람들도 종래의 '귀화인(歸化人)'이 아닌 '도래인(渡來
　　人)'이란 명칭으로 사용하기 시작했다(역자 주).

키가 작성하였다. 수산업에 대해서는 나도 교정 등을 도왔다. 북한과의 학술 교류에 관한 인쇄물이 있었다.

큰 사업으로서 『조선문화사』를 간행한 것을 들 수 있다. 이 간행을 위해서 사무소를 신쥬쿠(新宿)로 옮기고 사무국도 확대했다. 조선문화사의 간행사업을 위해 아동사(亜東社)라는 회사를 설립하면서 일조연 사무국과 나뉘어졌다. 조선문화사 측의 사무국장은 기모토가, 일조연 사무국장은 사토 카쓰미(佐藤勝巳)13)가 담당하게 되었다.

3. 일조연의 쇠퇴

『조선문화사』의 간행이 끝나자, 데라오 고로는 중국에 관심을 가지게 되었고, 또 소속하고 있던 공산당과 대립하는 그룹과 행동을 같이 하여 공산당에서 제명되었다. 결과적으로는 임원으로서의 이름은 남아 있었지만, 데라오 고로는 조선 관계의 일에서 손을 떼었다. 1967년 2월 23일에 일조연 사무국도 아와지쵸(淡路町)의 식당 2층으로 옮겨 거기서 『조선연구』의 발행이나 강좌를 실시했다. 실질적으로는 임원의 대부분은 그대로 남아 운영을 계속 하였다.

『북한 외교자료집』이나 『김옥균 연구』 등을 간행했다. '일본인에 의한 일본인의 책임으로'라고 하는 자세는 유지되었지만, 점차 재정적으로 곤란해지자 사토 카쓰미 사무국장의 자택으로 사무소를 옮겼다. 나는 2~3차례 회의에 참가했을 뿐이다. 가지무라 씨와 새롭게 들어온 우쓰미 아이코(內海愛子)14) 씨 등이 한동안 사무국을 도

---

13) 1929년생. 니가타(新潟)현 출신. 1960년대 중반 일본조선연구소에서 활약한 일본의 1세대 조선문제 활동가. 초기엔 친북 성향을 띠었으며, 재일 한인 차별 반대운동에도 적극적으로 관계하였다. 후에 북한 실태을 알고 전향하여 '북한에 납치된 일본인을 구출하기 위한 전국협의회' 회장을 거친 뒤, 현재 현대코리아연구소의 소장으로 있다(역자 주).

왔다.

그 후 일조연은 변질되었고 나는 전혀 관계를 하지 않게 되었다. 데라오 고로의 존재가 없어진 것, 월간지의 간행이 재정적으로 곤란했던 것, 사무국 집세 등의 지출이 있던 것, 여기에 상응할 수 있는 연구소의 확대나 서적의 판매 등이 불가능했던 것, 한일조약 이후의 상황에서 새로운 조선연구에 대한 의미 부여가 이루어지지 못했던 것 등이 요인이다. 또한 아와지쵸로 옮기고 나서는 점차 사람이 모이지 않게 되었다.

4. 일조연에서 활동했던 사람들

그럼 일조연에서 어떠한 사람들이 활동하고 있었는지에 대해 시기에 따라서 다르지만, 아래에 열거해 둔다.

* 데라오 고로(寺尾五郎): 패전 이전 징병 중에 만주에서 반전 활동을 하다 체포. 1945년 후츄(府中) 형무소에서 한인 활동가와 함께 석방되다. 일본공산당원 미야모토 겐지(宮元賢治) 비서, 잡지 『전위(前衛)』 편집 등 국제파. 『미국 패망하다』, 『38도선의 북쪽』 등을 집필. 1961년 일조연 창립 멤버, 동 연구소 상근이사.
* 후루야 사다오(古屋貞雄)[15]: 변호사. 패전 이전 조선에서 농민운동의 변호를 함. 후세 다쓰지(布施辰治)보다 오랫동안 조선에 체

---

14) 1941년. 도쿄 출신. 전후보상론 연구자. 혜천(惠泉)여자학원대학 교수. 와세다(早稲田)대학 사회학과 재학 시에 일본조선연구소에서 활동. 재일 한인의 인권 및 전후보상 운동에서 활약. 일본평화학회 회장, 아시아인권기금 이사 역임(역자 주).
15) 야마나시(山梨)현 농민운동가 출신, 자유법조단 변호사, 정치가, 1976년 타계 (역자 추기).

재하였음. 전후 사회당 국회의원. 일조연 이사장.

* 이시노 히사오(石野久男): 사회당 국회의원. 일조연 부이사장. 이
  바라키(茨城)현 지역구

* 후지시마 우다이(藤島宇內): 문예 평론가, 조선 문제에 대한 논평
  다수.

* 하타다 시게오(畑田重夫): 나고야(名古屋)대학교 조교수. 정치학
  자. 일조연에서 한국 전쟁사를 연구.

* 와타나베 마나부(渡辺学) : 조선총독부 학무과장. 전후 무사시(武
  蔵)대학교 교수. 일조연 이사, 운영위원장 역임. 교육학.

* 가와고에 케이조(川越敬三):『저팬프레스』기자.

* 안도 히코타로(安藤彦太郎): 와세다(早稲田)대학교 교수. 중국사.
  데라오 고로의 친구.

* 하타다 다카시(旗田巍)[16]:『朝鮮史』(岩波書店) 저자, 도쿄도립대
  학교 교수. 전후 일본 조선사 연구의 중심적 인물.『朝鮮研究』에
  게재한 글이 차별적이라고 비판을 받기도 함.

* 미야케 가노스케(三宅鹿之助): 경성제국대학교 조교수. 이재유(식
  민지기 조선공산당 활동가)를 마루 밑에 숨겨주었다는 이유로
  실직. 전후 다카사키(高崎) 경제대학교 학장 등을 지냄.

* 요시오카 요시노리(吉岡吉典): 아카하타(赤旗) 기자. 참의원 의원.
  일관되게 한반도 문제에 관심을 가졌고, 저서 다수. 2010년 서울
  에서 타계.

* 무라마쓰 다케시(村松武司): 식민자였던 자기 반성의 입장에 있

---

16) 1908년~1994년. 경상남도 마산 출신. 1931년 도쿄(東京)제국대학교 동양사학
  과 졸업, 남만주철도 조사부원 역임. 도쿄도립대학교를 정년 퇴직한 후에 센
  슈(専修)대학교 사학과의 교수 역임.『朝鮮と日本人』(到草書房, 1983) 이외에
  저서 다수(역자 추기).

었던 잡지 편집자.

* 오쓰키 켄(大槻健): 와세다대학교 교수. 교육사.

* 가지이 와타루(梶井わたる): 도립 조선학교 교원. 토야마(富山)대학교 교수. 『조선학교의 일본인교사』 저자. 조선문학.

* 시오타 쇼베에(塩田庄兵衛): 도쿄도립대학교, 리쓰메이칸(立命館)대학교 교수. 화요 강좌에서 강사를 맡음. 일본노동운동사. 2009년 타계.

* 야스에 료스케(安江良介): 이와나미(岩波)서점 편집장. 연구소에는 별로 오지 않았다.

이 외에 시가타 히로시(四方博), 와다 요이치(和田洋一), 이노우에 히데오(井上秀雄)[17], 모리야 노리오(守屋典郎), 도조 다카시(東上高志), 니시자와 토미오(西沢富夫), 모리시타 분이치로(森下文一郎), 나카가미 히데코(中神秀子) 등.

◎ 사무국

* 키모토 겐스케(木本賢輔, 고인): 데라오 고로와 행동을 같이 했다.

* 사토 카쓰미(佐藤勝巳, 생존): 후에 전향하여 박정희 군사정권을 지지하고 재일 한인 운동에 대한 비판을 강하게 함. 북한에 대한 비판도 함.

◎ 신진 연구자

회의 등에 출석하거나 강좌의 강사를 한 사람들.

---

17) 1924년~2008년. 아이치(愛知)현 출신. 고대 한일관계사, 고대 한국사 연구자. 오사카(大阪)공업대 교수, 도호쿠(東北)대학교 교수, 쇼인(樟蔭)여자단기대학 교수 역임. 『実証古代朝鮮』(NHK북스, 1992) 이외 다수의 저서 있음(역자 주).

오자와 유사쿠(小沢有作, 고인), 가지무라 히데키(梶村秀樹, 고인), 미야타 세쓰코(宮田節子, 생존), 오오무라 마스오(大村益男, 생존), 사쿠라이 히로시(桜井浩, 생존), 오쿠무라 코이치(奥村皓一, 불명, 신문기자, 필명으로『조선연구』에 다수 집필), 쿠스하라 도시하루(楠原利治, 생존), 구와가야 모리오(桑ヶ谷森男, 생존), 이노우에 마나부(井上学, 생존), 히구치 유이치(樋口雄一) 등이다.

이상의 일조연 관계자들을 크게 나눠 보면 ① 패전 이전에 조선 거주자, ② 조선사 연구자, ③ 전후에 성장한 젊은 연구자, ④ 정치가, ⑤ 지식인·신문기자(후지시마·나카가미·요시오카 등)로 나눌 수 있다. 즉 당시 일본에서 한반도 문제에 관심을 가진 진보적 인사들이 결집되어 있었다고 말할 수 있다.

일조연은 한일회담 반대투쟁에서 큰 역할을 하였다. 그 중에서 식민지 지배에 대해 문제를 제기한 것, 근대사 중에서 조선사·식민지 지배를 자리매김할 필요가 있다고 주장한 것, 북한과의 교류를 적극적으로 진행한 것, 미국을 의식하면서도 일·조·중 연대를 호소했던 것 등에 의의를 둘 수 있고, 일본인이 활동의 중심에 있었지만, 강좌 등에서 재일 한인(박경식 등)의 참가도 있었다.

이러한 활동은 조선 관련의 전후 일본의 역사에서 그리고 조선사 연구에서 획기적인 사건이었다고 생각한다. 상황을 바꾸고자 하는 사람들이 현실에 대한 분석이나 실천 활동으로부터 배우는 가운데 그러한 시점이 형성되었다고 생각된다.

나 자신에 대해 말하면, 그 안에서 많은 것을 배울 수 있었다. 데라오 고로와는 조선과 관계하지 않은 후에도 만났지만, 정치나

운동의 이야기는 하지 않았다. 데라오 고로는 사무국에 기모토와 사토라는 일조협회의 활동가를 두고는 운동과 연구를 연계시키려고 했다. 그 동안에 나는 데라오 고로의 강한 권유가 있어서, 아시아 아프리카 강좌의 『일본과 조선』이나 『현대 조선론』에 글을 쓸 수 있었다. 지금 생각하면 부끄러울 따름이다. 또 가지무라 씨 등과 같이 극히 일부에 불과하지만, 현대 조선사의 입문서나 『조선연구』에 조선과의 연대를 의식하면서 여수·순천 사건에 대해서 쓸 수 있었다. 나에게는 큰 배움터가 되었다고 생각한다(조선문화사 관계에서 나카요시 쓰토무(中吉功) 등에 대해서는 생략하였다. 또한 선배 여러분의 경칭은 모두 생략했다).

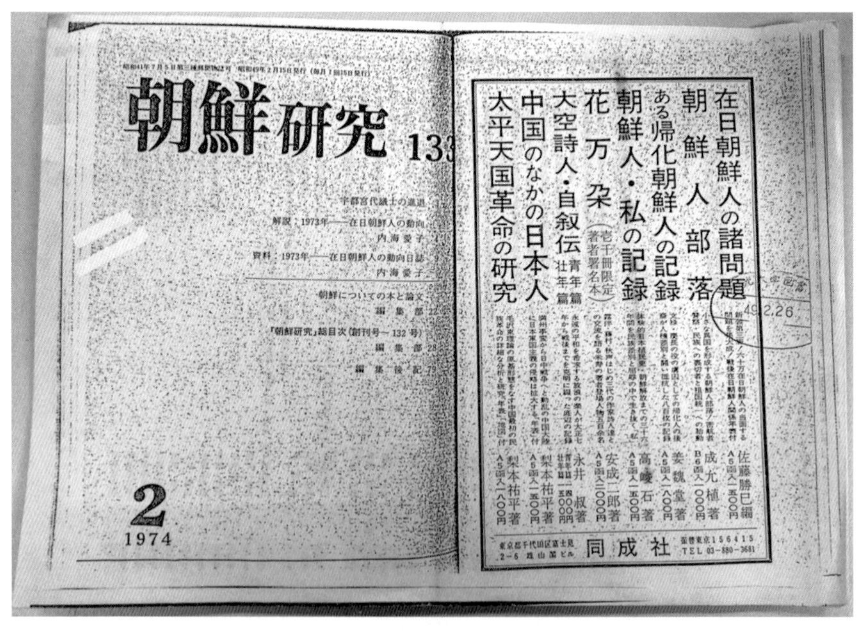

〈자료〉 일본조선연구소가 발행한 학술지 『朝鮮研究』의 표지(사본)

제3장

'전후 일본'과 재일 한인

―화해와 공생은 가능한가―

사토 노부유키(佐藤信行)*

들어가며

1980년 9월 10일에 재일 한인 1세 한종석 씨가 도쿄(東京)의 신주쿠(新宿) 구청에서, 같은 해 11월 13일에는 최창화[1] 목사(재일 대한기독교회)가 기타큐슈(北九州)시 고쿠라키타(小倉北) 구청에서 외국인등록법(이하, 외등법) 상의 지문 날인을 거부하였다. 스스로의 양심에 의거한 이 불복종의 싸움은 재일 한인을 비롯하여 일본에 거주하는 외국인의 새로운 인권획득 투쟁으로 번졌고, 1985년에는 지문 날인을 거부 및 보류한 재일 외국인이 1만 명을 넘겼다. 이 지문거부운동은 지문제도를 비롯하여 등록증의 상시 휴대제도, 정기적인

---

* 재일한국인문제연구소(RAIK) 소장.
1) 1930년~1995년. 평안북도 출신. 1954년 도일, 기타큐슈(北九州)시에서 거주함. 재일 한국기독교 산하의 고쿠라(小倉)교회를 설립하고 그 목사가 됨. 1968년 김희로 사건 시에 현지에 가서 김희로를 설득함. 1975년 NHK를 상대로 한국인의 성명을 한국어 발음대로 읽지 않고 일본식으로 읽는 것은 인권침해라고 소송. 재판에는 졌지만, 이후 일본의 매스컴에서는 한국인의 성명을 원어 발음대로 호칭함. 지문날인제도 반대운동 등의 인권옹호 운동에도 앞장섰음(역자 주).

갱신 제도, 형사 처벌을 근간으로 하는 외등법을 근본적으로 재고하고, 또한 외국인 정책을 변경하라고 압박을 가했다.

1980년대 최초의 지문 거부자가 나온 다음 19년째인 1999년 8월에 지문제도 철폐를 포함한 외등법 개정안이 일본 국회에서 성립하였고, 2000년 4월부터 실시되었다. 1980년에 시작한 지문 거부 및 외등법 개정운동이 이렇게 장기에 걸쳐 확산되어 전개된 것은 재일 한인의 운동사는 물론 일본 사회에서도 특기할 만한 일이다.

그러나 외국인 지문제도를 폐지한 지 7년 후인 2007년 11월 20일부터 일본의 모든 국제공항 및 항구에서 일본에 입국하는 외국인에게 생체정보(지문과 얼굴 사진)를 등록시키는 제도가 실시되었다. 즉 '테러리스트의 입국 방지'라고 칭하며, 외국인 지문제도를 부활시킨 것이다. 그리고 금년 2012년 7월 9일에 외등법을 폐지하고 새로운 외국인 관리제도를 실시하였다.

이 글은 1980년대부터 90년대에 걸쳐 지문거부 및 외국인등록법 개정운동을 개관하고, 이 운동이 일본 사회에 무엇을 제기하였는지를 생각해 보고자 한다. 그리고 21세기 현재, 자본의 글로벌화에 의해 일본에서 '다국적, 다민족화'가 진행되고 있는 중에 구 식민지 출신자인 재일 한인에 대한 정책이 어떻게 바뀌려고 하는지 '운동의 현장'의 시점에서 검토하고자 한다.

1. 일본에서의 생존권 투쟁

1) 전후 민주주의 하에서의 외국인 관리제도

(1) 외국인등록령에서 외국인등록법으로

1947년 5월 2일, 즉 패전 후 일본에서 새 헌법이 시행되기 하루

전에 외국인등록령이 소화(昭和) 천황의 마지막 칙령으로서 공포 및 시행되었다. 이것은 일본이 '전후 민주주의'라는 이름 하에서 일본에 있는 구 식민지출신자(한인, 대만인)를 배제하고 관리하는 대상으로서 법제도를 구축하였다는 것을 상징적으로 나타내고 있다.

1952년 4월 28일 샌프란시스코강화조약이 발효되자마자, 일본정부는 국적법의 규정에 의하지 않은 한 장의 행정 통보만으로 재일 한인과 대만인에게 국적 선택의 기회도 주지 않고 일률적으로 외국인으로 만들어 버렸다. 그 이후, 재일 한인, 대만인에 대한 민족 차별은 국적에 의한 구별이라고 합리화 하였고, 기본적인 권리조차 박탈하였다.

그리고 전년(1951년)의 10월 4일부터 시행된 출입국관리령(이하 입관령)을 재일 한인 및 대만인에게 적용하는 것과 동시에, 외국인등록령을 폐지하고 외국인등록법(이하, 외등법)을 시행하였다. 외등법은 14세 이상의 외국인은 지문 원표, 등록 원표, 등록증에 지문 날인을 하는 것을 의무화 하였다. 이 법에 의한 등록 갱신이 같은 해의 9월 29일~10월 28일에 실시하게 되었으나, 한인 측의 반대 의사가 강해 10월 28일에 해야 하는 등록 갱신의 시점에도 동록하지 않은 한인이 39,598명이나 있었고 검거 당한 사람도 555명에 달했다.

또한 지문제도에 관해서는 외등법 부칙에 1년 이내에 정령으로 정하여 실시한다고 되어 있었으나, 차례대로 연기되었다. 3년 후인 1955년 3월 5일, 일본정부는 '외국인등록의 지문에 관한 정령'을 공포하였고, 같은 해 4월 27일부터 실시하였다.

외등법, 특히 지문제도에 대한 재일 한인들의 반대는 조직적인 거부운동이 아니라 개인 행동을 하는 것으로 표출되었다. 지금 확인할 수 있는 것은 2건의 형사 재판과 지문 날인거부로 검찰에 송치된 인원수인데, '1955년 27명, 1956년 195명, 1957년 254명……'이라고 되어 있다. 이러한 투쟁은 일본 사회에서 주목 받지 못했지만, 그치지 않고 계속되었다.

(2) 재일 한인에 대한 관리 시스템

외국인등록령에서 외등법으로, 그리고 현재에 이르기까지 법개정의 과정은 외국인등록 사무의 합리화라는 이유에서 부분적인 개정이 시행된 한편, 자세한 의무규정을 더욱 추가하는 '개악'이 겹쳐졌다.

또한 외등법을 치안 입법으로서 기능하게 하기 위해서 그물망과 같은 의무 규정을 설치할 뿐만 아니라, 그 위반에 대한 형사 벌칙을 두고, 경찰 권력이 스스로의 자의적 판단으로 자유롭게 수사권을 행사할 수 있고, 어떤 작은 과실에 의한 위반이라도 입건하여 형사 벌을 과하는 운용을 하였다.

외등법은 제1조에서 그 법의 목적에 대해 "외국인을 공정하게 관리하는 데에 이바지함"이라고 되어 있지만, 일본에서 원래 관리라는 말의 법령사전의 의미는 다음과 같다.

> 공권력이 타인의 생활 관계에 개입하여 그 의사에 개의치 않고 또는 그 의사를 배제하고 외부적으로 이를 규율하는 조치를 의미한다 …… '통제'보다는 더 강한 규율을 행하는 경우를 의미한다(林修三·高辻正巳 외, 『法令用語辞典』).

이러한 의미의 관리라는 말을 법의 목적으로 하는 일본의 법률은 집행관법, 주민기본대장법, 경찰법 등 12가지이다. 이중에서 인간을 대상으로 하여 ‘관리’한다고 표방하는 것은 외등법과 입관법뿐이다. 즉 외국인만이 “공권력에 의해 생활관계에 개입” 당하고, 본인의 “의사를 개의치 않고” “외부적으로 규율”한다는 것이 법으로 인정되고 있는 것이다.

한편, 일본 국민의 주민등록은 주민기본대장법에 의해 정해지고 있다. 일본 국민도 외국인도 거주하는 시정촌(市町村)에서 다 같이 주민등록을 한다. 그러나 외등법과 주민기본대장법은 크게 다르다. 즉 외등법은 외국인에 대해 ① 얼굴사진 외에도 근무처 등 많은 항목을 등록하게 한다는 것, ② 등록증을 항시 휴대하게 하고 정기적으로 갱신 등록을 의무화한 것, ③ 이들의 의무 규정을 위반하면 ‘1년 이하의 징역이나 금고, 또는 20만 엔 이하의 벌금’ 등의 형사 벌칙을 강요하고 있다(이들 ①②③은 일본국민에게는 요구하지 않음).

1954년부터 1980년까지 ‘갱신 불신청(그 대부분이 의도적인 거부가 아니고 과실에 의한 신청 지연)으로서 지방자치단체로부터 고발당해 검찰에 송치된’ 재일 한인은 연평균 5,127명에 이른다. 또한 경관의 가두 심문에 의해 ‘등록증 불휴대’라 하여 송치된 한인은 연평균 3,242명에 이른다. 나아가 검찰 당국의 처분 내역을 보면, 1980년에 외등법 위반이라고 기소된 한인은 3,985명인데 기소율은 68.2%나 되었다. 미국인의 경우는 기소율이 13.2%에 지나지 않은 것과 비교된다.

이렇게 외등법은 재일 외국인, 특히 재일 한인의 일상 생활을 샅샅이 감시하고 위협하는 장치로서 강화되었다. 1965년에 한·일 법적 지위 협정을 체결하였고, 1979년에 국제인권규약에 가입을 하였지만, 이 외등법에 의한 억압적인 제도는 시정되지 않았다.

2) 지문 날인 거부운동의 전개

(1) 제1기: 1980년 9월~1984년 8월

1980년 9월, 한종석 씨가 도쿄에서 지문 날인을 거부한 이후, 기타큐슈(北九州)시, 교토(京都)시, 가와사키(川崎)시, 고베(神戸)시로 재일 외국인의 지문 날인 거부가 확산되었다. 이 투쟁은 "오직 한 사람의 반란"이라고 칭했듯이, 재일 한인에게는 그때까지 남북분단의 정치 이데올로기에 강하게 지배 받고 있던 민족단체(한국 민단과 조선 총련)의 틀을 넘어서, 개인의 주체적 결단에 의한 자립의 투쟁으로서 전개되었다. 이 일은 1970년 히다치(日立)제작소의 취직차별에 대한 박종석 씨의 재판투쟁을 효시로 하는 재일 한인 2세들의 투쟁, 즉 '재일'의 민족차별 철폐투쟁에서 새로운 전개였고, 그때까지의 정치 운동과는 질이 다른 확산을 가져왔다.

또 1981년 1월에 최선혜(최창화 목사 딸) 씨가 기타큐슈(北九州)시에서, 1982년 8월에 신인하 씨가 요코하마(横浜)에서 지문 날인을 거부하였다. 14세와 16세(1982년 개정부터 지문 날인, 등록증 상시 휴대의 의무 연령이 14세부터 16세로 조정됨)의 재일 외국인 3세가 최초의 갱신 등록을 할 때에 지문 거부를 한 것은, 일본인은 물론 재일 사회에게도 '문제'가 무엇인지 묻는 큰 충격을 주었다.

1955년 지문제도가 실시된 이후 날인을 거부하는 한인은 해마다 산발적으로 나타났지만, 1980년대에 들어서는 대중적인 거부운동으로 시작된 것이다.

이에 대하여 법무성은 1982년 10월, 지문 거부자의 재입국 신청을 허가하지 않는 것으로서 운동의 확산을 막고자 하였다. 재입국 허가를 받지 않고 일본을 출국한 경우에는, 그때까지 인정된 재류자격이 영주자격이라 할지라도 그 출구 시점에서 박탈당했다. 그래도 입관법상, 재입국 허가를 인정하느냐 마느냐는 법무대신의 재량에 따르게 되었다.

그래도 지문 거부자가 계속 나왔고, '지문 거부자 지원', '지문 거부자를 고발하지 않는다'라는 운동을 지방자치단체 직원들이 하기 시작하였으며, 지방 의회(都道府県市町村의 의회)에서 외등법의 개정을 요구하는 결의가 차례대로 올라갔다. 또한 각지에서 지문 거부자를 지원하는 모임이 만들어져 재판 투쟁의 일익을 맡았다.

이러한 일들은 외국인등록령을 도입한 1947년부터 지문제도를 강행한 1955년에 이르는 과정에서 많은 일본인이 그들을 무시하고 무관심으로 용인하여, 재일 한인들이 고립무원의 상태에서 반대투쟁, 거부 행위를 할 수밖에 없었던 시절과는 크게 변화한 상태였다.

그리고 1983년 11월에는 일본 각지의 지문 거부자(당시 31명)와 변호단 및 연구자가 중심이 되어 지문거부소송 전국연락회가 결성되었다. 당시 6건의 형사재판(지문거부 소송)과 2건의 행정 소송(지문 거부자의 재입국권 소송)을 진행하고 있었는데, 거기에서는 지문제도 그 자체가 헌법 위반이며 국제인권 자유권 규약에 위반된다며 논쟁하였다. 즉 이들 재판투쟁은 형사 피고인인 지문 거부자가 원고로서 정부의 정책을 문제시 하는 유니크한 재판투쟁으로서 전개되었던 것이다. 그리하여 법정뿐만 아니라, 매스컴도 이 문제를 일본 사회의 과제로서 널리 발신하였다.

(2) 제2기 : 1984년 9월~1988년 5월

법무성에 의한 재입국 불허가 처분 및 경찰에 의한 집요한 호출과 취조에 의해 1983년 말에는 지문 거부자 수가 일단 줄었지만, 등록증을 대량 갱신해야 하는 1985년을 앞두고 민족단체가 움직였다. 한국 민단은 외등법 개정을 요구하는 100만 명 서명운동에 돌입하였고(1983년 9월~12월), 1984년 10월에 한국 청년회에 의한 투쟁위원회가 조직되었다. 또한 지문거부 예정자회의(1984년 9월 발족), 재일본 대한기독교회의 지문거부실행위원회(1984년 11월 발족) 등이 새로이 '거부 예고' 운동을 시작했다.

　민족 단체에 의거하지 않고 재일 2세 청년들을 중심으로 결성된 '지문거부 예정자 회의'는 그 거부 예고선언에서 재일 한인이 품고 있는 공통의 생각을 다음과 같이 표명했다.

> 우리들은 조국의 분단에 마음고생을 하면서, 이 땅 일본에서 하루하루 소중한 삶을 보내고 있다 오늘날 재일 동포의 태반이 일본에서 태어나 자란 2, 3세라는 시대를 맞고 있다. 우리들의 일상생활은 취직 차별 이외에도 외국인등록제도에 의해 위협받고 있다. 항상 등록증명서를 휴대하지 않으면 안 되기 때문에, 그 압박감은 필설로 다하기 힘들다. 그 위에 등록 갱신을 할 때마다 지문 날인을 강요당하고 있다. 이는 우리들에 대한 일본 사회의 차별·억압을 상징하는 것이다. …… 내년은 외국인등록을 대거 갱신하는 해이며, 37만 이상의 재일 외국인이 다시 지문 날인을 강요당하게 되어 있다. 지금이야말로 우리들은 이 30년 넘는 '유물'을 깨끗하게 청산하고자 한다. '굴욕'보다는 '민족적·인간적 자량'을 존중하고 싶으니까, 차기의 등록 갱신 시에는 지문을 거부하지 않으면 안 된다고 중대한 결의를 표명하는 바이다.

　그리고 도쿄에서는 각 위성 시와 구마다 지문 날인 거부자 및 거부 예정자를 둘러싼 시민 운동체가 만들어졌다. 1980년대 전반에는 각지에서 '지문 거부자를 지키는 모임'이 만들어졌고, 그것이 1984년 이후에 각지에서 '지문 거부자와 함께 싸우는 모임'이라는 시민단체로 되었다. 즉 외국인에게 지문 날인을 강제하는 외등법을 무관심한 채 유지시키고 있는 것은 일본국민이라고 하는 당사자 의식에 기초하여 지문 거부 운동에 참가하는 일본인이 증가한 것이다.

1985년에는 홋카이도(北海道)에서 규슈(九州)에 이르기까지 이러한 시민단체의 수가 약 150개에 달했다. 거기에서는 지문 거부자 1명에 일본인 지원자 2명이라는 작은 규모의 모임부터, 지역의 노동조합이나 시의회 의원까지 망라한 큰 모임까지 다양하였다. 이들은 대부분이 자발적으로 적극성에 의해 만들어진 풀뿌리 운동단체였다.

1984년 12월말 현재, 지문 거부자는 82명에 이르렀다. 1985년 2월 23일, 가나가와(神奈川)현 가와사키(川崎)시의 시장은 "인권 존중이라는 관점에서 지문 날인을 거부하는 재일한국인을 시가 고발하지는 않겠다"고 표명하였고, 이 '불고발 선언'이 일본 전국의 지방자치단체에 확산되었다.

그러나 1985년에 일본 경찰은 지방자치단체의 고발이 없어도 지문 거부자의 체포를 감행하여, 5월 4일에 가와사키시의 이상호 씨, 6월 13일에 다카쓰키(高槻)시의 이경재 씨와 오사카(大阪)시의 양용자 씨를 차례대로 체포하였다.

그런 가운데 같은 해 5월 10일 오사카 경찰본부의 외사과장은 TV 인터뷰에서 "일본에 살고 싶다고 생각하면 법률을 지키지 않으면 안 된다. 그러한 법체제가 싫다면 자기 나라로 돌아가면 된다. 일본에서 태어나 일본인처럼 자란 사람은 귀화를 하는 것이 좋다"라고 폭언을 하였다.

또한 법무성도 5월 14일에 지문 거부를 억제하고 지방자치 단체의 단속을 강화하기 위해 지금까지의 등록 사무요령을 대폭 변경한다는 통달을 보냈다. 그 통달에는 지문을 날인하지 않는 경우에 '지문 날인 안 함'이라고 붉은 글씨로 기입한 등록증을 교부하고 거부자는 즉시 고발한다고 되어 있었다. 이 통달이 얼마나 외국인 주민의 인권을 무시한 것인가는 누구의 눈에도 명확했다.

이러한 경찰의 강권 발동과 법무성의 강경책은 그 후의 지문 거부자 수를 보면 오히려 불에 기름을 붓는 것처럼 되었다는 것을 알 수 있다. 이렇게 거부 운동이 고양하는 가운데, 1985년 7월부터 11월에 걸쳐 외국인등록증을 대거 갱신해야 했던 재일 한인들은 지문 날인을 하든 안 하든 간에, 상당한 각오를 가지고 등록증 갱신에 임하게 되었다. 일상에서 일과 육아에 쫓겨서 얼핏 보면 운동과 전혀 인연이 없다고 생각되는 사람들까지도 지문 날인을 보류하거나 거부하게 되었다.

이와 같은 재일 한인의 지문 거부 운동에 재일 대만(台湾)·중국인을 비롯한 미국, 캐나다, 프랑스, 스페인 등 여러 국적의 외국인이 참가하였다. 이는 지문 날인 반대운동을 세계에 발신하는 데에 크게 기여하였다. 즉 재일 한인이 시작한 이의 제기가 일본 사회에 사는 모든 외국인의 '공통 주장'이 된 것이다.

1985년 10월 11일, 한국 민단은 "이미 전국에서 지문을 거부 및 보류한 사람이 1,300명을 넘었고 제도 개정을 요구하는 의사 표시의 목적을 이루었다"라며 지문 날인 유보운동을 마친다고 선언했다. 하지만 재일 한인은 이후에도 개인적으로 지문을 거부하는 사람들이 끊임없이 나타나 같은 해 12월의 지문 거부자는 1,944명, 유보자는 2,737명에 달했다.

이와 같이 지문 거부 운동에 대한 국내외의 지지가 급속하게 확대되는 가운데 일본정부는 1986년 9월 21일에 예정된 한일 정상회담에서 지문 문제를 양국 정부의 외교적 결착으로 해결하고자,

1986년 3월 13일에는 지문 날인을 1회, 등록증을 카드화 하는 법 개정안을 국회에 제출하였다.

지문 1회 한정이라는 것은, 일본에 1년 이상 체재하는 16세 이상의 외국인은 5년마다 등록 갱신을 하고, 분실 등으로 재교부를 신청할 때마다 계속해서 날인을 요구했으나, 16세 때의 최초 등록이나 일본입국 이후의 최초 등록할 때만 등록표와 지문 원지에 날인을 하고, 그것을 등록증에 복사하여 사용한다는 것이었다. 그러나 그때까지 일본 법무성은 아래와 같이 수정하였다.

> 등록 외국인의 동일인성을 유지하기 위해서는 일정 기간에 2회나 3회 날인하지 않으면 의미가 없고 …… 만약 한 번만 날인한다면 등록에서 지문 제도는 그 의미를 완전히 상실하며 외국인을 괴롭히는 것 이외에 아무 것도 아닌 것이 된다(『外人登錄』, 1980年 12月号).

즉 지문 1회 한정은 "괴롭히는 것 이외에 아무것도 아"닌 것으로의 변경이었으며, 법무성 스스로가 지문제도 필요성의 논거를 파탄시키고 만 것이 되었다.

또한 등록증의 카드화는 기존의 수첩형 등록증을 얼굴사진이나 지문(등록 원표에 찍은 지문을 복사) 등을 인쇄한 라미네이트 카드로 변경한다는 것이었다.

(3) 제3기 : 1988년 6월~2000년 4월

이와 같이, 결코 개정이라고 할 수 없는 개정안은 많은 반대를 무릅쓰고 1987년 9월 18일에 국회에서 성립되었고 1988년 6월 1일부터 실시되었다. 그러나 재일 외국인의 대부분이 이 개정안에 동의하지 않는 것은 같은 해 5월 말의 지문 거부자가 769명이라는 것에도 나타나 있다.

개정법 실시 후에도 지금까지 한 번도 날인하지 않은 지문 거부자 63명(그 대부분이 일본에서 태어나 날인 의무연령인 16세 때 날인 거부한 재일 한인 3세)의 싸움은 계속 되었다. 그리고 과거 1번은 날인 했으나, 1980년대부터 갱신 등록 시에 지문을 거부한 706명은 대부분 '복사 거부' 또는 '갱신 거부'라는 여러 형태로 반대의 의사를 표명하였다.

지문복사 거부자의 수가 어느 정도인가를 법무성은 공표하지 않고 있으나, 지방자치 단체에 따라서는 지문복사 거부를 표명한 외국인에 대해서는 등록증이 아니라 1개월 또는 3개월, 6개월, 1년씩 '등록증교부 예정기간 지정서'를 계속 발행하는 등의 고육지책을 쓰고 있었다.

1989년 2월 6일, 일본정부는 히로히토(裕仁) 천황이 서거하자 2회 이상 지문 거부 및 등록증을 불휴대한 사람들을 '사면' 대상에 넣었다. 이것은 외등법 개정을 요구하는 여론에 눌려서 판단한 것이라기보다는 법 개정 이후에도 29건 · 33명에 이르는 지문 거부자 재판과 상시휴대 거부자 재판이 있다는 것을 교묘하게 없애고자 한 것이었다. 왜냐하면 그 사면의 대상에 개정법에서 정하고 있는 '최초 지문 불날인죄'가 제외되어 있었기 때문이다.

그리고 일본의 각 재판소는 지문제도나 상시 휴대제도가 헌법 위반인지 아닌지를 판시하지 않은 채, '사면'에 의한 '면소 판결'을 언도하였다. 이후 재판 투쟁은 지문 날인을 거부한 론 후지요시 선교사의 형사재판 1건과 지문 거부에 의한 체포, 재입국 불허가, 재류자격 갱신 불허가를 둘러싼 국가 배상 소송으로서 계속되었다.

　1991년 11월, 일본 국회에서 '일본국과의 평화조약에 의해 일본 국적을 이탈한 자 등의 출입국관리에 관한 특례법'이 성립되었다. 그때까지 일본에 있는 구 식민지 출신자와 그 자손(재일 한인, 대만인)의 법적 지위는 1965년의 한일 법적지위 협정에 의거한 협정 영주와, 이후 설정된 조선적자나 대만인에 대한 특례영주로 나뉘어져 있었으나, 이 특례법의 성립으로 인해 모두 특별영주라는 제도로 통합되었다. 그러나 특별영주는 퇴거강제 조항을 두고 있어, 영주할 수 있는 권리가 없는 '특별한 자격'이었다.

　1992년 2월 일본정부는 재일 한인 고등학생을 비롯해 한 번도 지문날인을 하지 않은 거부자가 260명에 달한 현실에서 재일 한인, 대만인 등의 특별영주자와 일반영주자를 지문 제도에서 제외한다는 법 개정안을 국회에 제출하였다. 이 개정안은 1992년 5월에 성립되어 1993년 1월부터 실시되게 되었으나, 중의원과 참의원에서 법이 가결될 때에 '5년 후에 재검토'라는 조건부로 통과되었다.

　그리고 이 개정법이 시행되고 6년이 지난 1999년에 지문제도를 전면 폐지한다는 네 번째의 개정안이 국회에 제출되었고, 같은 해 8월에 그 일부가 수정된 상태로 성립되었다. 일부 수정이란, 재일 한인 등 특별영주자의 등록증 불휴대에 대한 벌칙이 "20만 엔 이하의 벌금"에서 "10만 엔 이하의 과료"로 변경되었다는 것이다. 즉 형사벌이 아니고 행정벌이 된 것은 경찰은 등록증을 휴대하지 않은 재일 한인 및 대만인을 체포할 수 없다는 의미이다. 즉 외국인 등록제도가 발족한 이후 반세기 이상에 걸쳐 견고하게 유지된 상시 휴대제도가 확실하게 느슨해진 것이다.

　2000년 4월 1일, 드디어 개정된 외등법이 시행되었다. 지문제도가 전면 폐지된 것이다. 하지만, 재일 외국인의 일상생활을 끊임

없이 관리하는 법 시스템과 그를 지탱하는 사상은 근본적으로 변하지 않았다. 그러나 45년간 재일 한인을 비롯한 재일 외국인에 대해 굴욕의 낙인을 강요했던 지문제도가 당사자들의 다양하고 끈질긴 투쟁에 의해 전면 폐지되었다는 것은 매우 의미 깊은 일이었다.

3) 지문날인 거부 운동이 초래한 것

(1) 일본정부에 의한 법 개정

이러한 1980~90년대의 지문거부 및 외등법 개정 운동에 대해 일본정부는 어떻게 대처하였을까.

일본정부 즉 법무성은 1982년에 날인 의무 및 상시휴대 연령을 14세에서 16세로 변경하는 것부터 시작하여, 87년에는 1회 날인제로 변경, 92년에는 일반영주자 및 특별영주자의 지문제도 제외, 그리고 99년에는 지문제도를 전면적으로 폐지하는 등, 17년 동안에 네 번이나 법을 개정하기에 이르렀다. 이는 1947년부터 반세기에 걸쳐 존재한 외국인등록제도의 역사 속에서 처음 있는 일이며, 법무성 측에게는 지극히 본의 아닌 개정이었다. 또한 일본정부에게는 1960년대, 70년대에서 예측하고 구상했던 것이 80년대~90년대에 일어난 지문 거부 운동에 의해 궤도 수정을 할 수밖에 없었다.

1965년에 한일조약이 체결되었다. 그때 일본정부는 재일 한국인에 대해 자자손손 영주권을 주장하는 민단과 한국정부를 무시하고, 영주 자격을 3대에 한하는 것으로 하여(협정영주), 25년 후에 다시 협의한다는 '한일 법적지위 협정'을 체결하고자 획책했다. 당시 일본의 법무관료는 다음과 같이 생각하였다.

이 25년 후(1991년)에 일본에서 출생한 자는 현재의 재일 한국인에서 보면 3세, 4세가 되니, 한국어를 모르고 한국의 풍속 습관과도 격리되어, 완전히 일본 사회에 녹아들어 버릴 것이 충분히 예상된다. …… 그때까지는 많은 사람들이 우리나라에 귀화할지 모르겠다. …… 이들의 거주 문제는 '25년 후의 일한 재협의'가 실행되지 않거나 협의가 마련되지 않을 때에는, 오직 우리나라의 국내법 문제로 외국인을 규제하는 것으로 하여 그 거주를 규율하게 한다(『時の法令·別冊／日韓条約と国内法の解説』, 1966年).

즉 일본정부는 1980년대, 90년대가 되면 재일 한인의 세대교체로 인해 귀화 및 동화의 경향이 깊어질 것이니, 정부로서 그에 관한 촉진 정책을 추진하면 될 것이다. 또한 25년 후의 재협의(1991년 문제) 등도 필요 없게 되든지, 또는 큰 쟁점은 안 될 것이라는 예상을 하고 있었다.

그러나 일본정부는 1980년대 지문 거부 운동이 고양함에 따라, 영주자격의 존속 문제뿐만 아니라, 재일 한인의 처우 전반(외등법 문제, 재입국 문제, 공립학교 교원 및 지방공무원 채용 문제, 민족 교육 문제)에 걸친 '1991년 문제'에 대응을 하지 않으면 안 되었다.

또 하나 지적할 수 있는 것은 외등법을 비롯한 일본의 인권 상황(특히 재일 한인)은 국제 인권 제반 조약이 정하는 인권 기준과 괴리가 크다고 국제적인 비판을 받은 적이 있다. 예를 들면, 국제 연합의 자유권조약위원회와 일본정부는 제2회 보고서의 심의 중에서 외등법 문제를 언급하였고(1988년 7월), 더욱이 제3회 일본정부 보고서를 심의할 때에는 다음과 같은 최종 의견을 지적하였다(1993년 11월 4일).

영주 외국인이라 할지라도 증명서를 상시 휴대하지 않으면 안 되고, 또한 형벌의 적용 대상이 된다는 것 같은 일이 일본 국적을 가진 사람에게는 적용되지 않는다는 것은 자유권 규약에 위반된다.

이 시점에는 일본 정부·법무성이 적어도 1950년대나 60년대처럼 재일 한인에 대한 정책 결정을 어떨 때는 '국내 문제'로, 어떨 때는 '한일 2국간 문제'라는 구실을 삼아 완전히 자유롭게 처리하는 것이 곤란하게 되었다는 의미이다.

(2) '재일'에게, 일본인에게 지문 거부 운동이란 무엇인가

1993년 2월, 가와사키(川崎)시에서 '민족차별과 싸우는 관동 교류 집회'가 열렸고, 그 분과회의 하나인 '교육문제 분과회'에서는 도쿄(東京都)와 가나가와(神奈川)현의 공립학교·사립학교에 근무하는 10명의 재일 한인 및 중국인 교원들이 실천 보고를 했다. 마침 일본인 교원과 부모가 대치하고 있는 형태에서, 각 학교에서의 악전고투 상황을 이야기하는 그들을 보고 생각난 것이 있었다. 그들의 대부분이 1980년대에 지문 날인을 거부한 경험이 있다는 것이다. 그들은 운동의 전면에 나오지는 않았지만, 자기의 등록증 갱신일에 지문을 거부하여, 그 중에는 재류 기간의 단축이라는 처분까지 받은 사람도 있었다. 즉 1980년대의 지문 거부 운동은 그들 한 사람 한 사람에게 '일본 거주를 위한' 투쟁이었으며, 그것은 그 후에도 여러 형태로 계속되고 있다.

재일 한인에게 지문 거부는 자기 양심에 기초하여 자기의 책임과 결단에 의한 주체적인 싸움이었다(따라서 개성 있는 지문 거부자를 횡단적으로 조직하는 일이 극히 곤란했다). 더구나 지문 거부는 정치적 운동으로서 무엇을 반대한다거나 실현하고자 하는 운동이 아니라, 스스로 치고 나오는 능동적인 싸움이었다. 재일 2세, 3세에게는 지문 거부를 통해 일본이란 사회와 국가가 더욱 명확하게 볼 수 있는 과정이기도 했다. 특히 재일 2세에게는 분단된 조국을 직시하고, 또한 민족적인 일체감을 가진 장을 빼앗기고 치열한 정치적 사상에 의해 분단된 가운데, '재일을 사는' 싸움으로 '새로운 공동성' 창조를 희구하는 것으로서 위치 규정할 수 있다. 그리고 재일 한인 개개인으로서 악법은 타파되어야 한다, 권리는 스스로 싸워 쟁취하는 것이라는 의식이 광범위하게 정착되어 간다는 것이 큰 특징이었다.

한편, 그 운동이 우리들 일본인에게는 무엇이었나. 문자 그대로 '풀뿌리' 운동 속에서 추상적이며 개념적인 존재로서가 아니라, 같은 지역에 살고 있는 재일 한인과의 구체적인 만남이 만들어졌고, 그들을 통해 스스로 일본 사회·일본정부의 양상과 그 역사를 볼 수 있었다.

이와 같은 귀중한 체험과 인권규범을 확립하는 지향이 바탕이 되어 1990년대에서 전후보상 운동을 비롯하여 재일 한인의 지방참정권이나 민족교육권 운동, 그리고 이주 노동자·국제결혼자의 인권 문제로 과제가 확산되었다.

1980년대 지문 거부 운동의 또 하나 특필할 의의는 지역사회를 구성하는 '외국적 주민'이라는 개념을 정립했다는 것이다. 지문 거부는 외등법의 발본적인 개정을 구하는 것이며, 그것은 정부·법무성 및 국회를 향한 투쟁이었다. 그리고 동시에 1980년대 지문 거부 운동은 창구에서 외국인에게 지문을 날인하는 업무 등 외국인 등록업무를 행하는 지방자치단체와 치열한 교섭이 거듭되었다. 그 중에서 같은 지역에 살고 일본인과 같이 세금을 내고, 주민으로서 의무를 다하는 외국인을 '주민'으로서 대우해야 한다고 압박했다. 앞에서 말했듯이, 지문 거부 운동은 그때까지 지역에서 생활하는 외국인의 모습이 거의 보이지 않았던 일본인 및 자치단체에 대해, '주민으로서의 외국인'이라는 존재와 그들의 의사를 인식시키는 계기가 되었다. 그것이 1990년대 이후의 지방참정권 운동을 준비하게 되었다.

1980년대에는 지문 거부자에 대해 일본 경찰이 자택이나 직장에 들이닥치거나, 임의출두 호출과 체포, 법무성에 의한 재입국 불허가와 재류기간 단축, 재류갱신 불허가 처분 등, 국가 권력에 의한 적나라한 폭력이 가해졌다. 체포 당한 지문 거부자는 22명, 재류갱신 불허가 처분을 받은 사람은 6명, 재류기간 단축처분은 3명, 재입국 불허가 처분은 107명에 이르렀다.

그럼에도 불구하고, 위축되지 않고 스스로의 의견을 표명하고 그것을 관철한 지문 거부자들의 투쟁에서 일본 사회는 많은 것을 배웠다. 그들이야말로 우리들 일본인에게 절실했던 사회로 변화시킨 사람들이었다고 인식하게 해주었다.

2. 21세기 일본 속의 재일 한인

1) 분단 시대의 '재일'

일본과 한국의 국교정상화 교섭은 6·25전쟁이 한창인 1952년 2월부터 시작되었고, 실로 14년이나 걸려 1965년에 조약이 체결되었다. 미국의 중개로 한일 회담이 시작되었고, 미국의 압력 아래에서 조약을 체결하였다. 일본은 반드시 스스로 역사를 청산하고 동아시아에 대한 화해와 평화를 수립한다는 의사를 갖고 진행한 것은 아니었다. 따라서 당시 체결된 한일 법적지위 협정은 전술한 바와 같이 재일 한인에게 문자 그대로의 '영주권'도 '민족적 권리'도 인정하는 것이 아니었다. 그뿐 아니라, 한국적과 조선적을 둘로 나누어 재일 사회를 분단시키는 것이었다. 분리시켜 통치한다고 할 수 있다. 더욱이 일본정부는 당시 이렇게 말하고 있다.

우리나라에 영주하는 이민족이 언제까지나 이민족으로만 있는 것은 일종의 소수민족으로서 장래에 곤란하고 심각한 사회문제가 될 것은 명료하다. 피아 쌍방의 장래에서 생활의 안정과 행복을 위해서 … 대거 귀화하는 것이다(內閣調査室,『調査月報』, 1965年 7月 号).

이러한 생각에 일본 사회의 여론도 지지하였다.

광범위하게 내국민의 대우를 하면 장래에는 이 좁은 국토 속에 이상한 그리고 해결 곤란한 소수 민족을 끌어안고 있는 것이 되지 않나. 한국 병합이라고 하는 역사도 지금부터 2, 30년 앞을 생각할 경우, 그것은 대다수 일본인에게 먼 과거의 한 사실 이상 아무것도 아니게 될 것이다(『朝日新聞』, 1965년 3월 31일).

이와 같은 인식하에서 1965년 한일조약이 체결되었다. 그런 가운데 재일 2세·3세는 자력으로 일본에서 민족 차별과 싸울 수밖에 없었다. 1977년 일본의 최고재판소(한국의 대법원에 해당)와 싸워서 일본에서 최초로 외국적 변호사가 된 재일 2세 김경득은 이렇게 말했다.

재일 동포가 일본에 온 것은 식민지 지배에 기인하고, 그들의 정주화는 본국의 남북 분단에 유래한다. 재일 동포는 인권과 민족적 존엄을 걸고 일본에서의 차별에 저항하며, 본국 국적을 유지하며 남북이 통일되는 것을 기원하면서 분단 상황에서 살아왔다(金敬得,『新版 在日コリアンのアイデンティティと法的地位』, 明石書房,

2005年).

그 투쟁이라는 것은 해방 직후부터 시작되어 지금까지 연결되어 온 민족교육을 지키는 투쟁이며, 1970년대부터 시작된 민족차별 철폐운동, 1980년대의 지문 날인 반대운동이 그것이다.

2) 재일 한인의 법적 지위

재일 한인 사회는 이미 2·3·4세가 대부분이며 지금은 5세가 태어나고 있다. 그러나 일본에서는 국적법에 의하여 혈통주의를 채용하고 있기 때문에, 일본에서 태어나서 자란 사람이라도 일본 국적이 없는 자라고 다음과 같이 취급 받고 있다.

> 지방자치 단체의 참정권: 법률에 의해 부인.
> 인권옹호 위원·교육위원·민생위원의 취임권: 법률에 의해 부인.
> 지방공무원 및 공립학교 교원의 취임권: 정부 견해에 의해 제한.
> 일본 전국에서 외국적의 지방공무원은 천 명이 넘지만 관리직 임용 등에서 제한 받고 있음. 또 공립 소·중·고교에 약 200명의 외국적 교원이 근무하지만, 전임 교원이 아니라 '상근 강사'의 취급을 받고 있으므로, 교장이나 부교장이 될 수 없음.
> 일본의 재입국권: 법률에 의해 제한.
> 사회 보장의 수급권: 국적 조항은 거의 철폐되었지만, 경과조치가 설정되어 있지 않아 고령자 연금 등은 수급할 수 없음.
> 전후보상의 수급권: 원폭 피해자 원호법 이외에는 각 법률에 의거하여 부인함.
> 민족명을 선언하는 권리나 민족교육을 받을 권리 등 '마이너리티로서의 권리': 정부 견해에 의해 부인함.
> 입주 거부, 취직 차별 등 사회적 차별에서 보호 및 구제받을 권리: 인종차별(민족차별) 철폐법이 제정되어 있지 않고, 또한 보호 및 구제를 요구하는 국내 인권기관이 없으므로 재판에 호소할

수밖에 없음.

이상과 같이 재일 한인은 본래 향유해야 할 기본적 권리를 지금도 제한 및 부인 당하고 있다. 이와 같이 법제도와 그것을 지탱하는 일본 사회의 의식은 전술한 바와 같이 '전후 민주주의' 속에서 이미 배태되어 있었다. 즉 민주주의를 구가해 온 전후 일본에서 일본인 스스로가 식민지주의와 대치하고 극복한 작업이 이루어지지 않았다는 것을 나타낸다.

3) 다국적 · 다민족 사회와 재일 한인

6 · 25전쟁의 특수에 의해 재기한 일본 자본주의는 1960년대에 고도경제성장을 맞이한다. 그리고 1971년의 오일쇼크(변동상황제로 이행)를 거쳐 1985년의 플라자 합의로 인해 엔고(円高), 달러 약세가 용인되자 일본 자본의 해외 진출이 가속되었다. 자본의 글로벌화와 같이, 엔고는 내외의 소득 격차를 더욱 확대하여 새로운 이주 노동자의 도입 계기가 되었다.

1989년의 입관법 개정은 그때까지 '이민을 받아들이지 않는다'는 외국인 정책을 실질상 전환하여, 먼저 브라질이나 페루 등 중남미의 일본계(과거에 일본에서 브라질이나 페루로 이민 간 일본인의 후손)에게 취로를 자유화하는 것으로 말미암아 외국인 노동자의 도입 정책이 전환 되었다는 의미이다.

일본의 외국인등록자 수는 1960년대는 60만 명대(그 중 87%가 재일 한인), 1970년대에는 70만 명대(그 중 86%가 재일 한인), 1980년대 전반은 80만 명대(그 중 80%가 재일 한인)으로 되어 있었으나, 1990년에 100만 명, 2005년에는 200만 명을 돌파하였다.

그리고 2011년 말 현재의 외국인 등록자 수는 208만 명으로, 그 내역은 중국 67만 명, 한국·조선 55만 명, 브라질 21만 명, 필리핀 21만 명, 페루 5만 명, 미국 5만 명, 기타 32만 명이었다. 또한 일본인과 외국인과의 국제결혼도 증가하였다(17쌍 중에 1쌍, 지역에 따라 15쌍 중에 1쌍은 국제결혼). 2011년의 출생아 수를 보면, '부 일본인, 모 외국인'인 어린이(대부분 일본 국적)가 10,922명, '모 일본인, 부 외국인'인 어린이(대부분이 일본 국적 및 이중 국적)는 9,389명이다. 일본은 문자 그대로 '다국적, 다민족 사회'가 되어가고 있다.

한편 외국인 등록자부터 보면 한국·조선적이 감소하였는데, 특히 특별영주자의 수가 매년 1만 명씩 감소하고 있다. 이처럼 재일 한인 사회도 소자녀 고령화 현상을 보이고 있는데, 일본인과의 결혼으로 출생한 아이들의 대부분은 일본 국적 또는 이중 국적으로 되어 있지만, 외국인등록에는 포함되지 않고, 일본 국적을 취득하는 것 등이 그 이유이다.

4) 외등법의 폐지와 새로운 외국인 관리제도

2012년 7월 9일부터 외등법이 폐지되었고, 대신에 입국관리법·입국관리특례법·주민기본대장법의 개정법이 실시되었다. 개정법 실시의 배경으로서 이하 세 가지를 들 수 있다. 첫 번째는 자본의 글로벌화가 방대한 수의 '국경을 넘을 수밖에 없'는 사람들을 만들고 있다. 두 번째로, 지금까지 이민을 받지 않는다고 했던 일본이 1990년대에 외국인 정책을 '선언하지 않고 정책 전환'을 기도한 것(관리 제도와 계층화된 노동시장을 전제한 외국인 노동력의 도입 정책). 세 번째로, 일본정부가 2001년 9·11테러 이후 구미 제국의 흐름을 추종하여, 재일 외국인 개개인의 거주 상황과 활동 상황을 항상 파악 및 관리하지 않으면 안 된다는 강박 관념에 젖어 있다는 것이다.

그리고 일본에서는 이 수년 동안에 다음과 같은 관리 및 감시 시스템이 만들어졌다. ① 법무성 출입국관리국 웹사이트에 '불법 체재자라고 생각되는 외국인'을 익명의 이메일로 밀고할 수 있는 창구를 설치하였다. ② 외국인을 고용하는 사업주로부터 외국인의 성명, 국적, 재류자격, 재류기한 등을 후생노동성에 제출하게 하여 그 고용정보를 법무성에 제공한다. ③ 일본에 입국 및 재입국하는 16세 이상의 외국인에게 생체정보(지문과 얼굴 사진)의 제공을 의무화 하였다.

이와 같은 가운데, 개정법이 준비되어 성립된 것이다. 지금까지의 외등법은 특별영주자도 유학생도 비정규체재자라도 일본에 90일 이상 체재하는 모든 외국인을 대상으로 하였다. 그러나 이번의 개정법에서는 '중장기 재류자'라는 새로운 카테고리를 만들었다. 그리하여 재일 외국인을 '특별 영주자', '중장기 재류자'(영주자나 유학생, 일본인 배우자 등 3개월이 넘는 재류 기간을 인정받은 외국인. 소위 신 도일자), '비정규 체재자'(초과 체재자 등)로 나누어 관리하게 되었다. 좀 더 자세하게 보면, 특별영주자에게는 '특별영주 증명서'를 교부하여 지금까지와 같이 관리한다. '중장기 재류자'에게는 '재류카드'라는 것을 교부하여 지금까지 이상으로 철저하게 관리한다. 그리고 비정규 체재자는 지금까지 이상으로 철저하게 배제한다는 제도이다. 지금 갖고 있는 외등증에 '재류자격 없음'이라고 적혀 있는 비정규 체재자에게는 '재류카드'를 교부하지 않고 '외국인 주민표'도 작성하지 않는다.

또한 개정 입관법에서는 "고용주가 초과 체재 등 취로할 수 있는 자격이 없는 외국인이라는 것을 모르고 일을 시켰다"는 것 자체에 대해 벌칙을 부과할 수 있게 되었다. 즉 외국인을 고용할 때에는 고용주에게 '재류카드'를 보이고 거기에 기재되어 있는 '취로 제한의 유무'를 확인하게끔 의무화하여, 취로 자격을 가지지 않는 외국인을 고용한 경우는 고용주를 벌할 수 있게 하였다. 그러면 외국인은 '재류카드' 또는 '특별영주 증명서' 없이는 일본에서 노동도 생활도 할 수 없다는 것이 된다. 이번의 개정법은 결국 비정규 체재자(약 7만 명)를 일본에서 몰아내고자 하는 것이다.

또한 '중장기 재류자'(약 170만 명)에 대해서는 신설된 관리 제도들이 그들의 일상생활을 꼼꼼하게 규제하게 되었다. 예를 들면, 신설된 '재류카드'의 기재 사항에는 '취로 제한의 유무'가 있다. 재류카드의 표면 중앙에 있는 얼굴 사진의 옆에 '① 취로 불가/취로하려면 자격 외 활동허가 필요, ② 취로 제한 없음, ③ 취로 제한 없음/재류 자격으로 인정된 취로 활동만 허가' 중의 하나가 굵은 글자로 기재되어 있다. 이와 같은 항목을 만들어서 특기하는 것은 외국인을 인간으로서의 생활인이 아니라, '노동력 상품'인가 아닌가로 취급하는 발상을 바탕에 두고 있다.

16세가 된 외국적의 고등학생의 경우를 상정해 보자. '영주자' '정주자' '가족체재'라는 재류자격으로 되어 있는 고등학생은 16세가 되는 생일까지 학교를 쉬고 지방 출입국관리국에 가서 얼굴사진이 들어있는 재류카드를 수령하여 그 카드를 항상 휴대하고 지내야 한다. 더욱이 그 카드에는 재류자격에 따라 '취로 불가' '취로 제한 없음'이라고 기재된다. 이와 같은 기분 나쁜 재류카드를 항시 휴대하게 하고, 게다가 수학여행을 제외하고 일본에 재입국할 때마다 지문과 얼굴 사진을 등록 시킨다. 그것을 16세의 아이들에게 강요하는 국가와 사회는 추악하다고 하지 않을 수 없다.

맺으며

일본 사회는 아직도 '북한 때리기'의 열풍 속에 있다. 마치 '일본인'이라고 자인하는 자는 누구라도 납치 피해자를 대신하여 규탄하는 권리라도 얻은 것처럼, 북한을 매도하는 그럴듯한 망언이 난무하고 있다. 일본의 그 추악한 '국민감정' 속에서 북한에게 폭력적인 납치 피해를 입은 사람들의 분노, 슬픔, 절망 등은 지워져 버린 것이 아닌가라고 나는 생각하지 않을 수 없다. 이것이 일본 사회의 숨길 수 없는 모습이라고 생각한다. 즉 국가 권력의 폭력에 의해 무엇보다도 소중한 사람의 생명이 날마다 빼앗겨도 그것을 치졸한 정치적 문맥 속에서만 해석하는 사회에서, 우리들 일본인은 패전 이전과 이후를 살아왔다고 할 수 있다.

1925년 당시 일본의 식민지 통치하에 있던 조선을 방문한 군마(群馬)현 안나카(安中)교회의 목사 가시와기 기엔(柏木義円)[2]은 아래와 같이 말했다.

---

2) 1860년~1938년. 에치고(越後)지방(현 니가타(新潟)현) 출신. 1878년 도쿄 사범학교(현 쓰쿠바(筑波)대학교의 전신)를 졸업한 뒤, 1884년 군마(群馬)현에서 소학교 교사 재직 중 안나카(安中)교회의 에비나 단조(海老名弾正)의 영향을 받아 기독교 신자가 됨. 도시샤(同志社)대학교에서 니지마 죠(新島襄)의 가르침을 받았고, 1889년 도시샤 졸업 후에『도시샤 문학』의 편집을 맡으면서 국가주의 및 교육칙어를 비판하였다. 1897년부터 1935년까지 안나카교회의 목사로 근무하면서『上毛教界月報』를 통해 러일전쟁 이후의 대외 전쟁에 한결같이 반대론을 주장함. 또한 아시오광독사건, 성매매 문제, 관동대지진 한인 학살 문제 등에 대해 비판 활동을 전개하였다(역자 주).

> 나는 조선이 보고 싶어서 왔다. 조선의 산수를 보았다. 도회지를
> 보았다.
> 그러나 나는 아직도 조선을 보았다고 할 수 없다. 아니 조선의 진
> 상을 볼 수 있는 눈을 갖고 있지 않다. 필경 조선을 볼 수가 없었다.

1904년 러일전쟁에 대해 전쟁 반대를 주창하였고, 1910년 한국병합, 1923년의 관동대지진 시의 한인 학살에 대해 비판을 계속하였던 가시와기 기엔은 위와 같이 자기가 주재하는『조모 교계 월보(上毛教界月報)』에서 쓴 후 다시 조선의 땅을 밟지 못했다. 그리고 가시와기는 그 해의 말부터『조모 교계월보』의 권두에 "우리는 전쟁이 없는 세계의 실현을 희망하고, 군국주의의 패망을 기대한다"고 실었고, 1938년에 운명할 때까지 그 주장을 관철했다.

일본에 의한 동화정책을 계속 비판했던 가시와기는 조선에서 자신의 눈으로 그 실상과 진실을 확실히 보고 싶었을 것이다. 그러나 그는 "조선의 실상을 보는 눈을 갖고 있지 않다"고 쓸 수밖에 없었다. 이것은 그의 한계를 표시하는 것이 아니라, 압도적인 소수자로서 고고한 존재이기 때문에 진실을 보고 싶다는 그의 강열한 의사 표시라고 할 수 있다. 가시와기가 87년 전에 그러했듯이, 조선을 식민지 지배한 것을 합리화 하고 정당화 하는 압도적인 언설 속에서 진실을 직시하고자 하는 강고한 의지와 유연한 상상력이 한 조각이라도 있으면, 그것이 보이게 되어 있다. 그러나 당시는 물론 지금도 일본인도 대부분 그를 보려고 하지 않는다.

그 이후 87년의 세월이 흘렀다. 그 동안에 일본은 패전을 계기로 평화와 민주주의를 향수하였지만, 조선은 해방을 맞이하였어도 냉전 하에서 재류카드라고 하는 가혹한 상황을 겪어야 했다. 그리고 재일 한인은 전후 일본 사회 속에서 주변으로 밀려났을 뿐 아니라,

재류카드라고 하는 가혹한 삶을 강요당했다.

2000년 6월, 김대중 대통령과 김정일 총서기의 남북 정상회담 뉴스를 접했을 때, 만약 이것이 반세기 전에 또는 25년 전에 실현됐다면, 재일 한인의 존재 자체도 그리고 전후 일본도 크게 달라졌을 것이라고 생각했다. 그러나, 실제는 해방 후 반세기의 역사적 과정은 이러한 몽상조차도 허락하지 않는 잔혹한 것이었다. 재일 한인에게 식민지 지배라는 폭력은, 그리고 민족분단이라고 하는 폭력은 한 사람 한 사람의 삶을 짓밟고, 가족을 남과 북, 일본으로 이산시키고 벗과 동료를 반목시켰다. 만해 한용운의 시처럼 "흘러내리는 눈물 속에서 그래도 님을 보려고 하며" 재일 1세들은 살아 왔다. 나는 그러한 장면을 무력한 일본인으로서 입회할 수밖에 없었다.

한나 아렌트(Hannah Arendt)[3]는 1960년대 미국의 공민권 운동에 대해 아래와 같이 쓰고 있다.

> 흑인과 백인의 사이에 가로질러 있는 균열의 진실은 집합적인 무죄와 집합적인 유죄의 한층 더 화해하기 힘든 대립을 바꿔놓는다고 해서 치유되지 않는다(한나 아렌트, 『폭력의 세기』, 1969).

지금 우리들 일본인에게 필요한 것은 스스로 윤리와 도의라고 믿는 것을 버리는 일 없이, 이 재일 한인과 일본인의 균열의 진실

---

3) 1906년~1975년. 독일 하노버 출신, 미국 시민. 정치사상 연구자. 1928년 하이델베르크대학교에 철학박사 학위를 받았으나, 나치의 탄압을 피해 1941년 미국으로 이주한 후 유대인관계협회 조사국장, 유대문화재건사 전무이사로 있으면서 나치의 탄압으로부터 유대인의 저술을 지키는 노력을 함. 1951년 기념비적인 저서 『전체주의의 기원』(Origins of Totalitarianism)으로 세계적인 명성을 얻었다. 『예루살렘의 아이히만』(1963)에서는 나치의 유대인 학살과정에서 지역사회 유대인 유지들의 협조가 있었음을 지적하여 큰 반향을 일으킴. 기타 저작 다수. 1950년에 미국 시민권 얻음(역자 주).

을 직시하는 것이다. 그것은 과도한 윤리주의라고 비판 받을지도 모른다. 그러나 이것은 1980년대부터 재일 한인 친구들과 같이 투쟁하는 가운데 얻은 나의 확신이기도 하다. 우리들 일본인들에게 있어, 1970년대부터 시작한 민족차별 철폐 투쟁, 1980년대의 지문 거부 투쟁은 일본인 스스로가 편견에서 해방되어 스스로의 역사를 직시하고 극복한 싸움이었다. 그 지문 거부 운동이 진행되던 시절, 50대 중반의 나이에 타계한 역사학자 가지무라 히데키(梶村秀樹)는 일본인과 재일 한인에게 방대한 저작을 남겼다. 그는 그 중에서 "상황이 곤란하면 할수록, 풍부한 가능성을 꿈꿀 수 있는 인간이 되고자 한다"고 말했다.

나는 지금 매주 도쿄(東京)에서 도호쿠(東北)지방의 쓰나미(지진해일) 재해지를 방문하여, 외국인 피해자와 면담하고 지원 활동을 계속하고 있다. 외국인 재해 피해자는 7만 5천 명인데, 그 중 대부분이 1990년대 이후 도호쿠의 농어촌에 국제결혼하여 살고 있는 중국인, 한국인, 필리핀인 여성들이다. 그녀들이 직면하고 있는 '말의 벽' '마음의 벽' '제도의 벽'을 제거하는 일은 쉽지 않다. 그러나 나는 이후에도 그 여성들의 마음에 귀를 기울여 그들이 바라는 것을 최대한 옆에서 돕고자 한다. 왜냐하면 나의 재일 한인 친구들이 그러한 행동의 의미와 소중함을 가르쳐 주었기 때문이다.

〈자료 1〉 1983년 외국인 지문 날인 철폐 백 만명 서명운동 돌입(민단)

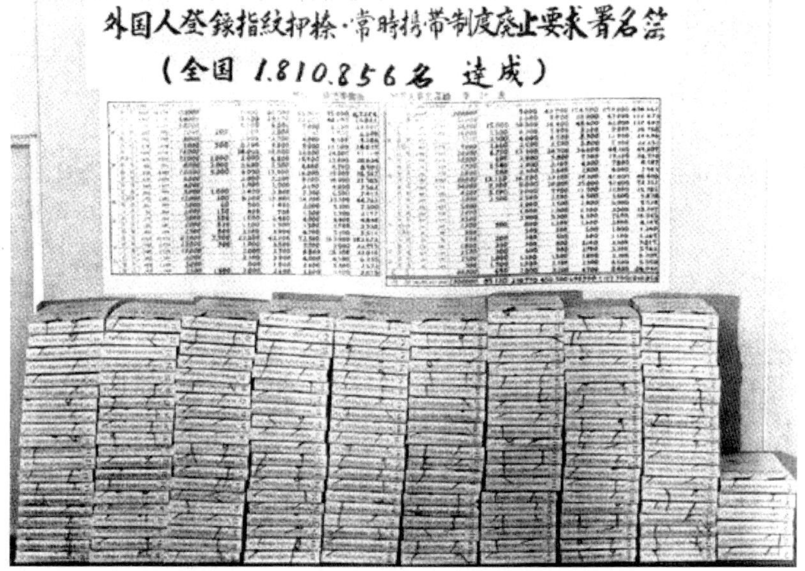

〈자료 2〉 1986년 지문 날인 철폐 서명운동 181만 명 돌파(민단)

무궁화 회, 효고(兵庫) 조선관계연구회, 청구(靑丘)문고, 고베(神戸)학생청년센터를 통해 본 한반도 관련 운동

호리우치 미노루(堀內稔)*

들어가며

효고현은 일본 간사이(関西)지역에서는 오사카부, 교토(京都)부와 더불어 한인들이 많이 사는 지역이다. 그 중에서도 고베시는 패전 전에는 고무공업, 전후에는 케미컬슈즈 산업으로 유명한 나가타(長田)의 재일 동포 다주지역이다. 전후에는 유일하게 비상사태 선언이 발령된 1948년의 4·24한신(阪神)교육투쟁[1] 시에 중심적 역할을

---

* 무궁화 회 창립 멤버. 재일 한인사 연구자.

[1] 1946년 말 집단 귀국이 사실상 종료되자, 재일 한인의 권익단체 조선인연맹은 귀국 준비를 위해 일시적으로 개설했던 '국어강습소'를 대신하여 사무실, 공장 창고, 학교 교사를 빌려 '조선학교'를 설립한다. "지혜가 있는 사람은 지혜를, 힘이 있는 사람은 힘을, 돈이 있는 사람은 돈을 합친다"는 슬로건을 내걸고 체계적인 민족교육 기관으로 발전시키고자 하였다. 1947년 말경에는 일본 전국에 500개가 넘는 조선학교에 6만 명이 넘는 학생이 재학하였다. 그러나 1948년 1월, GHQ와 일본정부는 조선학교와 공산주의를 연결시켜 학교를 폐쇄하고 학생은 전원 일본 학교로 편입하라는 명령을 내렸다. 이에 대해 조

했던 지역이다. 당연하지만 이 지역의 한인들은 해방 직후부터 스스로 단체를 만들었으며, 또한 사상이 다른 조직 사이의 대립도 전개되었다.

이러한 한인들의 단체와 일본인의 관계를 보면, 한신교육투쟁시 고베에서는 일본공산당 의원이 체포되기도 하여, 공산당의 지원이 약간 있었다. 그러나 그것은 당시의 일본공산당에 한인 당원이 꽤 포함되어 있었기 때문이라고 생각된다. 그 후의 운동에 대해서도, 공산당의 일조우호협회(日朝友好協会), 사회당의 일조교류협회(日朝交流協会) 등이 일본인에 의한 조선 관련 단체로 있었지만, 그 활동은 정당색이 강하였지 시민운동적인 확산은 볼 수 없었다.

전후 일본 시민운동의 기원이 된 것은 1960년대 후반부터 시작된 베트남전쟁 반대운동이었다. 그 중심적인 역할을 한 '베트남에 평화를! 시민연합'[2](이하, 베평련)은 당시 학생을 중심으로 한, 신 좌파운동의 영향을 받으면서 독자적인 스타일의 운동을 전개하여 일

련은 학교 폐쇄 거부 의사를 표명하고, 1948년 3·1절 기념행사를 기점으로 조선학교 폐쇄 반대투쟁이 각지에서 일어났다. 특히 4월 24일에 한인이 집중 거주하는 오사카(大阪)와 고베(神戸)에서 조선학교를 지키자는 격렬한 폐쇄 반대운동이 일어났고, 탄압하는 경찰대가 충돌 과정에서 사망자 및 다수의 부상자, 체포자가 발생하였다(역자 주).

2) 1965년에 일본의 문학자 오다 마코토(小田実)·쓰루미 슌스케(鶴見俊輔)·가이코 켄(開高健) 등이 중심이 되어 결성한 베트남전쟁에 반대하는 일본의 광범위한 시민운동 그룹 'ベトナムに平和を! 市民連合'를 가리킴. 일반적으로 약칭인 '베헤렌(ベ平連)'으로 불리운다. 기존의 평화운동이 정당 계열에 속하여 무기력하게 되었지만, 당파를 초월하여 전쟁에 반대하는 많은 지식인과 시민들에 의한 가두 데모, 반전 광고, 반전 탈영미군 지원 등 다양한 형태의 반전 운동을 전개하였다. 회원제가 아닌 자발적이며 구속받지 않는 운동 형태였던 점에서 신선함, 대중성, 급진성을 띤 운동으로서 많은 젊은 층을 결집시켰다. 1973년 3월, 미군의 남베트남 철수와 닉슨 미 대통령의 전쟁종결 선언을 보고, 베헤렌은 74년 1월에 해산하였다. 그들의 운동은 이후 일본의 시민운동, 주민운동에 영향을 미쳤다(역자 주).

본 사회에서 큰 반향을 일으켰다. 결국은 베트남전쟁뿐만 아니라, 부락 차별이나 재일 한인 차별이라 하는 일본 국내의 모순과 문제에도 관심을 가지게 되었다.

이런 움직임 가운데 고베(神戶)에서 한반도 관련 시민운동 단체인 무궁화 회(むくげの会)가 탄생했다. 1971년에 발족했으니까 지금부터 42년 전으로 일본에서 한반도 관련 시민운동 단체로서는 매우 빠른 시기이다. 그 10년 후에 효고(兵庫)조선관계연구회(이후, 효조연)가 발족하였다. 무궁화 회는 일본인이 주최하는 모임이지만, 효조연은 재일 한인이 주최하는 것이다. 이 두 단체는 서로 협력하는 관계이며, 그 중심적인 멤버는 고베나 주변 지역에서 한반도 관련 운동에 관여하거나 그 중심적인 역할을 하였다. 뿐만 아니라, '조선인·중국인 강제연행·강제노동 전국 집회'와 같이 고베 지역을 초월한 전국적인 운동에서도 중요한 역할을 하였다.

이하에서는 무궁화 회, 효조연 이외에도 청구문고, 고베학생청년센터를 중심으로 고베 지역에서 전개된 1970년 이후의 한반도 관련 운동을 고찰한다.

1. 무궁화 회

1) 무궁화 회 발족의 경위

베평련은 1965년의 미국에 의한 북베트남 폭격을 계기로 하여 발발한 베트남전쟁에 반대하는 반전평화 단체이다. 단체라고는 하지만 규약도 회원 명부도 없어서, 어디까지나 자유의지에 의한 참가가 원칙인 어떤 의미로는 불확실한 단체였다. 무궁화 회는 그러한 고베 베평련의 사람들을 모체로 하여 1971년에 발족하였다.

  당시 고베 베평련은 좌파적 운동의 영향을 받은 학생들이 운동 주체가 되었는데, 반전평화운동 이외에도 여러 사회적 모순에 대해 관심을 가졌다. 특히 1970년 전후에 효고(兵庫)현 내의 몇 개 고등학교에서 '부락 차별'3)에 대한 규탄 투쟁이 열렸고, 또 출입국관리 법안 반대투쟁도 한창이었기에, 해당 문제에 관여하게 되었다. 그러나 이러한 부락 차별이나 재일 한인 문제에 참가하려면 기본적인 지식이 필요했고, 생각날 때 행동에 참가하는 베평련 방식의 운동으로는 대처할 수 없다는 것을 깨달았다. 이러한 인식에 근거하여 베평련의 별동 조직으로서 1970년 여름에 '차별 억압 연구회'라는 것을 발족하였다.

  당초는 부락 차별과 재일 한인 차별을 동시에 다루었으나, 같은 차별이라도 그 배경이 전혀 달랐기 때문에 어느 한쪽의 문제에 집중하지 않으면 안 되었다. 한반도 문제에 관여할 것을 열심히 권하는 사람도 있어서 1971년 1월에 연구 활동을 한반도에 집중하게 되었고, 모임 명칭도 '무궁화 회(無窮花の會)'로 바꾸었다. 무궁화 회의 설립 취지문에는 "연구의 장으로서 위치를 정하고, 한반도의 말과 문화, 역사, 정치경제 활동 등을 같이 공부한다"라고 주창하였다. 모임의 명칭은 식민지 지배하 조선의 저항운동을 상징하는 무궁화에서 따왔다. 나중에 도쿄에서 재일 한인 여성의 인터뷰를 하는 그룹도 같은 이름을 쓴다는 것을 알게 되었지만, 그대로 무궁화

―――――――――

3) 일본 중근세부터 시작된 천민에 관한 문제로서 아직도 일본 사회에서 존재하는 인권 문제의 하나이다. 복지 행정 기관이 복지 업무의 대상이 되는 역사적으로 '에타(穢多)' 또는 '히닌(非人)'이라고 불리던 천민 마을의 사람들을 '피차별 부락민'이라고 불렀던 것이 정착되었다. 2011년 3월에 채택된 부락해방동맹 전국대회의 강령에 의하면 "부락민이란 역사적 사회적으로 형성된 피차별 부락에 거주하고 있거나 또는 과거에 거주했던 사실에 의해 부락 차별을 받을 가능성이 있는 사람들에 대한 총칭"이라고 한다(역자 주).

회라는 명칭을 사용했다. 오사카의 다카쓰키(高槻)에도 같은 이름을 사용하는 그룹이 발족되었으나, 고베 측이 먼저 사용했기 때문에 그들은 '다카쓰키 무궁화회'라는 정식 명칭을 사용한다.

모임의 성격은 베평련의 자유의지에 의한 참가 원칙을 이어받아 규약이나 직책이 없는 불확실한 단체이지만, 대신에 월회비는 확실하게 징수한다. 대외적으로 대표가 필요할 때에는 대표 격인 간사와 같은 존재는 있으나, 그 사람에게 권한이 있는 것은 아니다. 단체로서 행동할 때에는 다 같이 협의하여 정한다. 2개월에 한 번『무궁화통신(むくげ通信)』을 발행할 때에는 편집장도 돌아가면서 한다. 10명 미만의 작은 모임이니까 이런 식으로 하는 것이 가능한데, 이것이 40년 넘게 모임을 유지해 온 원동력이라고 할 수 있다.

2) 무궁화 회의 활동

일상적인 활동은 다음과 같다. 당초는 주 2회의 한국어 학습과 주 1회의 연구회, 도합 주 3회라는 빡빡한 스케줄이었다. 한국어 학습은 한국·조선에 대해 공부하기 위해 필수 조건이라는 인식에 의한 것인데, 학습서가 빈약한 것밖에 없었고, 최초의 강사도 일본 대학에서 강습을 받은 일본인으로서 먼저 배운 사람이 나중에 들어온 사람을 가르치는 일도 있었다. 그 후 한국어 강습은 고베학생청년센터의 사업으로 계승되었고, 매주 하던 연구회도 1995년부터 월 2회로 줄였다. 1995년 1월에 발생한 한신(阪神)손해배상 직후에 모임의 활동을 수개월간 정지할 수밖에 없었으나, 다시 시작하면서 매주 모이는 것은 힘들기 때문에 월 2회로 하게 되었다.

모임의 활동 성과를 대외적으로 알리기 위해 「무궁화 통신」(이하, 「통신」)을 발행하고 있다. 처음에는 회원 연락용으로 발행한 빈약한 것이었으나, 10호(1972년)부터 구독자를 염두에 둔 현재와 같은 구성이 되었다. 격월로 발행하며 2013년 1월 현재로 256호까지 발행하였다. 또한 1974년부터는 연간 6권 발행하는 「통신(通信)」을 한 권으로 합친 합본도 발행하였다.

모임의 발족 초기에는, 보통 연구회와는 달리 연간 1~2회 정도의 집회를 열었다. 예를 들면, 1971년 '3·1 기념집회'에서 재일 역사연구자 강재언 선생의 초청 강연회, 1972년에는 '4·19'를 기념하여 '한국을 생각하는 시민의 모임' 개최, 1973년 '3·1 기념집회'에는 재일 작가 김석범 씨의 초청 강연회 및 '한일조약 체결 8주년-입관법 저지를 위해-'라는 사토 카쓰미(佐藤克巳) 씨 초청 강연회 개최, 1974년에는 북한 영화 〈피바다〉 상영 및 역사 연구자 가지무라 히데키(梶村秀樹) 씨를 초청하여 '조선근대사 하계 합숙'을 개최하였다. 이와 같은 집회는 그 후에 고베학생청년센터가 주최하는 '조선사 세니마'가 시작되면서 통합되었다. 현재 무궁화 회의 행사로서 연 1회의 답사가 10여 년간 계속되고 있으며, 최근에는 한국의 역사 유적지를 방문하는 경우가 많다.

회원의 출판 활동을 정리하면 다음과 같다. 가지무라 히데키 씨와 공동번역으로 전석담·최윤규의『조선근대 사회경제사』를 번역 출판한 것을 비롯하여, 무궁화 회 2주년 기념지로서『조선 1930년대 연구』, 30주년 기념지로서『코리아 백과』를 출판하였다. 후자는 회원 각자가 「통신」에 발표했던 논문을 가필하여 정리한 것이다. 이것과는 별도로 각자의 연구 테마를 단행본으로 제작한 무궁화 총서를 발행하고 있다. 지금까지 김영달의『GHQ문서연구 가이드-재일 조선인 교육문제-』, 무궁화 회 편저의『일제하 조선의 광주학생운동 연구』, 노부나가 마사요시(信長正義)의『기독교 동신회(同

信会)의 조선 전도』, 사사키 미치오(佐々木道雄)의 『조선의 음식과 문화-일본·중국과의 비교에서 보이는 것』, 호리우치 미노루(堀內稔)의 『효고 조선 노동운동사 8·15 해방전』 등 5권의 책을 발행하였다.

무궁화 회와 고베학생청년센터는 불가분의 관계이다. 모임의 간사역을 하기도 하는 히다 유이치(飛田雄一) 씨가 현재 그 센터의 관장이기 때문이다. 당초 모임은 고베의 산노미야(三宮)에 있던 베평련 사무실에서 자면서 「통신」을 제작하였다. 또한 연구회 모임 장소도 고베 시내의 대여 회관을 전전하며 불편을 감내하고 있었다. 하지만 히다 씨가 고베학생청년센터의 직원이 된 1974년부터 그 센터로 사무실과 연구회 장소를 옮기게 되었다. 이로 인해 모임의 활동이 한층 원활하게 되었다.

3) 무궁화 회의 현황

차별 문제를 해결하고자 하는 노력이 무궁화 회를 발족시킨 계기였다고 앞에서 말했지만, 40년에 걸친 활동을 하는 가운데 모임의 성격이 매우 변하였다. 멤버도 창립시의 사람들은 소수가 되었다. 멤버 구성의 변화와 더불어 한국, 조선에 대한 관심이 다방면에서 전개하게 되었다고 할 수 있다. 즉 당초 주류를 이루었던 주제는 재일 한인의 역사나 한국 근현대사였지만, 차차 한국의 대중가요, 고대 일조관계사, 한국과 일본의 음식 등으로 확산되었다. 다만, 매년 발행하는 「통신」 합본에서 "조선(인)에 대한 편견이 아직도 뿌리 깊은 일본 사회이므로 그 극복을 위해서 활동을 계속하고 있습니다"라고 명기하고 있는 것처럼, 발족 초기의 정신을 유지하고 있다고 할 수 있다(홈페이지: http://ksyc.jp/mukuge).

연구회의 형식은 각자가 자유롭게 한국에 관련하여 흥미를 가진 주제에 대해 발표를 하고 있으나, 최근에는 연구 주제도 고갈되어 게스트를 초청하는 경우가 늘었다. 게스트의 날에는 한국·조선과 관계있는 여러 분야의 사람을 초청하여 이야기를 듣는 기회를 가지는데, 지금까지 150회를 넘기고 있다. 연구 활동과는 별도로 2개월에 1번꼴로 고베 지역의 한국·조선 음식점을 찾아가는 통칭 '무궁화 구르메(美食) 모임'을 실시하고 있다. 회원 이외의 참가도 자유이고, 이 모임에 참가하면서 회원이 된 사람도 있다. 현재 회원은 8명이다.

2. 효고(兵庫)조선관계연구회[4]

1) 연구회 발족의 경위

효고조선관계연구회(약칭 '효조연')는 고 김경해(金慶海: 고베 출신 재일 동포 2세, 교육자, 역사연구자-역자. 이후 경칭 생략)의 생각에 의해 설립되었다. 즉 1983년 10월 9일, 전종도 선생의 장녀 전향숙의 결혼식 자리에서 김경해가 효고(兵庫)현에 거주하는 동포의 역사를 조사하여 2, 3세에게 한인으로서 민족적 긍지를 높이기 위한 자료를 만들자, 그를 위해 연구회를 결성하자고 제창하였다. 그리고 서근식(徐根植)과 홍상진(洪祥進)도 같이하자고 제안하였다. 그 후 같은 해 11월 13일 일요일에 아직 신혼이었던 홍상진의 집에서 위 3명이 제1회 연구회를 가졌다. 발표는 홍상진의 '아마가사키(尼崎)와 재일 조선인'이었다.

---

4) 필자 호리우치 씨에 의하면 이 항목은 효조연의 서근식 씨가 정리에 의한 것이라고 한다(역자 주).

전종도 선생은 서근식이 구 아마가사키 조선중급학교를 다닐 때에 은사였으며, 당시 소년단의 지도 교사였다. 1981년 3월 시점에는 고베 조선고급학교에서 같이 교사로 근무하고 있었으나, 김경해와 서근식이 그 학교에서 사표를 낼 때에 전종도 선생도 그만두었다. 효조연을 시작했을 때는 김경해와 서근식이 민족학교에 사표를 낸 지 2년째였고, 홍상진은 아마가사키 조선초중급학교의 교사였다.

김경해는 교사 생활의 경험을 통해 조선학교의 학생들에게 북한의 주체사상을 가르치는 것보다 재일 동포의 역사를 배우게 함으로써 한인으로서의 자각을 느끼게 할 필요가 있다고 생각했다. 북한에서 1970년대에 김일성의 신격화가 진행되었고, 1980년대부터 후계자의 절대화를 추진하면서 '혁명의 계속'이라며 떠들었으나, 그러한 권력자 숭배 사상이 아니라, 자기 주변의 부모나 조부모가 일본에서 어떻게 살았는지 알게 하여 민족적 긍지를 높여야 한다고 생각했다. 한인이 왜 일본에 건너와서 살고 있는지, 차별과 박해에 대항하여 어떻게 싸우고 살아왔는지를 공부하면, 민족적 자긍심과 인간으로서 사는 방식을 가르칠 수 있다고 생각했던 것이다. 그러나 당시 재일 한인 역사는 총론적인 논문이나 책이 많았고, 전시 중의 광산, 철도, 군수공장 등에서의 강제연행, 강제노동이나 일본 거주 한인의 생활사 등이 약간 실려 있을 뿐이었다. 효고현에서 살고 있는 자신들의 역사는 없었던 것이다.

김경해는 효고 거주 한인의 역사를 2, 3세에게 가르치고자 했다. 그것을 위해 책으로 기록을 남기고, 누구라도 보고 배울 수 있도록 해야 한다고 하였다. 효조연은 책의 수준을 따지기보다는 조사해서 밝혀진 것은 적극적으로 책을 만들었다. 그것이 연구회 결성의 취지였다.

이처럼 효조연은 김경해의 제안에 의해 만들어졌고, 연구회에서 그의 영향은 컸다. 서근식은 3년째부터 대표를 맡으면서 사무국의 역할도 같이 하였고, 홍상진이 효고에 있을 때는 같이 일을 하였다.

2) 연구회의 명칭과 활동

제2회 연구회에서 모임의 명칭을 어떻게 할 것인지 생각했고 논의했다. 모임에 참가하는 사람이 재일 한인사뿐만 아니라, 고대사나 근대의 조선통신사 등의 테마를 언급할 경우가 있었다. 따라서 폭넓게 효고와 조선에 관한 역사를 조사·연구하는 것이 좋겠다고 하여, 조선문제라는 명칭을 사용하면 역사 이외에 시사 및 정치가 포함되고, 역사연구회라고 하면 전문가의 모임 같다는 의견도 있어서 최종적으로는 '효고조선관계연구회'라는 이름으로 정하였다. 참고삼아 2011년 7월 시점의 주요 활동 기록을 간단히 정리하면 다음과 같다.

◎ 출판

『兵庫と朝鮮人』, 1985년 8월 15일

『鉱山と朝鮮人強制連行』, 1987년 8월 10일

『地下工場朝鮮人強制連行』, 1990년 7월 30일

『在日朝鮮人90年軌跡』, 1993년 12월 10일

『近代の朝鮮と兵庫』, 2003년 11월 30일

『兵庫の大震災と在日韓国·朝鮮人』, 2010년 12월 25일

◎ 월례 발표회

회수: 301회

매월 셋째 주 목요일 오후 6시 30분부터 8시 30분

8월은 휴회

◎ 회보『효조연(兵朝研)』의 발행

1986년 2월 제1호 발행

회보 발행수: 149호

◎ 회원수

처음 시작할 때는 3명, 가장 많았던 1980년 후반경 14명, 현재 6명

3. 청구(靑丘)문고

1) 문고의 설립

청구문고는 한석희(韓晳曦)[5] 씨가 설립한 사설 도서관으로 출발했다. 한 씨의 회상에 의하면, 1970년에 강재언(姜在彦)[6] 선생과의 만남이 계기가 되어 한반도와 관련한 서적을 수집하기 시작했고, 강 선생이 리스트를 만든 문헌과 자료를 정력적으로 구입하였다. 구입할 수 없는 자료는 복사하는 형태로 수집하였다. 청구라는 명칭은 한반도의 옛 이름에서 따왔다. 현재는 일본의 간사이(関西) 지방에서 한반도의 근현대사 관계의 자료를 가장 충실하게 갖춘 도서

---

5) 1919~1998년. 제주도 출신. 사업가, 크리스천 역사가. 1926년에 도일, 도시샤(同志社)대학교를 졸업. 생계를 위해 고베(神戸)에서 케미칼슈즈 공장을 운영함. 조선사 연구를 하는 한편, 사재를 털어 관련 자료와 문헌을 수집하여 청구문고(靑丘文庫)를 설립하였다. 이 청구문고는 긴키(近畿) 지방에서 조선사 연구의 중심적 역할을 하였다. 저서로『日本の朝鮮支配と宗教政策』(未來社, 1998)가 있으며, 학술지『재일조선인사연구』,『조선민족운동사연구』를 발행하였다(역자 주).

6) 1926년생. 제주도 출신. 대표적인 한국근현대사 연구자 중의 한 사람. 1950년 도일, 오사카(大阪)상과대학교(현 오사카시립대) 대학원에서 수학. 하나조노(花園)대학 문학부 교수 역임. 계간『三千里』의 편집위원 역임.『朝鮮近代史』(平凡社),『朝鮮儒教の二千年』(講談社),『朝鮮通信使が見た日本』(明石書店) 외 다수의 저서 있음(역자 주).

관으로 인정받고 있다.

2) 문고의 추이

처음에는 스마데라초(須磨寺町)에 위치한 한석희 씨 댁에 문고를
두었으나, 1972년부터 에버그린 빌딩으로 이동하였다. 그 건물은 한
석희 씨 소유의 임대 공장이 들어서 있는 곳으로 주로 합성고무 밑
창 관련 회사가 입주하고 있었다. 청구문고는 그 건물의 가장 위층
에 위치하였다. 문고가 공개된 것은 1976년부터인데, 당시 임시 직
원으로서 미야지마 히로시(宮嶋博史: 도쿄대학 교수를 거쳐 현재
성균관대학교 동아시아학술원 교수-역자) 씨가 일했다. 나중에 언
급할 '청구문고 연구회'는 그 건물에 있을 때 시작된 것이다. 1986
년에는 한석희 씨의 자택과 임대 점포를 겸한 메종드 청구빌딩이
신축된 것을 계기로 거기로 이전하였다. 에버그린 빌딩은 1995년 1
월에 발생한 한신손해배상으로 소실되었다. 다행히도 새 건물로 이
전한 청구문고는 책이 산란되었을망정 소실되지는 않았다. 하지만
한층 공개된 형태의 문고로서 존속하려면 어떻게 하는 것이 좋은가
라는 과제가 남았다.

그러던 중 1998년에 청구문고가 고베시립중앙도서관으로 이전하
게 되어, 문고의 영속성 및 연구회의 장소 확보라는 과제가 한꺼번
에 해결되었다. 고베시립중앙도서관도 손해배상으로 큰 피해를 입
어서 대규모 신축 및 개축 공사를 하지 않으면 안 되었는데, 그 신
축 건물의 일부 공간에 청구문고를 이전하지 않겠냐는 권유를 받고
이전하게 되었다. 또한 고베시립중앙도서관은 속칭 오쿠라(大倉)산
도서관으로 불린다. 산이라기보다는 약간 높은 언덕 같지만, 거기
는 초대 조선통감을 지낸 이토 히로부미(伊藤博文)와 친교가 깊었

던 오쿠라 키하치로(大倉喜八郎)[7]의 별장이 있던 곳으로서, 이토가 안중근에게 사살 당했을 때에 오쿠라가 이토의 동상을 세우라고 고베시에 기부한 곳이다.

3) 청구문고 연구회

한석희 씨는 청구문고의 장서가 활용되기 위해서는 문고와 같은 장소에서 연구회 활동이 이루어져야 한다는 생각이 강해서 에버그린 빌딩에서도 메종드 청구빌딩에서도 연구회 활동을 위한 공간을 1실 두었다. 이런 방식은 고베시립 중앙도서관으로 이전한 후에도 계속되어, 월 1회 문고와 인접한 회의실을 사용하고 있다. 거기에서 연구회가 많을 때에는 3개나 개최되었다.

처음 설립된 연구회는 '재일조선인운동사연구회'의 간사이(関西) 부회로서 1979년에 박경식(朴慶植)[8] 선생을 도쿄에서 초청하여 매월 1회씩 발표회를 개최하였다. 그로부터 2년 후인 1981년에는 '조

---

7) 1837년~1928년. 에치고(越後)국(현재 니가타현) 출신. 오쿠라(大倉)재벌의 창업자. 메이지(明治)유신의 동란 과정에서 총포판매로 이름을 날린 후, 메이지 초기부터 정부의 어용 상인(政商)이 되어 군수품 조달, 운송업, 토목건축업 분야에서 사업을 확장함. 일찍이 해외 무역에도 진출하여 1857년 이후 오쿠라구미(大倉組)상회의 런던 지점과 조선 지점을 개설함. 메이지 말기에는 중국에서 탄광과 철광산을 기반으로 제철사업을 전개함. 다이쇼(大正)기에는 오쿠라구미를 지주회사로 하여 오쿠라상사, 오쿠라토목, 오쿠라광업을 계열 회사로 둔 재벌로 성장. 1898년 오쿠라 고등상업학교(현 도쿄경제대학교) 설립(역자 주).

8) 1922년~1998년. 경상북도 출신. 대표적인 재일 근현대사 연구자 중의 한 사람. 1929년 도일. 1965년에 일본의 식민지 지배 책임을 명시하지 않는 한일 조약 체결에 반대하여 『朝鮮人強制連行の記録』(未来社)를 출판, 일본 역사학계에 큰 반향을 일으킴. 계간 『三千里』의 편집위원. 『日本帝国主義の朝鮮支配』上下 2권(青木書店), 『天皇制国家と在日朝鮮人』(社会評論社), 『在日朝鮮人運動史-8・15解放前』(三一書房) 외 다수의 저작이 있음(역자 주).

선민족운동사연구회'가 강재언(姜在彦) 선생 등의 제기에 의해 발족되었다. 이 연구회는 교토(京都)대학교 인문과학연구소의 근대조선 연구회를 이어받아 재출발하였기 때문에 1988년에는 대표가 강재언 선생으로부터 미즈노 나오키(水野直樹: 한국근현대사 연구자, 교토대학교 인문과학연구소 교수-역자) 씨에게로 승계되었다. 또한 모임의 명칭을 2000년 2월에 조선근대사연구회로 변경하였다. 운동에 한정하지 않고, 조선 근현대의 역사 연구를 폭넓게 반영하기 위함이다.

그 외에도 1989년에는 구라타 마사히코(蔵田雅彦: 사회운동가, 신학자-역자) 씨가 중심이 되어 '한일 기독교사 연구회'가 발족되었으나, 구라타 씨가 1997년에 타계하는 바람에 중단되었다.

재일조선인운동사연구회와 조선민족운동사연구회는 각각 다른 날에 연구회를 개최하였었지만, 중복된 멤버가 많았기 때문에 1992년 7월부터 같은 날에 하게 되었다. 따라서 현재는 월 1회, 원칙적으로 둘째 주 일요일에 고베시립중앙도서관에서 연구회가 개최되고 있다. 주로 연구회원들을 대상으로 발표 개요, 차기 연구회 예정, 신착 도서 등을 기술한 『청구월보』도 메종드 청구빌딩의 시대부터 계속해서 발행하고 있다.

4. 고베학생청년센터

고베(神戸)학생청년센터(이하, 센터)는 미국 남장로교회의 세계전도국이 설립한 '롯코(六甲)기독교학생센터'의 활동이 일본기독교단 효고 교구로 위양되면서 1972년에 새롭게 개관하였다. 한석희 씨가 이사로 재임했고, 무궁화 회의 히다 유이치(飛田雄一) 씨가 그 직원으로서 일하였던 관계로 이 센터의 활동은 한반도와 매우 밀접한 관계를 유지하였다. 히다 씨는 지금 그 센터의 관장직을 맡고 있다.

1) 한국사 세미나의 개최

센터의 한국사 세미나가 태어난 계기는 F. A. 매킨지 저, 한석희 역, 『조선의 자유를 위한 투쟁-의병투쟁, 3·1독립운동-』을 출판하는 기념모임 석상에서 일반인을 대상으로 하는 한국사 강좌를 만들자는 제안이 있어서였다. 이 구상은 바로 실현되었고, 1972년 6월부터 5년간 매월 한 번씩 한반도와 일본의 관계사를 고대부터 현대에 이르기까지 다양한 테마를 다루는 세미나가 개최되었다. 하나 예를 들면, 1977년 5월부터 1년간은 강재언 선생이 주관한 '나의 조선사-통사(通史)와 사화(史話)'가 열렸다.

이 세미나는 그 후에도 시대를 구분하거나, 사상, 문화, 문학, 영화, 민중운동 등 개별 주제로 좁혀서 하는 등의 방법을 취하면서 현재에도 계속되고 있다. 한편 매년 여름에는 특별강좌가 개최되었다. 이 강좌에 강사로 초청된 사람은 박경식, 정경모(鄭敬謨)[9], 김달수(金達寿), 강재언, 가지무라 히데키, 이진희(李進熙)[10], 나카즈카 아키라(中塚明: 한일관계사 연구자, 나라여대 명예교수-역자), 김찬정(金贊汀: 한반도 문제 및 재일 동포 관련의 논픽션 작가-역자),

---

9) 1924년생. 서울 출신. 유엔군 정전위원회 위원을 거친 뒤 1970년 도일. 재일 한국인의 입장에서 박정희 정권을 반대하는 활동을 하였다. 『민족시보』의 주필 및 『씨알의 힘』을 편집, 발행함. 1989년에는 문익환 목사와 함께 방북하는 등 대표적인 재일 통일론자이다(역자 주).

10) 1929년~2012년. 경상남도 출신. 고대 한일관계사 연구자. 대표적인 재일 사학자 중 한 명이다. 와코(和光)대학교 교수. 1972년 논문 「광개토왕릉 비문의 수수께끼」를 발표해, 일본 군부의 광개토대왕릉 비문 변조설을 제기하여 일본 사학계에 큰 반향을 일으켰다. 계간 『三千里』의 편집위원(역자 주).

김석범(金石範)[11], 이회성(李恢成)[12], 오무라 마스오(大村益夫) 등으로 그야말로 한반도 관련의 역사 및 문학 분야에서 쟁쟁한 사람들이었다.

2) 한국어 강좌

이 센터가 설립된 1970년대의 일본에서는 한국어를 배울 수 있는 곳이 극히 한정되어 있었으며, 일반 시민에게 개방된 강좌는 거의 없었다. 1972년에 한국사 세미나를 시작하자 "언어도 배우고 싶다"는 요청이 있어서, 처음에는 한국사 세미나의 단골 참가자였던 무궁화 회의 한국어 학습 모임을 흡수하는 형태로 1975년에 초급 한글강좌가 개설되었다. 그 다음 해에는 중급, 상급 강좌도 열렸지만, 초기에는 한국어를 제대로 가르칠 수 있는 강사를 구하는 데 고생을 했다. 하지만 이후 점차 한국 유학생이 증가하면서 현재에는 충실한 강사진을 두고 있다.

---

11) 1925년생. 오사카 출신의 재일 동포 2세 작가. 1951년 교토(京都)대학을 졸업한 뒤 민족운동, 조선신보 기자 등으로 활동. 1967년 제주도의 4·3사건을 소재로 한 『鴉の死(까마귀의 죽음)』(講談社)을 발표. 계간 『三千里』의 편집위원. 장편 『火山島(화산도)』(文芸春秋)를 발표한 가운데 제3권을 발간한 1984년에 아사히(朝日)신문의 오사라기 지로(大佛次郎) 상을 수상했고, 1998년 전 7권 완간 후에 마이니치(每日)예술상을 수상하였다. 이외에도 『ことばの呪縛』(筑摩書房), 『在日の思想』(講談社) 등 다수의 평론집이 있다(역자 주).

12) 1935년생. 사할린 출신, 재일 동포 작가. 일본 패전 직후 홋카이도(北海道)에 이주. 조선신보사에 근무하는 한편, 1969년에 재일 한인 가족을 묘사한 『またふたたびの道(또 되풀이되는 길)』(講談社)를 발간하여 군조(群像)신인문학상을 받았고, 1973년 『砧をうつ女(다듬이질 하는 여인)』(講談社)를 발간하여 재일 동포 최초로 아쿠다가와(芥川)상을 수상하였다. 이후 1994년 『百年の旅人たち(백년의 여행자들)』(新潮文庫)로 노마(野間)문학상을 받았다. 이 외에도 『伽耶子のために』(新潮文庫), 『サハリンへの旅』(講談社) 등 다수의 작품이 있다(역자 주).

3) 한국과의 교류의 장

1973년부터 센터 사업의 일환으로서 식품공해 세미나가 개최되어, 그것을 계기로 '식품공해를 추방하고 안전한 음식을 추구하는 모임'이 탄생했다. 당시는 아직 거의 보급되지 않은 유기농업을 실천하기 위해 설립된 모임이지만, 그 효시적인 모델로서 한국에도 알려지게 되었고, 한국의 유기농업 그룹과의 교류도 실시하게 되었다.

예능의 분야에서는 한국의 민속학자인 심우성(沈雨晟) 씨에 의한 일인 연극, 인형극 또는 한국 전통무용, 마당극 등의 공연을 하였다. 그 외에도 다양한 한국의 단체 및 개인이 매년 같이 센터를 방문하여 교류의 장을 가지고 있다.

5. 기념비 설치 운동

고베 지역에 있는 한인의 족적을 연구하여 논문으로 발표하는 것뿐만 아니라, 기념비를 만들어 남김으로써 더욱 많은 사람들에게 호소하는 운동이다. 이를 통해 3개의 기념비가 건립되었는데, 모두 효조연, 무궁화 회가 그 중심적인 역할을 하였다. 이들 기념비는 고베 지역에 남아 있는 한인의 족적을 추적하는 필드워크의 일환으로서 다양한 단체나 그룹에 활용되고 있다. 또한 설립 주체가 된 그룹도 1년에 한 번 기념비에 모이는 활동을 함으로써 운동이 계속되는 계기로 삼고 있다.

1) 고베전철 부설공사 한인 희생자를 조사하고 추도하는 모임

고베의 북측에는 표고 1,000m 정도의 롯코(六甲)산계가 펼쳐지는데, 그 산 사이를 달리는 것이 고베전철이다. 산 가운데를 달리는

▲ 동상 전체 모습

▼ 동상의 명판

▼ 동상 뒷면에 희생자 13명의 성명을
새긴 명판

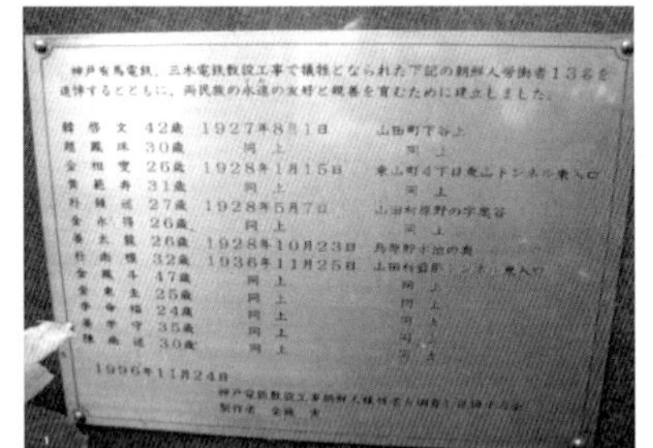

〈자료 1〉 고베전철 부설공사 조선인 노동자의 상

전철인 만큼 그 부설 공사의 조건이 좋지 않다. 공사는 1927~28년
및 1936~37년 2번에 걸쳐 이루어졌는데, 그 노동자의 대부분이 한
인이었다. 공사의 기간 중에는 대규모 노동쟁의나 인명사고도 발생
했다.

1992년 11월의 '아이나(藍那)터널 낙반사고로 희생된 동포의 위령

집회' 등의 활동이 계기가 되어 다음해 1993년 7월에 '고베(神戸)전철 부설공사 조선인 희생자를 조사하고 추도하는 모임'이 발족하였다. 대표는 고베 지역사 연구자인 오치아이 시게노부(落合重信) 씨였다. 1993년 6월에 나온 동참 호소문에는 "고베전철 부설공사의 과정에서 많은 한인 노동자가 가혹한 노동 상황하에서 일하였고, 이 공사 기간 중에 13명이 넘는 귀한 생명이 희생되었다는 사실이 최근 밝혀졌습니다. 이와 같은 사실을 감안하여, 그들 한인 노동자들의 실태를 조사하여 희생자 13명을 추도하는 것이 일본과 대한민국 및 조선민주주의인민공화국의 우호를 쌓는 데에 일조할 것"이라고 쓰여 있다.

1993년 11월 아이나터널 및 묘법화원(妙法華院)에서의 추도집회, 1994년 8월 한국에서 유족을 초청하여 개최한 추도집회와, 당시의 공사관계자 인터뷰 조사, 기념비 건립의 모금활동 등을 거쳐, 1996년 11월 고베전철 선로 옆에 있는 고베시의 부지에 '고베전철 부설공사 조선인 노동자의 상'을 건립하였다. 이후 매년 10월에 그 기념비 앞에서 추도회를 개최하고 있다.

2) 고베항에서의 전시하 한인·중국인 강제연행을 조사하는 모임

이 모임은 1999년 10월 18일에 관계 단체와 20여 명의 개인 참가자들이 모여 설립되었다. 그 설립 취지문에는 "고베항은 일본에서도 유수의 국제항입니다. 우리들도 최근까지 몰랐습니다만, 이 고베항에서 많은 중국인 및 한인이 강제로 동원되어 노동을 강요 당했습니다. 이러한 역사를 사실로서 발굴하고 기록하는 것이 목적"이라고 되어 있다. 대표는 당시 고베대학 교수였던 야스이 산키치(安井三吉) 씨였다.

  매월 1회 정도의 운영위원회를 가졌고 각자 역할을 정하여 조사 활동을 행하였으나, 조사 과정에서 한인이나 중국인뿐만 아니라 연합국군의 포로도 강제노동을 시킨 사실이 밝혀져서, 그 조사도 병행해서 행하게 되었다. 활동을 마친 2008년 10월까지 9년간 62번의 운영위원회를 열었다. 또한 중국(2000.8) 및 한국(2003.9)으로 피동원 생존자에 대한 인터뷰 조사나 동원 관련 지역에 필드워크, 피동원 생존자 초청 강연회 등의 활동을 전개하였다. 또한 모임의 활동을 홍보하기 위해 뉴스지 『이카리(いかり)』13)를 10호까지 간행하였다.

  활동의 목표는 조사, 연구의 성과를 단행본으로 출판하는 것과 기념비 설치였다. 단행본은 논문집과 학생 대상의 부교재를 계획하여, 2004년에 논문집 『고베항 강제연행의 기록-조선인·중국인 그리고 연합군 포로』와 부교재 『아시아태평양전쟁과 고베항-조선인·중국인·연합국군 포로』를 발행하였다.

[비문] 아시아·태평양전쟁의 시기에, 고베항에서는 노동력 부족을 보충하기 위해, 중국인 및 한인, 연합국군 포로들을 항만 하역이나 조선 등으로 가혹한 노동을 강요하였고 그 과정에서 많은 사람들이 희생되었다. 우리는 이 역사를 마음에 새겨, 아시아의 평화와 공생을 맹세하며 여기에 비를 세운다.

※ 영어, 중국어, 한글

〈자료 2〉'고베항 평화의 비' 건립(2008년 8월). KCC 회관 앞의 부지.
평화의 비 건립 후에도 매년 봄 1회 비석 앞에서 집회, 그 후 강연회 등을 실시.

---

13) 항구의 상징인 '닻'과 강제노동에 대한 '분노'가 일본어로 발음이 같다는 것에 착안하여 지었다고 함.

그러나 기념비의 설치는 난항을 거듭했다. 고베시의 소유지에 설치하고자 몇 번이나 시측과 교섭하였으나 실현되지 않았다. 결국 2008년 8월에 화교 건물인 KCC회관의 앞에 '고베항 평화의 비'라는 이름의 기념비를 건립하였다. 비 건립 후에는 매년 봄에 그 비 앞에서 집회를 열고 강연회 등을 행하고 있다.

3) 4·24 한신(阪神)교육투쟁 기념비를 세우는 모임

이 한신교육투쟁에 대한 비를 세우는 모임의 동참 호소문은 다음과 같이 설명하고 있다.

제2차 세계대전이 종결한 1945년 8월 이후 빼앗긴 말을 되찾고자, 가장 많았을 때는 전국에 600개가 넘는 조선인 학교가 설립되었고 약 6만 명의 어린이들이 통학하고 있었습니다. 효고현 내에서는 22개교에 6,000명이 넘는 어린이들이 조선학교에 다니고 있었습니다. 1948년 연합국군 총사령부 GHQ의 지령하에 일본정부는 '조선인학교 폐쇄령'을 하달하여 일본 전국의 조선학교를 폐쇄하고자 하였지만, 이에 대해 민족교육을 지키자는 투쟁이 전국적으로 취해졌습니다. 효고현과 고베시에서도 '폐쇄령'이 나왔지만 현과 시 측과 교섭한 결과, 1948년에 철회되었습니다. 이 투쟁은 한인과 일본인이 궐기하였습니다. 그 후 몇 번이나 시련이 있었지만, 이 투쟁은 재일한인의 민족적 존엄을 지킨 역사의 1페이지가 되었습니다. 이 투쟁을 '4·24 한신교육투쟁'이라고 합니다.

또한 기념비를 설립하는 취지에 대해서는 "2008년에 60주년을 맞이하는 데에 4·24의 투쟁의 역사를 기념하고 다민족공생 교육의 발전을 바라며 '기념비'를 건립하고자 합니다"라고 하였다.

이러한 취지하에서 2006년 3월에 '4·24 한신교육투쟁 기념비를 세우는 모임'이 발족하였다. 모임의 대표는 이에 마사하루(家正治:

〈자료 3〉 고베시립 나가타 미나미 (長田南) 초등학교의 부지에 건립된 '교명비'. 유감스럽게도 이 장소가 고베에서 일어난 교육투쟁의 중심지라는 것을 표시할 수는 없었다.

국제법학자, 고베외국어대학교 명예교수-역자)였지만, 효조연의 김경해 씨, 무궁화 회의 히다 유이치 씨 등이 중심 멤버가 되었다. 특히 김경해 씨는 한신교육투쟁 연구의 제1인자로서 기념비 설립을의 의의를 다른 사람보다 한층 높게 두었지만, 아쉽게도 기념비가 건립되는 것을 보지 못하고 2009년 12월에 타계하였다.

'기념비를 세우는 모임'은 고베와 오사카의 교육투쟁 지역을 답사하였고(2006년 10월, 2009년 10월), 마당극 '4·24의 바람' 공연(2007年 4月), 고 박주범(재일조선인연맹 효고지부장, 한신교육투쟁의 지도자-역자) 선생의 유족 방문 여행(2007년 8월) 등의 활동을 거쳐, 2010년 8월 1일에 교명비(校名碑)의 제막식을 개최하였다. 이 비는 이전의 가구라(神楽)초등학교 즉 현재의 고베시립 나가타 미나미 (長田南)초등학교 부지에 건립되었다. 하지만 아쉽게도 그 학교가 고베에서 교육투쟁의 중심지였다는 것을 비석에 새길 수는 없었다.

맺으며

무궁화 회와 효조연, 청구문고, 고베학생청년센터를 중심으로 효고·고베 지역의 조선 관련 운동에 대해 살펴보았다. 이들 운동은 한국·조선에 대해 무관심한 대부분의 일본인에게 조금이라도 관심을 갖게 하고자 한 것이기도 했다. 그런데 '한류 붐'에 의해 상황이 일변했다. 특히 일본의 TV는 평일 아침부터 밤까지 어딘가의 방송국에서 한국 드라마를 방영하고 있으며, 서점에도 한국의 예능 관련 잡지가 넘쳐나고 있어, 한국의 배우나 가수에 대한 일본인의 관심이 높아졌다는 것을 알 수 있다.

한류에 의한 일본인의 관심은 예능과 관계된 것에 한하지만, 그 자체가 나쁘다고 말할 수 없다. 어떤 일이든, 먼저 한국이나 조선에 관심을 가지는 것이 첫걸음이기 때문이다. 그러나 일본인의 주된 관심이 한국의 예능에 한정되어 있다는 것은 역시 정상은 아니다.

여기에서 우리들 운동의 과제 한 가지가 떠오른다. 즉 한류로 한국에 흥미를 가진 일본인에게 어떻게 접근할 것인가이다. 일본과 조선 양국이 특히 근대에 어떤 관계에 있었는지, 그것이 현재 어떠한 문제가 되어 나타났는가가 한류 이외에도 우리들이 끈질기게 접근하지 않으면 안 될 과제다.

한반도 관련 기념비를 설치하는 운동에서 공공의 장소에는 설치할 수 없거나, 비에 새기는 문안에 제약이 있었다는 것은 해당 운동이 약하기 때문이라고 할 수 있다. 바꿔 말하면 일본인의 의식 수준을 표시하는 일이기도 하다.

또 다른 과제를 들면, 다음 세대에 운동을 계승하는 일이다. 지금까지 운동을 주도했던 멤버들은 고령화되었다. 각각의 그룹에서 다음 세대를 짊어질 젊은 멤버가 육성되어 있다고 결코 말할 수 없는 상황이다. 운동의 연속성이 추구되는 가운데 젊은 세대를 멤버로 가입시키는 것이 급선무이다.

일본 시민들의 한국 연구 30년 '무궁화 모임'

평범한 일본 사람들 "억압받는 재일 한국인 역사·한글 공부하자" 1971년 발족
고대 한일관계사·음식문화·조선 민중운동사·대중가요 등 다양한 분야 실증 연구

교토(일본)=이정희 교토소세이 교수 (hwsan@hanmail.net)

일본 고베(神戶)시에서는 30여년 간 한국, 북한, 재일 동포를 연구해 온 순수 시민단체 '무궁화 모임'이 있다. 최근 '무궁화 모임'이 모임 장소로 이용하는 고베시 나다(灘)구 고베학생청년센터를 찾았다. 중년 남성 회원 8명이 환한 얼굴로 맞이해줬다. 그들은 보통 일본인과 달리 곧잘 농담을 하며 화기애애한 분위기를 연출하면서도 자신들의 활동이 처음으로 한국에 알려진다는 것에 긴장하는 모습도 엿보였다.

모임의 대표를 맡고 있는 히다(飛田雄一·52)씨는 "동료와 이 모임을 시작할 때는 20대 초반의 젊은이었다"면서 "그후 나의 30년 세월은 이 모임과 함께 했다고 해도 과언이 아니다"라고 운을 뗐다.

이 모임은 1971년 1월, 당시 한국에 대한 일반인의 관심이 거의 없던 시대에 15명의 젊은이가 일본인의 입장에서 사회적으로 억압받는 재일 한국인의 역사와 한글을 함께 공부하자는 취지에서 발족했다. 그래서 모임의 이름에 식민지하 조선에서 저항운동을 상징하던 꽃인 무궁화를 넣었다. 발족 당시의 회원은 히다씨를 비롯해 3명만 남았고, 나머지 5명은 그후 참가했다. 이 모임은 그후 연구 영역을 한민족의 역사, 문화 등으로 확대했다.

한동안 매주 화요일 '연구모임'

'무궁화 모임'은 출범 때부터 1995년 1월 고베 대지진이 발생하기 전까지 매주 화요일 연구회를 가졌다. 그후 월 2회로 줄어긴 했지만 쉰 적이 없다. 사실 대학 연구자도 30여년 간 월 4회 혹은 2회의 연구회를 빠지지 않고 계속한다는 것은 쉬운 일이 아니다.

게다가 회원은 모두 직장인이다. 이들은 직장 생활의 여가를 활용해서 연구활동을 하고 연구회를 통해 그 연구의 깊이를 심화시키고 있다. 이들은 '무궁화통신'이라는 뉴스레터를 통해 자신들의 연구 결과를 발표하고, 이를 정리해서 책으로 출판한다. 이 통신은 26쪽 분량으로 각월로 발행되며, 고베 대지진 때를 제외하고는 발행을 멈추지 않았다. 올해 1월까지 196호가 발행되었으며, 발행 부수는 550부다.

1977년 대기업 사원일 때 가입한 사사키(佐佐木道雄·55)씨는 "유럽의 경우 이웃나라의 문화를 공부하는 것은 당연한 것으로 받아들인다고 놀았다"며 "이웃나라인 한국의 문화를 알고 역으로 일본을 알기 위해 이 모임에 가입했다"고 한다. 그후 그는 한국인의 삶과 민속문화에 대해 연구를 시작, 특히 한국을 중심으로 한 동아시아의 음식문화 연구에 심혈을 기울이고 있다. 그는 송이버섯을 그 대표적 예로 들었다.

〈자료 4〉'일본시민들의 한국연구 30년 무궁화모임'
(『주간조선』 2003년 4월 10일 발행)

"일본인은 송이버섯 요리를 일본의 독특한 음식문화로 여긴다. 14세기에 쓰인 이색의 목은집(牧隱集)에 시의 제목으로 송이(松茸)가 등장하는데, 일본에서도 송이버섯이라 할 때는 이 한자를 사용한다. 17세기와 18세기에 나온 일본의 사전은 동의보감에 나온 '버섯 중의 제일은 송이'라는 기술을 그대로 인용하고 있다. 중국의 문헌에 송이가 처음으로 등장하는 것은 1912년으로 최근의 일이다. 따라서 송이버섯이 버섯 중의 왕이라는 생각은 한국에 그 기원이 있으며, 그것이 일본과 중국에 전해진 것으로 보인다. 이처럼 송이버섯 하나만 봐도 한·중·일 간에는 음식문화의 상호교류가 있었다는 것을 알 수 있다."

현장 조사·사료 통해 구체적 연구

사사키씨는 이처럼 음식 재료를 가지고 동아시아 3국의 음식문화를 비교하고 그 속에서 3국간 문화의 접점을 연구한 책을 2권 발간했다.

세관에 근무하는 데라오카(寺岡洋·61)씨는 전문가도 어렵다는 고대 한일관계사를 연구하고 있다. 그는 "고대 한일교류사를 연구하면 어느 한쪽이 일방적으로 문화를 전해주었다기보다는 교류가 밀접했다는 것을 배우게 된다"며 "일본의 유적을 탐사해 보면 일본은 한국으로부터 통치와 국가운영 방식 등 폭넓게 문화를 받아들였다"고 말했다.

창단 멤버인 호리우치(堀內稔·55)씨는 식민지 시기 조선과 일본에서 일본에 대항해 펼친 조선 민중의 운동사를 정리하고 있다. 1998년 출판한 '효고(兵庫)현 조선인 노동운동사'는 1905년부터 1945년까지 4개 신문의 기사를 읽고 정리한 것으로 집필에 걸린 시간만 8년이다.

그냥 한국이 좋아서 이 모임에 가입했다는 야마네(山根俊郎·51)씨는 '무궁화 모임'에서 줄곧 남북한 대중가요를 연구해 왔다. 연구하는 대중가요는 일제시대부터 최신 가요까지 다양하며 이를 총정리하고 있다. 그는 매일 케이블방송을 통해 한국의 방송을 시청하고 매년 한국을 방문하여 가요방에서 최신 가요를 배운다. 가장 좋아하는 노래는 조용필의 '돌아와요 부산항에'. 그는 좋아하는 노사연의 히트곡 '만남'에 대해 이렇게 말한다.

"'우리 만남은 우연이 아니야, 그것은 우리의 바램이었어…' 이 가사에서 느끼는 것은 한국인의 솔직함이다. 일본인은 아무리 좋아도 말하지 않는 게 미덕으로 받아들여진다. 그러나 한국인은 좋은 것은 좋다고 솔직하게 표현하는 경향이 있다. 그 극단적 예가 이 가사가 아닐까 싶다. 개인적으로 한국인의 솔직함은 자신의 마음을 솔직하게 드러내는 데 있다고 생각하고 있다."

이들의 연구는 매우 구체적이다. 대학 연구자들이 지금까지 손대지 않았던 연구 영역을 중요 사료와 현장 조사 등을 통해 개척해 왔다. 호리우치씨는 "대학교에 근무하는 연구자도 우리의 연구를 인정해 준다. 구체적인 연구인만큼 그들의 연구에 많은 도움을 주고 있다고 할 수 있다. 그들과는 상호대립적 관계가 아니라 상호보완적 관계에 있다"고 강조한다.

> "송이버섯이 버섯 중의 왕이라는 생각은 한국에 그 기원이 있으며, 그것이 일본과 중국에 전해진 것으로 보인다. 이처럼 송이버섯 하나만 봐도 한·중·일 간에는 음식문화의 상호교류가 있었다는 것을 알 수 있다."

회원들이 출판한 책자와 자료집

이런 만큼 이들은 자신의 연구에 대한 자부심도 대단하다. 사사키씨는 "한국의 음식문화를 연구하는 전문가는 있지만 나처럼 포괄적으로 음식문화를 가지고 한일문화에 접근한 사람은 없다"라고 말했다. 데라오카씨도 "처음에는 교토(京都)에 가서 대학교수로부터 지도를 받았지만 오히려 지금은 그들의 모임에 초청받아 갈 정도"라며 자신만만해 했다.

매달 5만여원 회비로 운영

'무궁화 모임'은 회원만의 폐쇄적인 모임이 아니다. 대학 연구자, 재일 한국인 사학자는 물론 한국의 연구자와도 교류를 하고 있다. 특히 지금까지 이들의 연구회에 초청되어 강의를 한 한국인은 고은·황석영·박원순·리영희·안병직·박홍규씨 등 유명인사들이 많다.

이 모임의 운영은 외부의 도움없이 철저히 회비에 의존한다. 회원은 매월 5000엔(5만여원)의 회비를 낸다. 일반 모임의 보통 회비가 500~1000엔인 것과 비교하면 꽤 많은 편이다. 이 회비는 외부인사 초청 강연료, '무궁화통신' 발행비, 출판보조금 등으로 사용된다.

직장인으로서 이같은 활동을 지속한다는 게 여간 어려운 것이 아니다. 시청에 근무하는 야마네씨는 "이 모임을 통해 배운 한국어가 큰 도움이 된다. 근무처에 한국에서 손님이 오면 내가 통역을 전담한다"며 "이 활동과 직장 일이 서로 배치되는 것은 아니다"라고 강조했다. 데라오카씨는 "처음에는 직장상사가 이 활동을 잘 이해해주지 않았지만 하나하나 연구 성과를 올리면서 지금은 적극적으로 지원해 준다"라고 했다. 사사키씨는 최근 개인사정으로 직장을 그만두었다. 그러나 그는 "새로운 할 일이 나를 기다리고 있어 앞으로의 인생이 전혀 걱정되지 않는다"며 "이 모임활동이 여생을 더욱 의미있도록 만들어 줄 것"이라고 확신했다.

이 모임에도 문제가 없는 것은 아니다. 회원 모두가 50세를 넘은 고령회로 이들의 활동을 이어나갈 후배가 없다는 점이다. 히다 대표는 "그래도 억지로 후배 양성을 하지는 않을 생각"이라고 말했다. 그는 "우리 모임이 없어지더라도 지금까지 우리들이 해 온 활동과 이를 기록한 책이 후세에 읽혀지고 알려진다면 그것으로 만족한다"면서 "회원 모두가 이 세상을 떠날 때까지 이 활동은 지속될 것"이라고 힘주어 말했다.

제5장

일본에서 전개된 강제동원
전후보상 요구 운동

히다 유이치(飛田雄一)*

들어가며

1950년생인 나는 1969년에 대학에 입학했다. 당시 일본은 학생운동이 가장 격렬했던 시기였는데, 나도 학생운동에 참가하였다. 또한 고베(神戸)대학 내에 사무소가 있던 고베 지역의 '베트남에 평화를 시민연합'(이하, 베평련)에서도 활동했다. 당시 재일 외국인에 대한 단속을 강화하는 출입국관리법안이 제출되었는데, 고베 '베평련'은 거기에 반대하는 운동을 전개하였다. 당시 고베의 입관(출입국관리국) 사무소에는 한국에서 도망쳐 온 임석균, 정훈상 씨가 수감되어 있어서, 그 지원 활동도 전개하였다.

고베 베평련 내에 '차별 억압 연구회'가 설립되었고, 그들이 1971년 1월 조선의 문화·역사를 공부하는 '무궁화 회'를 설립하였다. 이 모임은 현재에도 활동을 계속하고 있다(http://ksyc.jp/mukuge). 그러한

---

* 고베학생청년센터 관장, 일본 '강제동원 피해구명 전국 네트워크' 공동대표.

시기에 '손진두 사건'이 일어났다.

1. 전후보상 운동의 효시 '손진두 사건'

손진두 씨는 1927년 오사카에서 태어나, 1944년에 가족과 함께 히로시마(廣島)시 미나미칸논마치(南観音町)로 이주했다. 아버지의 일을 돕고 있던 관계로 히로시마에 원폭이 투하될 때에 미나미칸논마치의 전매국 구내에 있던 전신 전화국 창고 안에서 피폭을 당했다. 부친은 피폭 3년째에 사망했다. 일본에 체재했던 손씨는 1951년에 외국인등록령 위반으로 한국으로 강제송환 당했다.

그는 그 후에도 밀입국과 강제송환을 반복하였다. 1970년 12월 체포되었을 때 미열이나 빈혈, 전신의 권태감으로 인해 고생을 하고 있던 손씨는 "한국에는 적당한 치료 시설도 없고 원폭증에 대한 불안으로 인해 밀입국 했다. 나의 신체를 이렇게 만든 것은 일본정부이기 때문에 책임을 지고 치료해 달라"고 호소했다. 이것을 계기로 손씨를 지원하는 운동이 각지에서 일어났다. 손진두 씨를 지원하는 시민 그룹이 히로시마, 후쿠오카(福岡), 오사카(大阪), 도쿄(東京)에서 만들어졌고, 나도 오사카에서 지원그룹 사무국의 일원이 되어 도왔다. 후쿠오카의 이토 루이(伊藤ルイ)[1] 씨, 나중에 히로시마 시장이 되는 히라오카 다카시(平岡敬) 씨 등도 지원 활동에 참가하였다.

---

1) 1922년~1996년. 가나가와(神奈川)현 출신. 전통인형 장인. 사회운동가. 오스기 사카에(大杉栄), 이토 노에(伊藤野枝) 부부의 4녀. 관동대지진의 혼란 속에 부모가 헌병에게 학살당한 이후, 후쿠오카(福岡)의 조부모의 슬하에서 성장했다. 30대 중반에 하카다(博多) 인형의 채색 장인이 되었지만, 후쿠오카시의 '성전의 비' 철거 운동이나 한국인 피폭자 지원 등의 시민운동에 관여하였다 (역자 주).

1971년 손씨는 후쿠오카(福岡)현에 피폭자 건강수첩 교부를 신청하지만 후쿠오카현은 "외국인 피폭자에게는 교부할 수 없다"고 거부했다. 그 때문에 손씨는 1972년 10월 후쿠오카현과 후생성을 상대로 '피폭자 건강수첩 신청 각하 처분 취소소송'을 제기했다.

이 재판은 재한 피폭자에 대한 일본정부의 전쟁 책임을 추궁하는 투쟁이었다. 1978년 3월 30일 마침내 일본의 최고재판소는 "원폭의료법은 피폭에 의한 건강상 장애의 특이성과 중대성 때문에 그 구제에 있어서 내외국인을 구별해서는 안 된다라고 한 것과 다르지 않으며, 동법이 국가 보상의 취지를 겸비하는 것"이라고 해석하고 "피폭자가 처해 있는 특별한 건강상태에 주목하여 이것을 구제한다고 하는 인도적 목적의 입법이다"라고 평가해 손씨에게 전면 승리의 판결을 내렸다(韓国の原爆被害者を救援する市民の会, 『在韓被爆者が語る被爆50年-求められる戦後補償-』, 1995년).

2. 한인 강제연행 진상조사 활동

일본에서의 한인 강제연행에 관한 연구는 1965년에 간행된 박경식 선생의『조선인 강제연행의 기록』(未来社)에 의해 시작되었다고 할 수 있다. 1970년대에 조선총련을 중심으로 한 조선인강제연행진상조사단이 전국적인 규모의 조사 활동을 전개하였고, 그 성과가 몇 권의 책으로 출판되었다. 1980년대에는 전국적인 조사가 행해지지는 않았지만, 박경식 선생의 60년대 조사 활동에 협력했던 사람들이나, 70년대에 진상조사단의 활동에 협력한 사람들이 각 지역에서 조사 활동을 계속하였다.

1990년 5월 한국의 노태우 대통령이 방일했을 때에는 일본정부는 자료 조사에 협력한다고 하였다. 그 후 노동성의 창고에 남아 있던 이른바 '후생성 명부'의 일부가 한국정부에 인도되었다. 이때의 움직임은 명부 찾기에 지나치게 집중되었던 느낌도 있지만, 한인 강제연행의 조사 활동을 전국적인 규모로 추진시키는 데에 상당한 역할을 하였다.

1990년대에는 매년 여름에 각지에서 '조선인, 중국인 강제연행·강제노동을 생각하는 전국 교류집회'가 10년 동안 개최되었다. 1990년 제1회는 나고야(名古屋)에서 개최되었고, 제2회는 효고(兵庫)현(니시노미야(西宮)시, 고베(神戸)시, 1991년), 제3회 히로시마현(쿠레(呉)시, 1992년), 제4회 나라(奈良)현(信貴山王蔵院, 1993년), 제5회 나가노(長野)현(나가노시 마쓰시로(松代), 1994년), 제6회 오사카부(다카쓰키(高槻)시, 1995년), 제7회 기후(岐阜)현(기후시, 1996년), 제8회 시마네(島根)현(마쓰에(松江)시, 1997년), 제9회 이시카와(石川)현(카나자와(金沢)시, 1998년), 제10회는 구마모토(熊本)현(구마모토시, 1999년)에서 개최되었다. 이 전국 교류집회는 각 지역의 단체 대표가 모인 지원자 모임이 주최하였다. 그 후의 교류집회는 각지의 시민단체가 주최하는 형태로 계속되었는데, 2000년 9월에는 고베에서, 2001년 9월에는 오사카부 이바라키(茨木)시에서, 2002년 9월에는 아키타(秋田)현 하나오카(花岡)에서, 2004년 10월에는 홋카이도(北海道)에서 열렸다. 2006년에는 그 연장선상에서 한국의 제주도에 있는 구 일본군의 전쟁유적을 탐방하는 필드워크를 실시하였다.

3. 강제동원 진상구명 네트워크의 활동

2004년 2월, 한국에서 「일제강점하 강제동원피해 진상규명 등에 관한 특별법」이 성립되었고, 이것에 근거해 같은 해 11월에 '일제강점하 강제동원피해 진상규명위원회'가 설립되었다. 그리고 이 위원회는 '전후 60주년'에 해당하는 2005년 2월부터 강제동원 피해 신고와 진상규명 조사 신청을 받기 시작하였고, 동 4월에는 조사반을 일본에 보내어 예비 조사를 개시하였다.

이러한 한국 측의 노력에 일본정부가 적극적으로 대응하는 것이 당연하지만, 그렇게 전개되지 않는 상황이었다. 그래서 2005년 7월에 한국의 진상규명위원회가 일본에서 하는 조사와 유골 수집 등을 일본 측 시민의 입장에서 지원하기 위해 '강제동원 진상구명 네트워크'(http://www.ksyc.jp/sinsou-net)를 창립하였고 그 공동대표를 우에스기 사토시(上杉聰), 우쓰미 아이코(內海愛子), 히다 유이치가 맡게 되었다.

이 일본의 진상구명 네트워크는 다음과 같은 목표를 해결하기 위해 활동을 계속하고 있다. ① 일본의 정부 및 공적 기관 그리고 기업이 보유하는 강제동원 관련 자료의 제시를 촉진할 것을 요구하는 활동을 한다. ② 일본에서 강제동원 진상규명을 위한 활동을 하여 일본 여론이 강제동원 문제에 관심을 갖도록 한다. ③ 한국의 피해자단체를 포함한 '시민 네트워크'와 연대해 교류 가능한 행사를 실시한다. ④ 일본에서 진상규명을 위해 「항구평화조사국 설치법」의 제정 운동에 협력한다. ⑤ 네트워크를 통해 집적된 자료를 보관·전시하는 공간을 만드는 일을 목표로 한다.

또한 2011년 5월 28일~29일에는 고베학생청년센터에서 '일본의 한반도 식민지 지배와 강제연행'이란 주제로 전국 연구집회를 개최했다. 그리고 2012년 4월 7일에는 도쿄대학교 고마바(駒場)캠퍼스에서 '조선인 강제연행과 국가 기업의 책임'이라는 주제로 전국 연구

집회를 개최했고, 2013년 3월 30일에도 같은 장소에서 전국 연구집
회를 개최할 예정이다.

4. 전후보상을 요구하는 재판 및 입법 요구 운동

일본의 재판소에서 수많은 전후보상을 요구하는 소송이 제기되
었고, 나 자신도 그 중의 몇 개에 관계하였다. 지방재판소의 레벨
에서 조금 기대할 수 있는 판결이 나온 경우도 있지만, 최고재판
소(한국의 대법원에 해당)에서 죄다 뒤집어지고 있는 것이 현재 상
황이다. 구체적인 내용에 대해서는 이하의 사항을 참조해 주길 바
란다.

> * Archives 「포럼: 재일 2001」, 『과제별 보고』. 재일 인권획득 투
>   쟁의 도달점과 향후 재일 전후보상 운동＋오구라 치즈코(小椋
>   千鶴子: 재일 전후보상을 요구하는 모임/인터넷 검색가능)
> * 박재철, 「전후보상 입법운동의 현재」, 『戰爭責任研究』 30호 (Last
>   update 2001년 1월 28일) http://www.kanpusaiban.net/lippouka2.htm
> * 「표 전후보상 재판 일람표」(2003년 5월 현재)
>   http://space.geocities.jp/japanwarres/center/hodo/hodo07.htm

입법을 요구하는 운동은 '민족차별과 투쟁하는 연락협의회'(민투
련)가 주도한 '재일 구식민지 출신자 전후보상·인권 보장 법안'
(1988년)이 선구라고 생각된다.

민투련은 히다치(日立) 취직차별 반대운동에서 발전된 것으로서
1970년대의 국적차별 철폐운동 등을 담당했던 그룹이다. 재일 한인
의 인권보장을 위한 법안 작성 논의의 결론으로서 인권보장과 전후

보상이 한 세트가 될 필요가 있다는 것이다.

5. 한인의 전후보상과 관련된 두 개의 다큐멘터리 소개

1) 오시마 나기사(大島渚) 감독, 〈잊혀진 황군(忘れられた皇軍)〉 (20분, 1963년)

일본군에 동원되어 부상을 입은 한인 피해자 그룹이 도쿄에서 가두 활동을 하는 주제를 묘사한 다큐멘터리 영화인데, 그들은 일본정부로부터 보상을 받지 못하였다. 일본정부를 방문하였지만, 그것은 '한국정부의 문제'라는 말을 듣는다. 그래서 일본에 있는 한국정부의 기관을 찾아 갔으나, 거기에서는 '일본군 병사로 동원되어 장애를 입었으니 일본정부의 책임'이라는 말을 들었다. 일본인 군인 출신자에게는 '군인은급'(연금)이 지급되었지만, 한인에게는 지급되지 않았다.

한편, 스가모(巣鴨) 형무소[2]에 수감되어 있던 한인 BC급 전범들은 1952년 4월 28일에 대일 강화조약이 발효된 후, 종래의 일본인에서 외국인으로 되었으니 석방시켜줄 것을 요구했지만, 결국 석방되지 않았다. 다큐멘터리에 등장했던 석성기 씨(1921년생. 2001년 8월 30일에 서거. 유족이 소송을 계속하고 있음)는 일본정부를 상대로 재판을 제기하였다.

---

2) 일본 도쿄의 도시마(豊島)구 스가모(巣鴨; 현재 히가시이케부쿠로東池袋)에 있던 형무소이다. 아시아태평양전쟁 중인 1944년 조르게 사건의 중심 인물들을 포함한 사상범이나 반전 운동에 관련한 사람들이 갇혀 있었다. 패전 후 스가모 형무소는 GHQ의 관리하에 극동군사재판의 판결을 받은 전쟁범죄자들을 수용하였고, 도조 히데키(東条英機) 등 7명의 A급 전범에 대한 사형이 집행되었다(역자 주).

2) 〈조문상의 유서-싱가포르 BC급 전범 재판-〉
(55분, 1991년 8월 15일 NHK스페셜 방영)

조문상 (히라하라 모리쓰네(平原守矩))

1947년 2월, 창기(changi)형무소에서 교수형. 향년 26세. 일본인 상관의 명령을 포로에게 전하는 통역이었기 때문에 포로의 증오를 두 배로 받았다. 옥중에서 그는 처형 몇 분 전까지 그 마음의 흔들림을 장문의 유서로 남기고 있다. 그의 사진은 'http://www.ne.jp/asahi/nadja/bc/framePHOTOj.html'에서, 유서와 수기는 'http://kbcq.web.fc2.com/shogen/shogen1.html'에서 볼 수 있다.

식민지 지배하 조선에서는 일본군의 군인이나 군속으로 동원된 사람도 있다. 기독교도인 조문상은 동남아시아에서 연합군 포로의 감시원(군속)으로 일하였지만, 일본 패전 후에 포로학대죄로 전범으로 취급받아 군사재판에서 사형 판결을 받고 처형되었다. 그는 처형 직전까지 유서를 계속 썼는데, 그 유서는 은밀하게 친구에 의해서 반출되었다. 또한 오스트레일리아의 공문서관에 조문상의 재판 기록이 남아 있다. 그러한 자료를 바탕으로 관계자의 증언도 수록하여 이 다큐멘터리가 제작되었다.

맺으며

아시아태평양전쟁이 끝난 지 65년이 지났지만, 아직 구체적으로 역사 검증이 가능한 부분이 있다. 또한 기억하고 기록하는 것이 중요하다. '고베(神戸)항에서의 전시하 조선인 및 중국인 강제연행을 조사하는 모임'이 전시 강제동원을 기억하기 위해 '고베항 평화의 비'를 만들었는데, 거기에는 "마음에 새기며 돌에 새긴다"라는 비문을 넣었다.

기억을 기록화하고, 그것을 보이는 형태로 남기는 것이 중요하다. 또한 그에 대해 현지답사를 하는 것도 중요하다. 특히 젊은 세대에게 구체적으로 역사 사실을 가르치기 위해서도 모뉴멘트는 그 계기가 될 수 있다고 생각한다.

앞에서 소개했듯이 2006년에는 제주도에 있는 구 일본군 시설의 필드워크를 했다. 이와 같이 강제동원의 문제는 일본열도 이외의 지역으로 확대해서 볼 필요가 있다. 더구나 한반도 내에서 행해진 강제동원에 대한 조사 및 연구와도 관련짓는 중층적인 연구가 필요하다. 또한 일본의 전후보상 문제는 한반도 이외에도 중국 및 동아시아의 전후보상 운동과도 연계할 필요가 있으며, 독일 등 제반 외국의 전후보상 문제와 관련을 짓는 것도 시야에 두지 않으면 안 된다. 최근, 중국인 강제동원 문제는 일부 관련기업과 합의하는 움직임이 시작되었으나, 이 움직임도 한인 강제동원과 연동되는 문제이다.

일본과 북한의 국교 정상화가 시도될 필요가 있고, 그 과정에서 1965년에 체결된 한일조약에서는 일본의 식민지 지배가 제대로 추궁되지 않았던 것을 상기시킬 필요가 있다. 향후에도 한일 쌍방의 연구(자) 교류가 중요하고, 영상을 포함한 사료, 자료를 공유하면서 연구를 진행해갈 것이 요구되고 있다.

한겨레 | 2010 특별기획 성찰과 도전 | 2010년 8월18일 수요일 7

"한-일 시민단체, 과거사 조사 공유해 신뢰 쌓아야"

'강제동원진상규명 네트워크' 공동대표 히다 유이치

**피해사례·유골소재 확인 등
한국 정부기관과 첫 연계
'조선사세미나' 38년째 진행**

**'YH사건' 등 한국 민주화 관여
재일동포 인권운동도 수십년
남과 북 양쪽서 비난 받기도**

히다 유이치 고베학생청년센터 관장이 30여년에 걸친 한·일 시민운동의 교류를 얘기하고 있다.

〈자료〉 한겨레신문 2010. 8. 18 히다 유이치 관련 기사

제 2 부

한인 강제동원의
피해 규명에 나선 일본 시민

제6장

홋카이도(北海道)의 민중사 운동과 강제동원 피해규명 운동

도노히라 요시히코(殿平善彦)*

1. 나의 전후사

나는 아시아태평양전쟁이 끝난 1945년에 홋카이도(北海道)의 시골에 있는 절의 장남으로 태어났다. 초등, 중등, 고등학교 모두 출신지역에서 졸업했다. 고등학교를 졸업하기까지 18년간 한반도가 일본의 식민지였던 사실, 즉 36년간 일본의 일부였다는 사실을 배운 적이 없다. 내가 받은 학교 교육에서는 중일전쟁을 비롯한 전쟁기간의 역사와 전후의 역사를 배운 적이 없지만, 역사 인식이란 학교 교육에서만 형성되는 것은 아니다. 오히려 가정이나 이웃의 아저씨나 아주머니와의 대화에서 형성되기도 한다. 돌이켜보면, 학교만이 아니라 가정에서도 이웃 관계에서도 한반도에 대한 식민지 지배를 화제로 삼는 일은 없었다. 그것은 아무리 봐도 단순히 우연하게 발생한 일이라고 생각할 수 없는데 왜 그럴까.

패전 후의 일본은 아시아와의 전쟁과 식민지 지배의 기억을 심

---

* 一乘寺 주지. '강제연행-강제노동을 생각하는 홋카이도 포럼' 공동대표.

각하게 반성하며 출발했어야 했다. 독일의 전후는 유럽 주변국과 전쟁을 한 역사를 반성적으로 돌이켜보고, 거기에서 전후 역사를 이루어왔다. 그 노력이 유럽 제국과의 화해를 낳았고 유럽 공동체의 기초가 되었다. 그에 비하면, 일본은 반성적으로 과거 역사를 돌이켜 본 적이 없었다. 그것을 하지 않은 것은 미국의 점령통치하에서 반공의 방파제로 규정되어 전쟁에 대한 반성 없이 패전 이후의 부흥을 하였기 때문이라고 해석할 수 있다. 그러나 그것만으로, 한반도 식민지 지배에 대해 내가 자각하지 못하는 것을 설명할 수 없다. 역시 나에게는 성장 과정에서 처했던 환경을 돌이켜 볼 필요가 있다.

2. 전쟁이 끝난 시골에서

내가 태어나서 자란 홋카이도의 시골, 현재의 후카가와(深川)시 다도시(多度志)는 작은 농촌이었다. 하지만 유년기의 내가 자신과 주변의 생활을 기억하기 시작하는 1950년 전후에는 다도시의 인구가 늘기 시작했다. 전쟁에서 돌아온 제대 군인들은 물론 사할린에서 온 귀환자, '만주'에서 온 귀환자, 도쿄 등에서 공습으로 집이 불타버린 피난자 등등이 시골의 연고를 의지하여 타지역에 정착하였다. 군인이 될 아이를 낳으라고 강요했던 전쟁이 끝난 다음, 전장에서 가정에 돌아온 제대 군인들에 의해 시골 마을은 이전과 달리 붐비었고, 베이비 붐이 도래하였다.

나의 어린 시절 시골은 전쟁에 져서 생활이 빈곤하였음에도 불구하고, 왠지 밝은 분위기였다고 기억된다. 죽음을 강요당했던 전쟁의 중압에서 해방된 어른들이 자유로워진 일상을 즐겼기 때문일

지도 모르겠다. 우리 집은 절이라서 사람들이 모일 장소가 적었던 당시, 무슨 일이 있을 때에 모임의 장소가 되었다. 회합이 있을 때에는 반드시 술자리가 벌어졌다. 전쟁에서 돌아온 사내들은 술기운을 빌려 전쟁 체험을 말하고 군가를 불렀다. 전쟁 체험이라고 해도 필경 그들이 체험했을 심각한 가해나 피해는 말하지 않았다. 중국 전선에서 팔 하나를 잃은 아저씨도 있었으나, 그들의 체험은 말하지 않는 것이 암묵의 양해였다.

그들에게 유일한 외국 경험이었던 중국대륙에서의 군대 경험을 웃기게 이야기했던 것이 생각난다. 술자리 이야기의 중간 중간에 중국인이나 러시아인, 한인에 대한 언급이 있었다. 중국을 '짱꼬라', 러시아인을 '로스케', 한인을 '초오센진(朝鮮人), 한토진(半島人)'이라고 부르던 것을 술자리 옆에서 놀던 나는 기억한다. 중국인에 대해서는 멸시의 감정이 깃든 표현이었다. 한인에 대한 감정은 적국민이 아니었으니까 중국인에 대한 감정과 달랐다고 할 수 있지만, 표현의 느낌으로 봐서 멸시감이 있었다. 러시아인에 대해서는 멸시와 더불어 증오감이 깃들어 있었다. 그것은 시베리아 억류의 체험이 있었기 때문이었다. '귀축미영(鬼畜美英)'이라고 했던 미국에 대해서는 전혀 멸시감이 없었다. 오히려 경외감이 있었을 것이다.

어린 시절 나의 아시아인에 대한 인식은 그러한 어른들의 인식을 그대로 이어받은 것이었다. 어린 시절 나의 아시아 인식의 출발점이다. 대화하는 사람들 가까이 차별의 대상이 있었던 것이 아니었으며, 모두 전쟁 중의 기억에 근거한 것이었다. 막연한 이야기 대상에 대한 우월의식이라고도 할 수 있었다. 나의 아시아 인식에는 차별의 대상이 존재하지 않음에도 불구하고 차별 감정을 띠고 있었으니, 그것은 전후 일본인에게 볼 수 있는 아시아 인식의 희비

극이라고 말할 수 있다. 차별의 대상이 존재하지 않으니 그를 정정할 기회도 없이 계속 유지되었다고 할 수 있다. 부모들은 전쟁에 대한 쓰라린 기억을 떠올리기조차 싫었겠지만, 어린 나의 아시아 인식은 자각할 수 없는 무의식의 영역에 숨어 있었다. 이렇게 한반도에 대한 식민지 지배의 역사는 말로 표현되지 않고, 막연한 차별 의식이 온존된 채 전후의 일본 사회는 발전하였다. 고등학교를 졸업하는 1964년까지도 나는 아시아에 대한 비뚤어진 인식을 스스로 정정하는 기회를 갖지 못했다.

3. 식민지 지배의 기억을 지우다

전후 일본인의 생활 반경에 한인이 존재하였다. 1945년 이전 일본 국내에 약 200만 명이 있던 한인이 식민지 지배가 끝난 후에는 약 60만 명이 남았다. 일본정부는 '일본국 신민'이었던 그들을 일본인이 아니라고 하여, 1947년에 '조선적'을 만들고, 샌프란시스코 강화조약이 성립하자 일방적으로 일본 국적에서 제외시켰다. 그때 재일 한인이 성립한 것이다. '조선적'이란 일본 국적에서 한인을 제외시키기 위한 부호와 같은 것이지, 국적은 아니었다. 그런 사정은 오늘날도 마찬가지이다. 한일 조약의 성립과 더불어 한국적을 취득한 재일 한국인도 늘었고, 60만 명이 일본 내에 존재하고 있었지만, 전후에 재일 한인과 일본인의 연결 고리는 오랫동안 매우 미약했고, 오히려 단절된 측면이 많았다. 미국의 점령하에 전후를 시작한 일본은 미국의 세계전략이 따라 아시아의 반공 방파제가 되었고, 샌프란시스코 강화조약을 맺고 독립을 회복했지만 아시아 나라들과의 국교 회복은 후순위로 미루어졌다.

그 결과 일본의 아시아에 대한 전쟁책임과 전후보상의 대응도 무성의하게 이루어졌다. 일본의 식민지에서 해방된 한반도는 바로 6·25전쟁이란 참혹한 체험을 하지 않으면 안 되었다. 오히려 일본은 한반도에서의 전쟁으로 발생한 특별 수요를 계기로 경제 부흥을 이루었고, 아시아보다는 미국에 더 접근하게 되었다.

전후의 학교 교육에서 한반도에 대한 식민지 지배의 역사를 가르친 경우는 없었으며, 가정에서도 한국·조선이 화제에 오르는 일은 없었다. 전후의 일본인은 36년간 한반도를 일본의 영토로 지배하였고 한인을 일본국 신민(臣民)이라고 불렸던 것을 완전히 잊은 것처럼 행동했다. 그 결과 일본인에게 재일 한인이란 존재는 그 역사적 경과는 버리고 차별 의식을 정정할 기회도 갖지 못한 채, 기묘한 이웃으로만 인식되었다.

차별이 싫은 재일 한인의 대부분은 창씨개명의 결과인 일본식 이름('통명')을 사용하며 일본인처럼 행동하고, 일본인들 사이에서 조용히 지내는 사람이 적지 않았다.

물론 자신들의 민족적 긍지를 수반한 정치적 자각을 선명히 하여 재일조선인연맹(이하, 조련)을 결성한 사람들도 있었다. 그러나 그 조련은 일본 지배층으로부터 반 국가단체로 인정받아 강제 해산을 당한다. 그 후 조선민주주의인민공화국(이하, 북한)과 정치적으로 연계하는 재일본조선인총연합회(이하, 총련)가 결성되었고, 대한민국을 지지하는 재일본한국거류민단(이하, 민단)과 서로 각각 국가와의 관계를 강조하면서 날카롭게 정치적인 대립을 한다. 양자가 존재하는 것은 엄연한 현실이었으나, 일본정부는 특히 총련을 치안의 대상으로 삼았다. 총련도 자신들의 생활 방위와 미래의 건설에 열심이었으나, 일본 사회에 살면서도 일본인과의 관계를 갖는 것에 관심이 깊지 않았다. 일본정부는 재일 한인의 민족교육을 반일적인 것이라며 탄압의 대상으로 삼았고, 식민지 시대의 차별과 억압을 전후에도 이어갔다. 북송 운동을 이용하여 재일 한인을 일본에서 쫓아내려고 했다(테사 모리스 스즈키, 『북한행 엑소더스』). 1965년에 일본과 한국은 한일기본보약을 체결하고 국교를 회복하지만, 그것은 미국의 강한 요구에 의한 것이었으므로, 사람들의 교류도 없었던 양국 관계에 큰 변화가 일어나는 것은 없었다.

4. 청춘 시절의 체험

나는 1961년 홋카이도의 작은 도시에서 고등학교에 진학하였는데 동급생 중에 재일 한인이 있었다. 매일 아침 같은 통학 열차를 탔는데 그는 일본 이름을 쓰고 있었고 한인이라는 것을 일체 말하지 않았다. 나도 그가 한인이라는 것을 몰랐고, 그런 가능성이 있었다는 것조차 전혀 느끼지 못한 채 그냥 친구로서 대했다. 내 주변에 외국인이 있다는 것은 상상조차 하지 않았기 때문이었다. 그는 졸업을 목전에 두고, 몇 안 되는 친한 사람에게만 자기의 성이 윤씨라고 밝혔는데, 한인으로서의 자신을 발견하고 강하게 민족성을 느꼈기 때문일 것이다. 대학 시절 귀성하는 나와 열차 안에서 우연히 만난 그는 일본에서 혁명을 일으킬 것이라며 격하게 한인으로서의 자기 견해를 말했다. 재일 한인이라는 존재에 무지했던 나는 그가 한인이라는 것에 놀랐고, 왜 한인이 일본에서 혁명을 일으키는지 의아하게 생각했다. 지금 생각하면 그의 말은 자기 출신을 감추고 살았던 고교 시절의 울분 섞인 추억을 뛰어넘으려는 자기주장이었고, 억압받은 일본에 대해 한인으로서 정체성을 주장하며 투쟁 선언을 한 것으로 생각된다. 하지만 당시 나는 그의 생각을 받아들이고 이해할 수 있는 여유가 없어서 그저 놀랄 따름이었다.

그 무렵 나는 교토에서 생활하며 학생운동에 열중하고 있었다. 1965년의 봄으로 기억하는데, 내가 다니던 대학의 동아리인 사회과학연구회에 한인 학생 한 사람이 왔다. 그는 나와 얼굴을 아는 사이가 되면서 일본 속의 조선 문화와 재일 한인에 대해 정열적으로 말하였고, 조선문화를 연구하는 조선문화연구회라는 동아리를 만들고 싶다고 말하였다. 나는 적지 않게 공감하였으나, 같이 모임을 하자고 말하지는 않았다. 매일같이 장맛비가 내리던 어느 날 그는 조선문화연구회를 결성하지 못하고 사회과학연구회를 떠났다. 세차게 내리던 빗속에서 우산을 쓰고 가던 그의 뒷모습이 지금도 생각난다.

1965년은 봄부터 학생이나 혁신정당에 의한 한일조약 반대운동이 격렬하게 전개되었다. 당시는 미일 군사동맹하에서 은밀하게 만들어진 미쓰야(三矢)작전계획[1]이 폭로되어 문제가 되었다. 당시 한일조약 반대운동에서 주된 슬로건은 미·일·한 군사동맹 반대라는 것이었다. 그러나 한일조약에서 주된 문제점은 한반도에 대한 일본의 식민지 지배사를 어떻게 평가하느냐는 것이었다. 한일교섭에서 식민지 지배의 부당성과 배상을 주장하는 한국정부에 대해 일본정부는 식민지 지배에 대한 국제적 인지, 식민지 경영의 유효성, 자

---

1) 1963년 2월 1일부터 6월 30일까지 일본 자위대 통합 막료 회의에서 제2차 6·25전쟁이 발발할 것을 예상하는 미일 공동작전 수립 연구가 비밀리에 이루어진 사건을 가리킴. 일명 '미쓰야 연구 문제'라고도 함. 1965년 2월 10일 중의원 예산위원회에서 일본사회당 의원 오카다 하루오(岡田春夫)가 이 연구의 존재를 폭로하여 문제시 되었는데, 왜 이런 연구가 자위대 주도로 이루어졌는지, 문민 통제가 제대로 기능 되고 있는지에 대해 당시의 사토(佐藤) 정권을 비판하였다.(역자 주)

본 투하 등을 근거로 한국에서 일본인 재산권이 있다고 주장하며 식민지 지배에 대한 배상을 거부하였다. 적어도 야당 측에서 한반도 식민지 지배에 관한 반성이 있었다면, 일본과 한국의 국교 회복을 앞두고 한일조약에 반대하는 이유로서 과거 식민지 지배에 대한 사죄와 배상이 불충분하다고 주장했을 것이다. 한일조약 반대운동에 참가한 사람들 중에서 일본의 과거 식민지 지배에 대한 비판의 목소리가 높지 않았던 것은 기묘하다고 하지 않을 수 없다. 그것은 일본인이 전체적으로 한반도에 대한 식민지 지배에 관해 책임을 느끼지 않았다는 것을 의미한다. 정부뿐만 아니라, 노동운동, 학생운동을 포함한 일본인들 스스로가 과거 일본이 조선을 식민지 지배했다는 역사를 지워버린 것이 아닌가.

당시 재일 한인 젊은이들도 운동을 전개하고 있었지만, 같은 사회에 생활하면서도 양자가 접촉할 기회는 적었고, 거의 따로 운동을 하고 있었다. 일본 사회에서 일본인과 한인 사이에는 깊은 골이 존재하고 있다. 일부의 지식인이나 국제 우호운동만이 한인과 연결되어 있었을 뿐, 일본인 일반의 의식 속에서 한국·조선은 관심의 대상이 아니었다.

5. 낡은 절에 남아있던 위패들

1973년 3월, 나는 10년 가까운 교토(京都)에서의 학생 생활을 마치고, 고향인 홋카이도 후카가와(深川)시 다도시(多度志)의 절로 복귀하였다. 1976년 가을에 나는 고향에서 60km 정도 북쪽으로 거슬러 올라간 우류(雨竜)강의 상류에 있는 슈마리나이(朱鞠内)의 우류댐(슈마리나이 호)에 친구와 놀러 간 적이 있다. 그 호수는 수력

발전을 위해 만들어진 인공호이며, 거대한 콘크리트 제방 옆에 10m가 넘는 '위령탑'이 세워져 있다. 누구를 위령하는 탑인가 수상하다고 생각했는데, 우연하게 거기서 만났던 지역의 아주머니가 나와 친구를 댐 근처에 있는 낡은 절로 안내하였다. 1934년에 세워진 작은 목조 사원인 '고겐(光顯)사'는 나무들 사이에 고색창연하게 서 있었다. 그 절은 지금은 인구 과소화로 인해 주지는 없고 절 묘지의 단가(檀家)[2]들이 관리하고 있다.

절의 본당에 우리를 안내한 아주머니는 본당 안쪽의 서랍장에서 80기 정도의 위패를 꺼냈다. 오랫동안 지켜왔지만 수령인도 없어서 곤란을 겪고 있고 하였다. 목재 조각으로 조잡하게 만든 위패는 검붉게 변색되어 있었다. 하나 손에 들어 보니, 앞면에는 '석현신(釋顯信)'이라고 붓글씨로 쓰여 있고, 뒷면에는 '김현권(金顯權) 33세 1940년 8월 13일 입적'이라고 쓰여 있었다. 아무리 보아도 일본인은 아니었다. 조선 사람인가. 사망 연월일을 보니 태평양전쟁이 한창이던 때이다. 그렇다면 왜 33세의 한인이 전시 하의 슈마리나이에서 죽었을까. 나중에 그 지역 호로카나이쵸(幌加內町) 역사서를 통해 그 이유를 알게 되었다.

우류댐은 중일 전쟁이 시작한 다음 해인 1938년부터 1943년까지 6년이란 세월이 걸려 건설되었다. 미쓰이(三井) 재벌의 제지회사인 오지(王子)제지회사의 자본으로 만들어진 수력발전용의 댐으로서, 공사는 도비시마구미(飛島組: 현재의 도비시마건설 주식회사-역자)가 청부를 하였다. 수천 명의 일본인 노동자와 적어도 3,000명 정도

---

2) 일반적으로 일본의 절은 소재 지역에 있는 신도들의 묘지를 관리하고 묘지 주인들로부터 시주를 받아 유지되고 있다. 그 묘지 주인들을 '단카(檀家)'라고 한다(역자 주).

의 한인 노동자가 동원되어 강제노동을 하였다. 엄중한 감금 노동과 영양 부족, 중노동의 결과로서 많은 사람들이 희생되었다. 고겐사의 위패는 그들 희생자의 것일 가능성이 높았다. 우리들은 위패와의 만남을 계기로 하여 우류댐의 역사를 조사하기 시작했다. 호로카나이쵸와 후렌쵸(風連町)에 보존되어 있던 매화장 인허증(埋火葬認許証)과 고겐사의 과거장(過去帳) 등을 조사한 결과, 댐공사 및 같은 시기 실시되었던 철도공사의 희생자가 총 214명이 있었다는 사실을 확인하였다. 일본인 168명, 한인 46명이다. 상상을 넘는 희생자 수였다.

조사를 시작한 그 해 가을에 공사를 체험했던 지역 노인의 안내로 슈마리나이 공동묘지 안에 군락을 이룬 조릿대 숲 속의 희생자 매장 장소로 갔다. 그곳은 현재의 묘지와 인접해 있는 사유지 이다. 조릿대 숲을 헤치면서 들어가니 지면이 쑥 꺼진 장소가 있었다. 노인은 "아 그 밑에 들어 있어"라고 하였다. 매장된 희생자의 유해는 이미 육체가 삭아버렸기 때문에 덮였던 흙이 그만큼 가라앉는다고 한다. 그렇게 꺼진 곳이 여기저기 있었다. 전쟁이 끝나고 30년이 지났음에도 슈마리나이의 조릿대 숲 속에 일본인 노동자와 한인 강제동원 희생자의 유해가 그대로 묻혀 있었던 것이다. 나의 마음속에 잠들어 있던 유년기의 전쟁 기억이 되살아났다.

일본제국은 15년에 걸친 아시아태평양전쟁에서 중국과의 전쟁이 진전을 보이지 않자 계속해서 젊은이들을 징집하여 전장으로 보냈다. 그들이 내가 유년기에 만났던 아저씨들이다. 따라서 일본 국내에는 노동력이 부족해졌고, 한인을 데리고 와야 한다는 요구가 강해졌다. 1939년에 시작된 한인 노무자 '모집'은 서서히 강제성의 정도가 높아져서, 1942년에는 조선총독부에 의한 '알선'의 형태가 되었고, 1944년에는 징용령이 적용되었다. 이렇게 하여 일본 국내에 동원된 사람이 70만 명에 달했다. 홋카이도에는 약 15만 명이 동원되었고, 슈마리나이에는 적어도 3천 명의 한인이 끌려갔다.

6. 발굴된 가해의 역사

희생자들의 위패와 조우하여 슈마리나이댐 공사에 관심을 갖고 있을 때에 과거와 현재를 연결하는 또 하나의 만남이 있었다. 후카가와시의 중심부 JR후카가와역 가까이에 살고 있던 채만진(蔡晩鎭)이라는 한인이었다. 당시 67세였던 채씨는 강제노동을 직접 체험한 사람이었다. 우류댐 공사 등의 지역사를 조사하는 시민의 모임인 '소라치(空知) 민중사를 이야기하는 모임'(나중에 '소라치 민중사강좌'로 개칭함)을 결성했던 우리들은 조금 추웠던 1976년 5월에 처음으로 채만진 씨의 집을 방문하였다. 뿔테 안경을 쓴 채씨는 기분 좋게 우리를 영접하여 가운데에 불 지핀 석유 스토브가 있는 마루방으로 안내했다. 초대면이라 긴장하며 송구한 자세로 소파에 앉아 있던 우리들에게 말해 준 채씨의 반생은 마치 활극 영화와 같은 굉장한 체험의 연속이었다.

1915년에 조선 경산남도의 소작농가에서 태어난 채만진 씨는 1940년 말에 곤궁한 생활을 해결하고자 규슈(九州)로 건너가 다카시마(高松) 탄광에 입소하였다. 거기서 너무 대우가 좋지 않아서 파업을 계획했으나 체포되어 조선으로 송환되었다. 고향에서 직업이 없던 채씨는 다시 홋카이도 탄광기선 주식회사의 모집에 응하여 도항하였다. 들어간 곳은 아카비라(赤平)시 모시리(茂尻)에 있는 감옥방(일명 '다코베야')3)이었다. 간부가 노동자에게 큰 소리로 "너희들, 저 산 넘으면 바다, 이 산을 넘어도 바다. 절대 도망가지 못한다. 도망가려는 생각을 하면 절대 용서 못 한다"라고 고함을 질렀다. 중노동임에도 불구하고 임금도 제대로 받지 못했던 채씨는 견디지 못해서 눈 속으로 탈주하였다. 그러나 산을 넘어도 바다라고 믿었기에 도중에 돌아갔고, 옆 마을에서 신고가 들어가 감옥방의 간부에게 붙잡히고 만다. 돌아간 채씨는 방화용수로 물고문을 당하면서 거의 초죽음 상태로 폭행을 당했으나, 구사일생으로 목숨은 건졌다. 그 후 다른 현장에서는 병약한 감옥방 노동자 2명을 코크스 가마에 빠뜨렸다고 한다.

채만진 씨가 이야기해 준 것은 지배당하고 학대당한 전시기 아시아인의 강제노동 체험이었다. 우리들은 처음 접하는 식민지 피지배자의 이야기였고, 피해자로부터 듣는 일본인의 가해 증언이었다. 나의 유아기 기억 속에 있던 아시아 인식은 수정되었고, 나의 마음 속에서 조금씩 깊이를 더하면서 재형성되어 갔다.

슈마리나이 공동묘지 안의 조릿대 숲 속에는 우류댐 공사로 사망한 감옥방 노동자와 한인 노동자가 그대로 묻혀있다. 마을 노인들로부터 그 사실을 전해들은 우리들은 희생자의 유골을 발굴하고자 하였다. 지역 주민들과 상의하면서 발굴 준비를 하던 중, 채만진 씨가 "조금 잘못 되었다면 나도 이 속에 들어 있었을 것이다. 여러분과 같이 발굴 작업에 참여하겠다"고 하였다.

첫 발굴 작업은 1980년 5월 하순에 실시하였다. 슈마리나이는 홋

---

3) '다코베야'는 일본어의 원어 蛸部屋를 적절한 한국어로 번역할 수 없어서 원음을 그대로 옮긴 것이다. 다코는 문어인데 문어가 통발에 들어가면 제 발로 빠져나오지 못하므로, 그에 비유하여 사기 계약에 의해 벽지에서 강제노동을 하는 노동자들의 집단을 일컫는 말. 감옥과도 같은 곳에서 강제노동을 한다고 해서 감옥방(원어: 監獄部屋)이라고도 한다(역자 주).

카이도에서도 눈이 많이 오는 지역으로 손꼽힌다. 3m 가까이 쌓였던 눈이 겨우 녹은 조릿대 숲 속의 땅을 1m 정도 파내려 가니, 손이 끊어질 정도로 차가운 눈 녹은 물속에 인골이 있었다. 물로 씻으니 수중의 검붉은 두개골이 무언의 소리를 내는 것 같은 느낌이었다. 눈앞의 유골은 원래 생명이 있던 젊은이의 몸을 지탱하던 것임에 틀림없었다. 고향에는 부모가 있었으리라. 처자식이 있었을지도 모르겠다. 만약 그 유골이 한인의 것이라면 그는 어떤 마음으로 이국 땅 홋카이도의 산중에 동원되어 왔을까. 유골을 손에 든 우리들은 어쩔 수 없이 과거의 전쟁과 식민지 지배라는 기억에 직면하게 되었다. 유골이 과거의 역사를 더듬어서 기억을 불러일으킨다.

관 속에 넣은 희생자의 유골은 고겐사 앞마당으로 옮겨 쌓은 장작 위에 올려서 화장을 하였다. 승려가 독경을 하고 참가자는 분향을 하였다. 화장한 유골은 뼈단지(骨壺)에 넣어 고겐사 본당에서 다시 추도 법요를 열었다. 채만진 씨가 유골 앞에서 조의문을 읽었다.

"동포 여러분, 악질 일본제국주의자들에게 강제로 끌려와서, 각종 군사 공사에서 노동을 강요당하다가, 40년 동안이나 엄동설한 풍설의 산중에 잠들어 있었지만, 장소도 모른 채 오늘까지 지나온 과거를 부디 용서해 주시오. 나는 여러분처럼 고생하고 행동을 했던 채만진이라는 사람이오. 오늘까지 우리 조국이 통일되지 못했고, 여러분이 따뜻한 고향, 아름다운 고향에 갈 수도 없이 이렇게 슬픈 형상으로 차가운 풀 속에 잠들어 있는 모습을 보니 형용할 수 없이 서글퍼집니다…"

유골을 땅속에 둔 채 그를 되돌아보지 않고 전쟁 종결 이후 40년 가까운 시간을 보낸 책임을 생각하지 않으면 안 된다. 강제연행을 정책으로서 실행한 것은 일본제국 정부이고, 댐 공사에 자본을 출자한 것은 오지(王子)제지회사이다. 토목공사를 청부하여 조선에 가서 젊은이들을 데려온 것은 도비시마구미(飛鳥組)이다. 그들은 오늘날까지 죽은 사람들에 대한 책임을 지지 않고 있다. 제국정부의 후신인 일본정부 및 후계 기업은 유골과 유족에 대한 책임을 지지 않으면 안 된다.

나 자신은 어떤지 돌이켜보았다. 나는 희생자가 목숨을 잃었을 때에 태어나지도 않았지만, 전후 30여 년 동안이나 그들의 유골을 방치한 책임이 있는 것이 아닌가. 유아기에 모멸적인 감정과 같이 배운 '짱콜라' '반도인'이라는 말을 다시 생각해보는 기회도 없이 지난 전후가 유골을 그대로 남아 있게 한 것이 아닌가. 식민지 지배의 기억을 휘몰며 나타난 채만진 씨는 우리들에게 과거의 기억을 재구축하라고 재촉한 산 증인이었다. 유골 발굴의 선두에 선 그에게 재촉받으며 이후 4년 동안 땅속에 묻힌 16구의 유골을 발굴하였다. 땅속에서 나온 유골은 소리는 내지 않지만, 목소리가 있다면 틀림없이 가해자 일본인을 역사에 고발했을 것이다.

7. 홋카이도에서 시작한 민중사 발굴운동

1972년에 홋카이도 기타미(北見)시의 교사들을 중심으로 한 '오호츠크 민중사강좌'가 시작되었다. '민중사 발굴운동'이라고 불리는 이 홋카이도 근대사의 조사와 역사학습 운동은 단번에 도 전체로 확산되었다. 운동의 특징은 그때까지의 문헌중심주의 역사에 대해 홋카이도 민중의 역사를 체험한 사람들의 인터뷰를 바탕으로 한 오럴 히스토리를 중시하는 역사운동이다. 그 대상은 아이누인들, 월타인들, 감옥방(다코베야) 경험자, 그리고 도내의 한인과 중국인 등의 역사 문헌에 남아 있지 않는 사람들, 즉 문자 그대로 저변의 민중에 관한 역사를 기록하는 운동이었다. 그 리더인 고이케 요시타카(小池喜孝) 씨를 비롯한 민중사 연구 참가자들은 녹취 대상이 되는 민중을 발굴함과 동시에, 증언에 기초하여 감옥방 노동자 및 한인과 중국인 강제동원 희생자가 묻혀있는 산야를 발굴하여 유골을 지상으로 인도하는 운동을 시도하였다.

고이케 씨 그룹이 제기한 운동은 과거의 전쟁과 식민지 지배에서 가해의 역사를 발굴하는 활동이 중심 주제의 하나였다. 전후에 일본인이 기억한 전쟁은 대부분이 피해자로서의 기억이며, 전쟁 전체에 대한 이해도 지도자에게 속았다고 하는 이해 방식이 주류였다. 징병 당하고 공습에 의해 불탄 사람들에게 전쟁의 체험이란 피해의 체험이라는 것이 인식되었고, 병사들의 가해 체험에 대해서는 침묵하였다. 중국 대륙에서 만주 개척민의 피난은 기억되고 있지만, 만주에서 일본인이 지배자로서 행동했다는 것은 잘 언급되지 않는다. 최근 만주에서 귀환한 경험이 있는 부인이 "일본인이 나빴으니까"라고 했던 말이 인상에 남는다. 공습이나 원폭 투하에 의한 피해 체험을 기록하는 운동이 진행되었지만, '중국귀환자연락회'의 일본군 병사 출신자들의 활동을 제외하고, 가해의 기억이 표면에 나타난 일은 없었다. 고이케 씨는 저서『민중사 운동-그 역사와 이론-』속에서 "(일본인 전사자의-필자)성묘나 유골 수색이 잘못되었다고 말하고자 하는 것은 전혀 아니지만, 일본에 묻혀 있는 조선과 중국의 피동원자 유골을 그대로 두는 것은 형평에 맞지 않으며, 중국 대륙에서 저지른 가해자로서의 죄를 정부가 먼저 사죄해야 하지 않나. (중략) 가해국의 민중이 전쟁에 협력한 죄를 반성하고 반전 평화와 민족 연대를 추구할 때에 가해자로서의 진정한 전쟁 책임을

다 할 수 있다"고 주장한다.

소라치(空知)민중사강좌는 슈마리나이에서 했던 유골발굴 운동도 홋카이도에서 일어난 민중사 발굴운동을 계승한 것이었다. 나는 전쟁과 식민지 지배라는 가해의 기억을 불러일으키는 것은 전쟁 지도자의 책임을 밝히는 과제일 뿐만 아니라, 일본민중 스스로에게 있어서 자기 인식을 심화하기 위한 필수불가결의 프로세스라고 생각한다. 즉 우리들은 도대체 자신이 무엇인가를 알 필요가 있다. 나는 나의 과거가 집적된 위에서 과거의 기억을 계승하며 자기 형성을 한다. 그 일부가 결락되어 있으면, 나는 내가 누구인지 모른 채, 계속 생활하게 된다. 어느 순간, 아시아의 사람들과 만나서 과거의 전쟁에 관해 지적을 받아서 아무런 답을 못 해도 편안하게 있을 수 있을까. 우리들이 자기들의 과거를 반성적으로 되돌아볼 수 없으면, 아시아에 대한 화해도 우정도 키워갈 수 없을 것이다.

8. 죽은 사람에게 편지를 쓰다

1976년 말, 우리들은 우류댐이 있는 호로카나이(幌加内)정의 행정부서를 방문하였다. 그 창고에 잠들어 있는 전쟁기의 '매화장 인허증(埋火葬認許証)'을 조사하기 위해서였다. 거기에는 우류댐 공사와 메이우(名雨)선 철도공사의 희생자 기록이 있었다. 그때 발견된 희생자는 110명인데, 그 중 15명이 한인이었다. 매화장 인허증에는 한국의 본적지가 기재되어 있어서 유족에게 연락할 수 있지 않을까 생각했다. 아직 일본에서도 해외여행이 어려운 시기였기에 한국에 간다는 것은 생각할 수 없었다. 채만진 씨가 본적지에 편지를 보내보자고 했다. 사망자 본인 앞으로 편지를 쓰자고 한 것이다. 당사자가 슈마리나이에 연행 당해 희생된 지 30년 이상이 지났다. 본인이 없는데 그 사람의 고향에 편지가 전달될지 의문이었다. 1977년 2월 17일, 본적지가 확인되는 14통의 편지를 발송하였다(1명은 본적지 불명).

3월이 되자 차례대로 답이 왔다. 유족이 받고 답을 준 것이다. 7통의 답신을 받고 채만진 씨는 울면서 편지를 읽었다.

〈희생자 1〉

매화장 인허증 기록 : 우메모토 정룡(梅本正龍), 1943년 1월 4일 사망, 19세, 변사, 폐내출혈.

유족 답신: 수십 년의 세월이 흘러서 언제 어디서 어떻게 죽었는지 알 길이 없었는데, 오늘이 되어서야 편지를 받고 감격했습니다. 일본에 있는 동포 여러분의 수고에 진심으로 감사드립니다. 우메모토 정룡의 가족 친족은 일본에 있는 동포 여러분의 염려 덕분에 농업에 종사하고 있습니다. 상세하게 조사해야 할 일이 있으면, 편지를 주시면 바로 연락드리겠습니다.

대한민국 경남 창녕군 (하략) 우메모토 정룡의 본가 진사영(陳四永)

〈희생자 2〉

매화장 인허증 기록: 김팔암(金八岩), 1942년 3월 7일 사망, 33세, 병사.

유족의 답신: 편지를 받고 감개무량하여 눈물만 복받치는 기분입니다. 슈마리나이에서 사망한 부친에 대한 내용은 아무 것도 모릅니다. 어떤 사정인지 전혀 이해가 되지 않으니, 구체적으로 내용을 알려주시면 감사하겠습니다.

대한민국 경상북도 경산군 (하략) 김성렬(金聲烈)

편지를 보내서 답을 받은 한국이 어떤 나라인지, 유족이 어떻게 살고 있는지, 모두 상상도 할 수 없었지만, 거기서 답장이 왔다. 30년 이상이나 과거 일본에 강제 연행되어 극한의 땅 홋카이도에서 죽은 친족의 행방을 찾는 사람이 있다는 것을 전하는 편지였다.

일본에서도 전쟁이 끝난 1945년부터 NHK 라디오에서 '사람찾기 시간'이란 프로그램이 있어서, 중국 대륙이나 사할린에서 헤어진 채 소식 불명이 된 사람을 찾는 기회가 되었다. 그 프로그램이 시작되면 중국이나 한반도에서 생활했던 경험이 있는 사람들은 귀를 기울였고, 많은 일본인들에게 전쟁의 기억을 불러일으키는 음성을 들었다. 그러나 그 건너편에 중국, 한국·조선 사람들의 아픈 피해가 남아있다는 것까지 신경 쓴 사람은 적었다. 그 방송 프로그램은 1962년에 끝났는데, 1956년에는 "이제 전후(戰後)가 아니다"라는 경제 기획청의 「경제백서(白書)」의 구절이 유행어가 되었고, 그 해 소련과 일본의 국교 회복 및 국제연합 가맹이 실현되었다. 전쟁의 기억은 단번에 과거 저 너머로 보내졌다.

전쟁의 기억을 잊고 살던 일본인이 다시 그 기억을 되살리게 된 계기는 1981년부터 시작된 '중국 잔류고아'⁴⁾의 조사와 그 육친 찾기를 위한 방일 사업이었다. 역사의 장난에 의해 중국인 손에서 자란 그 사람들이 나의 유년시대와 겹쳐지게 되어, 나는 '잔류 고아'가 방일한다는 TV보도를 계속 보게 되었다.

우리들이 한국의 유족으로부터 받은 편지는 '사람찾기 시간'이 끝나고 중국 잔류고아가 일본 사회에 등장하는 그 중간의 시점이었다. 전쟁과 식민지 지배의 기억은 전후의 일본인에게 잊으려 해도

---

4) 1945년 8월 이전 중국 및 만주에 거주하던 일본인들은 일본의 패전과 동시에 모두 귀환하지 않으면 안 되었으나, 그들 중에는 피치 못할 사정으로 아이를 중국인 가정에게 맡겨 둔 채 귀국한 사람들도 많았다. 당시 중국인 가정에 위탁해 둔 일본인 자녀들을 '중국 잔류고아'라고 불렀다(역자 주).

간헐천과 같이 때때로 기억이 되살아나 잊을 수 없는 것이었다. 그 기억에 가해의 역사를 불러 깨우고자 하는 것이 민중사 운동이었으며, 그 과정에서 땅속에 있던 희생자 유골을 발굴했다. 그리고 한국에서 그들이 돌아오기를 기다리는 유족의 존재가 보이기 시작했다. 우리들은 '소라치 민중사를 말하는 모임'이란 명의로 유족들에게 다시 편지를 보냈지만, 그 편지에는 누구도 답을 주지 않았다. 전번의 답신 내용으로 판단하면 이상하다고 여겼으나, 나중에 생각해보니 당시 한국에서는 일본인에 대한 불신감이 강하여 일본인의 편지에 반응을 하지 않은 것이 아닌가 한다.

9. 한국의 유족을 방문하다

슈마리나이에서 강제노동 희생자의 유골을 발굴한 우리들은 일본인 희생자의 본적지에도 연락하여 유족을 찾아냈다. 몇 사람의 유족이 슈마리나이에 와서 유골 중 하나를 자기 친족의 유골로 여기고 가지고 갔다. 한국의 유족에게도 유골을 전달할 수 없을까 하고 생각했다. 두 번째 편지에 답을 받지 못한 우리들은 이렇게 되면 이쪽에서 갈 수밖에 없다고 생각했다. 1982년 10월, 나와 친구인 승려 2명은 답신이 온 7명의 주소에 의지하여 한국행 비행기를 탔다. 한국의 불교 승려인 윤만영(尹萬榮) 씨가 우리를 안내해 주었다. 코스모스가 피어있는 길을 자동차로 달려가 처음 방문한 유족은 가장 먼저 답장을 준 진사영 씨였다. 경상북도의 산골 마을에 있는 그의 집은 마을에서도 가장 안쪽에 위치해 있었다. 윤만영 씨를 통해 미리 방문을 알렸지만 진사영 씨는 없었고 부인으로 보이는 여자가 나왔다. 진씨는 옆 마을에 갔다고 무표정하게 대응했다.

우리가 가져간 일본의 선물도 받지 않겠다고 하였다. 나중에 들으니, 일본인이 와서 유골을 주고 돈을 뜯어간다는 소문이 돌았다고 한다. 일본인에 대한 경계심을 풀 수 있는 시절이 아니었다. 다음으로 김성열(金聲烈) 씨 집을 방문하였다. 여기도 굉장한 산골이었다. 이런 산골까지 강제동원을 하였구나라고 생각했다. 하지만 김성열 씨도 집에 없었다. 그런데 갑자기 한복을 입은 노인들에게 둘러싸여 질문 공세를 당했다. "너희들은 일본인이지. 왜 왔는가. 일본은 강제징용에 아무런 사죄도 보상도 하지 않는다. 어떻게 할 것인가" 등등. 윤 스님이 말려서 겨우 진정되었고, 재빨리 그 자리를 빠져나올 수밖에 없었다.

1주일간의 여행을 마치고 나리타(成田) 국제공항에 내린 우리들은 긴장에서 해방되어 로비의 의자에 한참 동안 앉아 있었다. 귀중한 경험을 하였다. 한국의 희생자 유족들의 분노와 슬픔은 얼음처럼 굳어 있었다. 그들의 목소리를 일본인에게 전해야겠다고 생각했다. 그러나 군사정권 통치하의 한국에 다시 가고 싶은 마음은 없었다.

10. 새로운 만남이 열어주는 새로운 시대

채만진 씨는 1984년에 73세의 나이로 타계하였다. 민중사 운동을 통해 10년도 안 되는 만남이었지만, 우리들과 그와의 인간관계는 그 후 한인과의 만남에 기초가 되었으며, 화해와 우정의 길잡이가 되었다. 채만진 씨는 인간미가 넘치는 사람이었다. 그는 민중사 운동에 참가한 직후인 1977년 여름에 요청에 의해 다음과 같은 자신의 마음을 담은 글을 남겼다.

여러분에게

나의 지금까지의 인생은 고난에 찬 것이었습니다.

특히 한인이라고 하여 심한 처우를 받아, 지금 돌이켜보면 정말 잘
견디며 살았구나라고 여길 정도입니다.

수많은 동포들이 목숨을 잃었습니다.

나는 언제나 스스로에게 정직하게 살았습니다.

이런 삶은 틀림이 없다고 생각합니다.

나는 지금 확신을 가지고 여러분에게 전하고 싶습니다.

그것은 인간은 모두 평등하다는 것입니다.

거지도 위인도 신분이 달라도 평등합니다.

평화의 우정에 국경은 없습니다.

내가 살아온 과정을 들은 일본의 고등학생이 "일본인에게 원한을
갖고 있지 않나요"라고 나에게 물은 적이 있습니다. 나는 그때 "없
다. 우리들이 고생했던 시대에는 너희들의 아버지 어머니도 똑같이
고생했다"라고 답해주었습니다.

이것은 진실이라고 실감합니다.

자기 개인을 위해서가 아니라, 같이 일하는 동료들을 위해 동포들
을 위해 이웃을 위해 행하는 것은 언젠가는 반드시 자기에게 돌아
옵니다.

채만진

식민지 지배의 피해자인 그가 일본인에게 해 준 말에 많은 사람
이 감동하였다. 그러나 일본과 한국의 시민이 새로운 만남을 만들
기 위해서는 새로운 시대의 변화가 필요했다. 1990년대에는 한국의
민중이 쟁취한 민주화 시대가 도래하였고, 일본은 새로운 시민운동
이 성장하는 것을 기다리지 않으면 안 되었다. 양국 시민이 교류와
대화를 하는 시대가 막을 연 것이었다. 일본 시민운동에 변화가 발
생한 것은 한국으로부터 시그널을 받았기 때문이다.

1970년대부터 센다 카코(千田夏光) 씨 등의 저작도 있었지만, 1990

년의 한국정신대문제협의회의 발족과 1991년의 일본군위안부 피해자 김학순 씨 등 35명의 소송이 서로의 운동이 고양되고 교류하는 계기를 만들었다. 1982년의 유족방문 이래, 한국과의 관계가 끊어진 우리들도 1989년 가을에 한국의 민주화 운동 출신의 청년들과 만나서 새로운 교류를 시작했다. 1992년에는 2구의 강제연행 희생자 유골을 한국의 유족에게 반환하고 망향의 동산에 묻었다. 1997년에는 일본과 한국·재일 한인 청년학생들이 슈마리나이에 모여서 합숙을 하면서 감옥방 노동자와 강제동원 희생자의 유골을 발굴하는 '한일 공동 워크숍'(2001년부터는 동아시아 공동 워크숍으로 개칭)이 시작되었다. 언제부터인가 한류 붐이 선풍을 일으켜 일본 내에 한국어 교실이 생기고 양국의 관광객이 활발하게 오고 가는 시대가 되었다. 1980년대에 상호 교류가 곤란했던 시대를 돌이켜보면 격세의 감이 있다. 얼핏 보면 시대가 바뀐 것 같으나 해결되지 않은 과제가 산적되어 있다.

먼저, 북한과의 관계는 아직 국교 회복을 하지 않은 채 긴장을 하고 서로 견제하는데 개선의 조짐이 보이지 않는다. 한인에 대한 편견은 한국으로부터 벗어나 북한에 집중되어 있다. 그것은 재일 한인에 대한 편견이 민족학교에 대해 수업료 무상화를 실시하지 않는 정부의 방책에서 표명되고 있다. 우익의 언설은 시민운동의 형태를 가장하면서 재일 한인들에게 거침이 없이 악행을 가한다. 현대의 인종차별주의는 그칠 줄 모른다. 일본군 위안부문제는 나눔의 집 할머니들이 1,000번이 넘게 데모를 하고 동상을 세워도 일본정부는 성실하게 대응 하려고 하지 않는다. 우리들이 2003년 이후 열심히 해 온 한인 강제동원 희생자의 유골 문제에 대해서도 일본정부는 해결을 하고자 하는 의욕을 보이지 않고 있다.

동아시아 민중들 사이에 역사 화해와 평화를 구축하기 위해 우리들은 무엇을 시도해야 할까. 하나는 더욱 긴밀하게 시민들 사이의 교류를 진행해야 한다는 것이다. 동아시아 공동 워크숍은 1997년 시작한 이후 강제동원 희생자의 유골 발굴을 공동 테마로 하여 매년 여름과 겨울에 계속 개최하다 보니 벌써 30회가 넘었다. 연인원 2천 명이 넘는 일본, 한국, 재일 한인 청년들이 워크숍을 통해 우정을 나눴다.

유골 문제 해결을 위해 2003년에 홋카이도에서 결성된 시민단체 '강제연행·강제노동 희생자를 생각하는 홋카이도 포럼'5)은 신앙과 민족을 초월하여 일본에 사는 시민들의 운동으로서 계속되고 있다. 유골 문제를 둘러싸고 한국의 시민운동이나 종교단체와의 연계가 이루어지고 있다.

이상에서 언급한 것은 우리들이 계속 진행하고 있는 소박한 시민운동이다. 그러나 작지만 다양한 시민운동이야말로 중요하다. 운동과 운동이 연계하는 가운데에서 정부의 규제나 국경의 높은 벽을 넘어야 하는 운동이 생성될 것이다. 다양한 시민운동과 과제를 공유하면 강력한 시민운동 연합체가 만들어질 것이다. 역사 화해를 위해서는 말할 것도 없이 국가의 역할이 중요하다. 일본정부가 자국과 아시아의 역사를 진지하게 되돌아보고 아시아 국가들에게 과

---

5) '강제연행·강제노동 희생자를 생각하는 홋카이도 포럼'은 2013년 2월 5일 홋카이도 삿포로(札幌)시에서 결성되었다. 이 단체는 아시아태평양전쟁 동안 희생된 한인 및 중국인 강제동원 피해자의 유골을 조사하여 유족에게 돌려주는 활동을 목적으로 하고 있다. 도노히라 요시히코(정토진종 일승사 주지), 고가 기요타카(古賀淸敬, 일본 기독교회 목사), 석점명(席占明, 홋카이도 화교총회 회장), 채홍철(조선총련 홋카이도위원회 부위원장), 설진철(한국민단 홋카이도지부 국제부장)이 공동으로 대표를 맡고 있으나, 실질적인 리더는 도노히라, 채홍철 두 사람이다. 특히 채홍철 씨는 이 글에서 소개된 채만진 씨의 아들이다(역자 주).

거에 관한 사죄가 포함된 외교를 진행할 필요가 있다. 그에 관한 책임이 있는 기업도 스스로 과거에 범한 역사에 대해 성의를 보일 것을 요구하고 싶다.

그것을 위해서는 움직이려 하지 않는 정부나 기업에 대한 비판이 필요한데, 역사 화해에 대한 시간표를 제시하고 시민운동도 정부나 기업과 함께 아시아를 향해 그 역할을 맡아 같이 진행하는 운동을 해야 한다. 화해와 평화를 위해 종교단체가 해야 할 역할도 크다. 우리들은 종교단체나 정부 및 기업과 같이 전쟁과 식민지 지배라는 역사의 그늘에 있는 아시아의 과거와 맞서 아직도 한을 안고 있는 사람들에 대해 각각 해야 하는 역할을 자각하는 것이 필요하다. 그 종착역이야말로 국경을 초월한 공동체의 가능성이다. 단지 경제적 연대만이 공동체의 요건이 되는 것은 아니다.

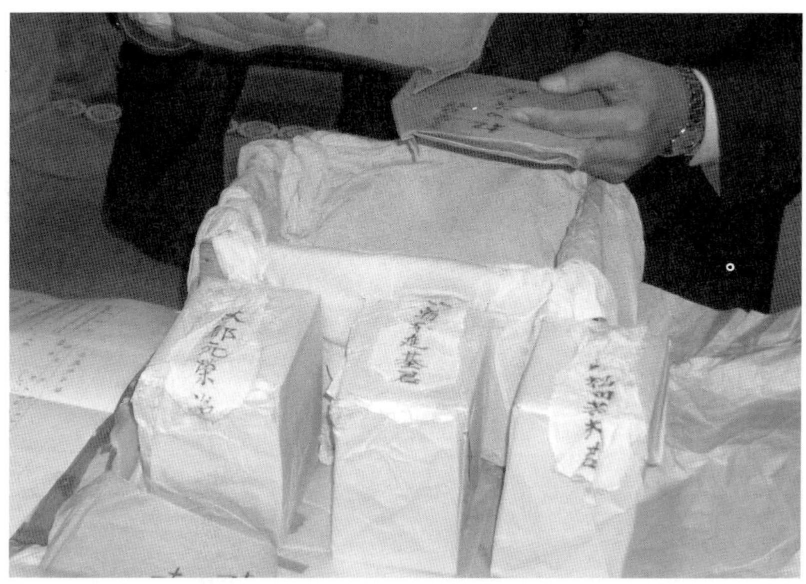

〈자료 1〉 무로란(室蘭)제철소 피동원 징용자 유골(2005년 5월 23일)

〈자료 2〉 홋카이도 아사지노(淺茅野)구 공동묘지 유골 발굴 현장(2006년 8월)

〈자료 3〉 치자키구미 피동원자 유골(서본원사 삿포로 별원 보관)과
유족(2010년 4월 10일)

〈자료 4〉 슈마리나이(朱鞠内)의 심메이(深名)선 철도공사 및 우류(雨竜)댐 공사
중의 사망자 위패를 모신 고겐(光顯)사 본당 건물(2005년 10월)

강제동원 기업을 대상으로 한
전후보상 운동의 경과와 의의

야노 히데키(矢野秀憙)*

1. 전후보상 운동과의 만남

1) 나의 평화운동

나는 학생시절(1970~75년)부터 전쟁반대·평화 운동에 참가했다. 그 시대에 내가 참가했던 운동은 베트남 반전운동, 원수폭 금지운동(대학 1학년부터 4학년까지 매년 히로시마(廣島)와 나가사키(長崎)에서 개최된 원수폭 금지 세계대회에 참가하였다), 일본의 군사력 증강정책 반대운동(나이키 미사일 기지건설 반대투쟁 등), 미일 안보조약 반대투쟁, 미군통치하의 오키나와(沖繩) 반환 요구 운동 등이다.

1975년부터 지방자치단체에 근무하게 된 이후, 임금 인상 및 노동조건 개선운동이나 민간 노동자의 해고 반대투쟁 지원 등에 진력하는 한편, 계속 평화운동에도 참가하였다. 핵무장의 의도를 숨기고 진행된 일본의 원자력발전 정책이나, 미·소의 중거리 핵미사일

---

* 일본 '기업의 강제동원 책임추궁 재판 전국네트워크' 사무국장. 평화운동가.

배치 및 자위대 해외 파병에 반대하는 운동을 전개하였다.

나는 평화를 구축하여 국민의 평화적 생존권을 지키기 위해, 또한 일본이 아시아를 재침략하는 것을 저지하기 위해 평화운동은 필요하다고 생각하였으므로, 운동의 한 축을 맡아 왔다. 재침략을 저지하기 위한 운동으로서는 자위대 해외파병의 움직임, 그 첫걸음으로서 일본정부가 내건 국제연합의 PKO(Peace Keeping Operation) 참가를 반대하는 투쟁을 전개하였다. 필리핀에서『제2의 침략』을 저술한 역사학자 레나트 콘스탄티노 씨를 초청하여, '일본의 동남아시아 재침략(신식민지주의)'의 실태를 듣고, 군사 침략을 저지하는 투쟁의 의의를 구체적으로 재확인하였다.

우리들은 과거 일본의 침략과 식민지 지배에 대한 반성 위에서 운동을 하고 있었다. 그러나 그 운동은 일본제국주의가 행한 침략과 식민지 지배의 피해를 시야에 넣어서 한 것은 아니었다. 피해자와의 직접적인 접촉과 교류도 없었다. 나의 학생 시절에 한국에서 피폭자 손진두(孫振斗) 씨가 도항(1970년 12월에 '밀입국')하여 피폭자로서의 치료를 요구하는 투쟁을 하였는데, 그 지원 운동을 했던 기억이 있다. 그러나 그때도 손씨와 만난 적은 없었다.

그와 같은 나의 평화운동에 일대 전기를 가져온 것은 한국의 일본군위안부 출신 할머니 및 징용공 출신자와의 만남이었다.

2) 전후보상 운동에 대한 관여 방식

1990년대 초 냉전이 끝나고, 한국 등에서 군사독재 체제가 붕괴하자, 과거 일본의 침략 전쟁 및 식민지 지배의 피해자들이 그 피해에 대한 사죄와 보상을 요구하며, 일본 재판소에서 차례대로 전후보상 재판을 제소하였다. 피해자들은 자신들의 요구를 봉쇄했던 일본정부, 기업에 대해 분노를 표명하기 시작했다. 일본이 해외 파병을 결정하고(걸프전쟁에서의 기뢰제거 활동, PKO법 제정과 캄보디아 PKO 참가), '재침략'의 길을 걷지는 않을까 하는 위기의식과 불안이 피해자로 하여금 전쟁책임을 추궁하는 행동에 나서게 하였다고 추측된다.

나는 1991년에 일본군위안부 출신 할머니들의 증언을 듣고, 일본이 조선에서 한 식민지 지배가 무엇이었는지 처음 알게 되었다. 실은 그때까지 나는 '종군 위안부'라는 말을 알고는 있었지만, 전장에서 여성들이 어떤 일을 당했는지, 그것이 얼마나 심한 범죄였는지를 몰랐다. 한인 강제연행에 대해서도 당사자들이 얼마나 피해를 입었는지에 대해 거의 무지한 상태였다. 또한 전쟁 배상에 대해서는 알고 있어도 전쟁 피해자가 개인 보상을 요구하는 권리가 있다는 지식도 없었다. 그런 내가 살아있는 피해자들의 증언을 통해 처음으로 일본이 과거에 했던 침략과 식민지 지배의 사실과 마주하게 되었다. 그리고 피해자가 아무런 보상을 받지도 못하고 방치된 채, 오랫동안 전쟁 종결 이후를 살아왔다는 것을 알게 되었다.

1970년에 대학에 입학한 나는 1965년의 한일조약 반대투쟁을 경험하지 못했다. 한일 기본조약 및 청구권협정을 체결한 것으로 일본과 한국의 국교는 정상화되었지만, 그로 인해 무엇이 해결되었고 무엇이 미해결인 채 남아 있는지를 알지 못했다. 그러나 피해자들의 증언에 의해 한일협정에서 '청구권' 문제가 결착이 났다는 설명이 거짓말이라는 것을 알았다. 나는 피해자들의 증언을 듣고 배우기 위해 증언 집회에 참가하였고, 또한 재판지원 단체가 주최하는 데모에도 참가하였다. 그것이 나의 전후보상 운동의 첫걸음이었다. 그 후 내가 소속한 평화 단체에서 한국에서 이희자(태평양전쟁피해자보상추진협의회 공동대표-역자) 씨 등 강제연행 피해자 유족을 초청하여 전후보상 문제를 실현하기 위한 집회를 개최하고 또한 재판투쟁 지원을 시작하였다. 그리고 이러한 경험을 바탕으로 나는 1995년에 일본제철 주식회사[1] 징용공 출신자의 재판에 관여하기 시작했다. 변호단의 편성, 길게 계속될 재판 투쟁을 지원하는 모임과 재정 기반을 만드는 일 등을 하게 되었다. 이로 인해 나는 본격적으로 전후보상 운동에 뛰어들었다.

전후보상 운동에 참가한 후, 나는 내 나름대로 이 운동에 관여하는 의미를 생각했다. 나는 무엇보다도 이 운동은 일본 평화운동의 빠진 부분을 메우는 싸움이라고 생각했다. 평화를 조성하기 위해서는 (1) 전쟁을 미연에 방지하는 투쟁(군축·군비 폐지, 무방비 지역 운동), (2) 진행하는 전쟁을 멈추는 싸움(반전 운동, 전쟁범죄 추궁), (3) 전쟁을 발발시킨 책임을 추궁하는 투쟁(전범 처벌, 피해자 보상) 등이 불가결하다. 전후보상은 (3)에 관련된 노력인데, 일본의 평화운동은 거의 이 과제를 취급하지 않았다.

나는 1965년 한일기본조약 및 청구권협정을 반대하는 투쟁에는 직접 참가하지 않았다. 한국 민중은 이 반대투쟁에서 일본 식민지 지배의 책임을 물었고, 기본적으로 일본에게 배상을 요구하였다. 그러나 일본에서의 투쟁은 '일본의 아시아 재진출 반대'를 전면에

---

1) 1934년 일본제철 주식회사법을 근거로 야하타(八幡)제철소, 와니시(輪西)제철, 가마이시(釜石)광산, 후지(富士)제강, 미쓰비시(三菱)제철, 규슈(九州)제강의 5개 회사를 합병하여 설립한 일본 최대의 제철 회사였다. 아시아태평양전쟁 시기에 부족한 노동력을 보충하기 위해 한인을 동원하였다. 패전 이후 새로운 법인 신일본제철 주식회사(현재 신일철주금)로 재출발했지만, 구 일본제철의 공장을 그대로 계승하고 있다. 1965년 한일 청구권협정 체결 이후, '대 한국 경제지원'의 일환으로 포항제철의 설립 과정에서 절대적인 기술 지원을 하였다. 한국인 강제동원 피해자들이 강제노역과 미불임금 지불에 대해 사죄와 보상을 요구하는 소송을 진행 중이다(역자 주).

내세운 것이며, 한국의 민중이 요구하는 일본의 식민지 지배·전쟁에 의한 피해에 대한 보상 요구는 거의 관심을 두지 않았다. 그 한일조약 반대투쟁 속에서 걸린 현수막 슬로건으로 "보쿠(朴의 일본어 음)에게 줄 것 같으면 보쿠(僕: 남자의 자기 지칭)에"라는 것이 있었는데, 그것으로 이 운동의 수준을 알 수 있다. 한일 민중은 같이 한일조약 반대를 내걸고 싸운 것 같지만, 서로 마음이 교차된 적은 없었다.

과거에 히로시마(広島)의 피폭 시인인 구리하라 사다코(栗原貞子)는 「히로시마라고 말할 때」(1976년 3월)에서 이렇게 노래했다.

'히로시마'라고 말할 때
'응 히로시마'라고
친절하게 답이 오겠는가

'히로시마'라고 하면 '진주만'
'히로시마'라고 하면 '난징(南京) 학살'
'히로시마'라고 하면 여자와 어린이를 참호 속에 넣고 휘발유를
부어 불지른 마닐라의 화형
'히로시마'라고 하면
피와 불덩이가 돌아온다

'히로시마'라고 하면
'응 히로시마'라고 쉽게는 돌아오지 않는다.
아시아 나라들의 죽은 자들과 무고한 사람들이
한꺼번에 침범 당한 사람들의 분노가 분출한다.

히로시마'라고 하면
'응 히로시마'라고 친절하게 돌아오게 하기 위해서는
한번 버렸던 무기를 정말로 버리지 않으면 안 된다.

타국의 기지를 철거하지 않으면 안 된다.
그 날까지 히로시마는
잔혹과 불신으로 쓴 도시이다.
우리들은 방사능으로 불태워진 천민이다.

'히로시마'라고 하면
'응 히로시마'라고 친절한 목소리의 답이 돌아오기 위해서는
우리들은 더럽혀진 손을 청결하게 하지 않으면 안 된다.

구리하라(栗原)는 이 시에서 '난징 학살'이나 '마닐라의 화형'은 언급하고 있지만, 조선에 대한 식민지 지배와 그 아래에서 일어난 전시 강제동원 등은 언급하지 않았다. 그러나 구리하라는 전쟁에 대해서 히로시마와 나가사키(長崎)의 원폭 피해, 폭격에 의해 불탄 들판밖에 기억하지 못하는 일본인의 역사 인식이라든지, 피해국 및 그 민중과의 관계에 대한 한계, 전쟁책임 의식의 희박함을 지적하고, 그것을 극복할 필요성을 호소하였다.

일본의 평화운동에서는 전쟁이라고 하면, 히로시마, 나가사키의 원폭피해였으며, 도쿄 공습이었으며, 시베리아 억류였다. 그러니 보상운동이라고 하면 그 피해자들을 구제하는 것이었다. 일본이 일으킨 전쟁의 가해 실태와 아시아의 전쟁 피해자들은 거의 보지 않았던 평화운동이었다고 할 수 있다. 구리하라는 그것을 고발하고자 이 시를 썼다. 그리고 히로시마라고 말했을 때 "아아 히로시마"라고 친절한 응답을 받을 때까지 "우리들은 우리들의 더러워진 손을 청결하게 하지 않으면 안 된다"고 말했다. 그렇게 하지 않으면 가해국과 피해국의 민중 사이에서 신뢰를 구축할 수 없고, 손을 맞잡고 평화를 위해 싸울 수도 없다고 그는 생각한 것이다.

전후 세대인 나는 자기의 손이 '더러워졌다'고는 생각하지 않았지

만, 단지 구리하라의 이 시에는 깊은 공감을 느꼈다. 일본의 전쟁 책임을 인정하고, 전후 책임을 져야 한다는 의무, 그것을 일본의 평화운동이 받아들이지 않으면 안 된다. 그리고 그를 위해서는, 무기를 정말 버린다든지, 미국의 기지를 철거할 뿐만 아니라, 전쟁 피해자에 대한 개인보상을 실행하지 않으면 안 된다. 이를 하지 않으면 일본과 아시아 간의 진정한 평화 구축은 할 수 없다.

그리고 나는 이와 같은 운동을 조직하는 과정에서 일본 국민의 의식을 "두 번 다시 전쟁하는 것은 싫다" "질색이다"가 아니고 "그와 같은 전쟁은 하면 안 된다"라는 의식으로 전환시키는 것이 가능하지 않을까라고 생각했다. 지금 일본인들이 그 의식의 전환을 얼마나 할 수 있을지 의문이지만, 적어도 그 계기를 이 운동이 제공하였다고 생각한다.

2. 곤란 속에서 진행된 운동-나의 경험

전후 반세기가 지나서 전개된 전후보상 소송은 곤란한 상황하에서 진행되었다. 내가 관여한 재판도 예외가 아니었다. 1995년부터 나는 구 일본제철 가마이시(釜石)제철소 징용공의 소송 지원 운동에 참가하였다. 이후에도 구 일본제철 오사카(大阪)제철소 징용공의 소송(1997년 제소), 재한 군인군속 출신자 재판(2001년), 한국인 야스쿠니 합사(靖国合祀) 취소소송2)('NO합사', 2007년)에 관여하면

---

2) 한국인의 야스쿠니 합사(靖國 合祀)란, 1938년 이후 아시아태평양전쟁에서 일본의 전쟁에 군인이나 군속으로 동원되었다 사망한 한국인을 1945년 해방 이후에도 과거 일본제국의 침략전쟁 전사자를 기리는 야스쿠니 신사(靖國神社)의 제신 명부에 포함시킨 것을 의미한다. 그 합사 취소 소송은 이미 독립 국가의 국민이 된 한국인을 계속 야스쿠니 신사에서 합사하는 것은 모순이며 유족의 추도 권리를 무시하는 것이라는 취지에서 제기된 것이다. 이 소

서, 각각의 지원 운동에서 일익을 담당했다. 이들 재판에서 일본 사법부는 피해자 원고의 청구를 전부 기각하였다.

그들 재판투쟁의 경과에 대해서는 각각 지원단체의 책임자가 본서에 투고하고 있으므로, 내가 관여하는 운동 중에서 중복되는 것은 피하고자 한다.

1) 내가 관여한 전후보상 재판-신일본제철과의 교섭

1995년에 제소한 구 일본제철 가마이시제철소 소송에서 일본제철의 후계회사인 신일본제철 주식회사(신일철)는 1997년에 원고와 합의를 보았다. 그것은 징용 피해자의 유족인 원고가 사망한 부친과 삼촌 등의 유골을 반환해달라고 요구한 것에 대해 답을 주지 못한 신일철 측이 결국 원고들에게 '위령금(慰靈金)' 명목으로 200만 엔(円)을 지불하는 것으로 '합의'를 하자고 결단했기 때문이다.

그러나 신일철은 스스로 원해서 합의를 한 것이 아니다. 신일철은 일관되게 패전 이전의 일본제철과 신일철은 별개의 회사라고 하여 스스로의 법적 책임을 인정하려고 하지 않았다. 그러나 원고 측이 진행한 사실조사로 책임을 피할 수 없게 되었으며, 다른 한편에서 '도쿄 총행동'과 같은 사회적 책임추궁을 하는 시민운동에 떠밀려서 합의를 할 수밖에 없는 지경에 이르렀다. 하지만 이 합의는 강제연행 관련의 소송에서 최초로 얻은 성과로서 획기적인 의의를 가지는 것이었다. 사실 이 일본제철 소송에 연동하여 그 후의 일본강관 주식회사 소송3), 후지코시(不二越)제강 주식회사 소송4)도 합

송은 1심에서 패소했지만, 항소하여 현재 도쿄 고등재판소에서 계속 중이다 (역자 주).

3) 일본강관은 현재 NKK로 통칭되고 있는 철강 대기업으로서, 1912년 가나가와(神奈川)현 가와사키(川崎)시에 설립되었다. 1934년의 일본제철 설립에 참가

의를 받아낼 수 있었다.

그리고 합의가 이루어진 직후, 1997년 12월에는 구 일본제철 오사카제철소에 강제징용 당했던 피해자 여운택(呂運澤), 신천수(申千洙) 씨가 오사카 지방재판소에 새로운 소송을 제기했다. 원고의 지원단체는 법정에서 일본정부와 신일철의 법적 책임을 추궁하고 미불임금의 반환과 보상을 요구하는 한편, 가마이시 소송에서 한 것처럼 합의를 이룰 가능성도 남겨두었다. 그 때문에 오사카 지방재판소의 구두변론 전후에 원고는 도쿄의 신일철 본사까지 가서 대화를 통한 문제 해결의 압박을 가했다. 가마이시 소송과 마찬가지로 '도쿄 총행동'과 같은 사회적 비판과 책임 추궁하는 행동도 전개하였다.

그러나 신일철은 오사카 소송에서는 완강하게 합의에 응하지 않았다. 그 이유를 신일철 총무과 담당자에게 질의하니, 다음 2가지의 이유를 표명하였다. 첫 번째는, 오사카제철소는 패전 이후 일단 매각되어서 완전히 별도 회사가 된 경위가 있으므로 책임을 질 이유가 없다.[5] 두 번째는 1997년 9월에 합의를 하였을 때, 이사회에

하지 않고 다수의 강관회사를 합병하는 사업을 추진하였다. 아시아태평양전쟁 시기에 노동력 부족으로 약 3,000명의 한인을 동원하였는데, 당시로서는 차별 대우에 저항하여 한인 노동자들이 파업한 유일한 군수공장이었다. 일본강관 소송은 1999년 4월에 한국인 원고와 피고 회사가 합의를 보았다(역자 주).

4) 후지코시제강은 1928년 도야마(富山)현 도야마(富山)시에 설립되었으며, 지금도 특수 철강으로 절삭공구, 베어링을 생산하고, 산업용 로봇도 제조하는 중견 기업이다. 후지코시는 아시아태평양전쟁 시기 '여자근로정신대'로 한인 소녀 1,089명을 동원하여 강도 높은 노동을 시켰다. 1992년 한국인 피해자가 미불임금 보상 소송을 제기하여 2000년에 피고 기업과 합의를 하였다. 2003년에 피해자 23명이 2차 소송을 제기하였지만 2010년 2심에서 패소하였다(역자 주).

5) 일본제철 오사카제철소는 1949년에 분리하여 오테쓰(大鉄)공업 주식회사로

서 이견이 나왔지만, "앞으로 같은 재판이 일어나지는 않을 것"이라고 설득하였다. 그런데, 다시 소송이 일어났다. 따라서 이번에는 어디까지나 재판으로 결착을 내고자 한다라는 것이 신일철의 명분이었다.

신일철과의 교섭을 담당했던 나는 원고를 동반하여 신일철 본사를 찾아가 담당자에게 합의 협의를 할 것을 제안하였다. 그리고 기회를 보아 담당자와의 대화를 계속하면서 설득하였다. 이런 가운데, 2000년 11월, 중국인 강제연행 · 하나오카 소송에서 피고회사인 가시마(鹿島)건설6)과 원고 사이에 아래와 같은 합의가 실현되었다. ① 가시마가 하나오카(花岡)에서 피해를 입은 사람들에게 위령하는 마음의 표시로서 5억 엔을 중국홍십자(紅十字)회에 신탁한다. ② 이 5억 엔을 '하나오카 평화우호기금'으로 관리하고 피해자들에 대한 위령과 추도 등의 자금에 충당한다.

이상은 1990년 7월 5일의 '공동 발표'7)를 재확인하는 내용이었다. 재판 원고뿐만 아니라, 하나오카(花岡) 사건8)의 전 수난자에 대해

된 후, 1951년 야하타(八幡)제철이 1955년에는 후지(富士)제철이 자본 참가를 하여, 1978년에는 오사카제철 주식회사로 명칭 변경하였고, 그리고 1990년에는 신일철의 완전한 자회사가 되었다(역자 주).

6) 1880년에 가시마 이와조(鹿島岩蔵)가 도쿄에서 창립한 가시마구미(鹿島組)를 원조로 하는 일본의 대형 건설회사. 1947년에 가시마건설 주식회사(鹿島建設株式会社)로 회사명을 변경한 후, 주로 고층빌딩을 건설하는 사업에 주력함. 일본의 대표적인 대형 건설사 중 하나로서 본사는 도쿄의 아카사카(赤坂)에 위치함(역자 주).

7) 1990년 '공동 발표'의 골자: ① 중국인이 하나오카에서 피해를 입은 것은 일본정부의 강제연행 · 강제노동에 기인하는 역사적 사실이며 가시마는 기업으로서도 그 책임이 있다고 인식하고, 깊게 사죄의 마음을 표한다. ② 가시마는 이 문제가 쌍방 대화에 의해 해결하고자 노력하지 않으면 안 된다고 인정한다. ③ 쌍방은 '전사불망 후사지사(前事不忘後事之師)'의 정신으로 협의하고 문제의 조기 해결을 도모한다(역자 주).

8) 태평양전쟁 말기였던 1944~45년, 일본 아키타(秋田)현의 하나오카(花岡)에

가시마가 위령 등의 마음을 표명하기 위해 5억 엔을 지불하는 것으로 일괄 해결을 시도한 것이다. 이 합의에 의해 가시마는 거의 '법적 안정성'(소송을 당하여 사회적 논란이 일어나는 일 없음)을 확보할 수 있게 되었다.

나는 이 획기적인 합의에 주목하여 신일철도 이처럼 일괄 해결하고 그 결과로서 신일철이 '법적 안정성'을 얻도록 하는 것은 어떤가라고 제안하였다. 신일철 총무과의 담당자는 그 제안에 마음이 흔들이는 것처럼 보였다.

담당자는 구 일본제철에 몇 명의 한인 노동자가 동원되었는가, 생존자는 어느 정도 있다고 추측되는가, 북한에 귀국한 사람의 취급은 어떻게 되는가 등의 질문을 했다. 또한 하나오카 소송에서 합의한 피해자에게 실제로 지급된 (보상)금액과 독일의 '기억 · 책임 · 미래' 기금 사업에서 각국 피해자에게 지불된 보상금액 등에 대해서도 물었다. 그리고 "신일철은 기타규슈(北九州) 등 제철소가 입지한 도시에서 매년 그 지역에서 실시하는 기획이나 제반 사업에 기부를 하고 있다"는 사실을 제시하면서 명목을 어찌할 것인지는 별도로 하더라도, 피해자에 대해 실시한 사업에 출자하는 것은 꼭 불가능하지도 않다라고 말하기까지 하였다.

이와 같은 신일철 담당자의 대응을 보고, 우리는 오사카 소송에서 원고 2명뿐만 아니라 전시 중에 일본제철에 동원된 징용공(유족 포함) 전체에 파급하는 해결을 추구하고, 그것을 2002년 월드컵 한일 공동개최의 해에 실현하자고 하는 방침을 세웠다. 그리고 그를

중국인 포로 986명이 강제 동원되어 전시 증산을 위한 수로변경이나 댐 공사에 투입되었다. 열악한 노동 환경에서 1년 사이에 절반 가까이 목숨을 잃을 정도로 혹사를 당한 중국인들은 집단봉기를 일으켰으나, 철저한 탄압을 받았다(역자 주).

위해서 다음 세 가지를 실행하자고 했다. ① 고마자와(駒澤)대학 도서관이 소장하는 구 일본제철의 내부자료『조선인 노무자 관계』에 실려 있는 공탁금 명부를 근거로 한국에 거주하는 일본제철 피징용자를 찾아내어 피해자를 최대한 결집 시킬 것. ②'일괄 해결'을 위한 자금(신탁금)을 받아서 관리하고 피해자에 대한 제반 사업을 하기 위한 단체를 확보할 것. ③ 월드컵 공동개최의 해에 강제연행 문제를 해결하겠다고 적극적인 의의를 사회적 캠페인으로 벌일 것.

또한 신일철 담당자는 하나오카 합의가 실현되는 과정에서 중국과 일본의 정치가가 중개하였다는 것을 알고, 우리에게 중개를 해줄 한국의 정치가(국회의원)은 없느냐고 물었다. 우리는 일본의 정계에는 그런 커넥션이 없었으므로, 한국 내에서 찾아보기로 했다. 이 작업은 한국의 태평양전쟁피해자보상추진협의회(이하, 보추협)와 연계하여 진행하였다. 구 일본제철에 동원된 사람을 찾아내는 작업은 일본에서 소송 지원자가 한국에 가서 언론과 행정조직, 가마이시 소송 원고 등의 협력을 얻어 4번에 걸쳐 실시하였다. 그 결과 200명 가까운 징용공 출신자와 그 유족을 찾아내었고, 그 중 약 120명과는 직접 만나거나 연락을 취할 수 있는 상태가 되었다. 2002년 1월 19일에는 대전시에서 '일본제철 징용 피해자 모임'이 결성되었고, 3월 22일에 열린 피해자 대회에서 신일철 상대로 보상요구를 결정하였다.9)

이런 작업을 진행하는 한편, 보추협의 김은식 사무국장(당시)의 주선으로 한국 적십자사의 고위 간부, 재한 피폭자 지원 등을 담당

---

9) 이때 결정된 보상요구는 다음과 같다. ① 신일철은 피해자·유족에 대한 개인 보상과 미래 사업을 위해 기금을 설립할 것. ② 기금 설립에 있어서 강제연행 피해자 조사에 협력할 것. ③ 일본정부에 대해 강제연행에 관한 자료의 공개와 피해자 보상을 요구할 것(필자 주).

한 부서의 직원과 면담하였다. 그리고 중국인 강제연행 및 하나오카 소송의 합의 방식, 신일철 오사카 소송에서 추구하는 합의 등에 대해 설명하고 한국 적십자사의 협력을 요청하였다. 한국 적십자사는 거절하지는 않았다.

일본 국내에서는 '2002년 월드컵 한일 공동개최의 해에 강제동원 문제 해결을'이라는 캠페인을 전개하였고, J리그 축구시합 개최장 부근에서 전단지를 배포하였다. 우리는 이와 같은 작업의 진행과정을 신일철 담당자에게 차례대로 보고하였다. 그리고 2002년 3월에 새로 찾은 징용공 출신자와 함께 신일철 본사를 방문하여 피해자 명단을 건네줌과 동시에, 하나오카의 합의를 본받아 '일괄 해결'을 도모할 것을 요구하였다. 이 회의에는 한국의 국회의원 김원웅(金元雄) 씨도 동석하였다. 김 의원은 "한일 간의 문제라기보다는 한 차원 높게 인간존중이라는 이념에서 해결되었으면 좋겠다"며 신일철에게 합의를 하도록 종용하였다. 그러나 결국 그 회의에는 신일철 본사의 책임자는 동석하지 않았고, 기존의 담당자가 대응했을 뿐이었다.

그것으로 교섭은 종료되었다.[10) 어느 날 신일철 본사에 연락을 하니, 나와 접촉하고 대화하던 담당자가 퇴직하였다는 말을 들었다. 놀라서 본사에 가보니 총무부의 새로운 담당자는 "개인적인 사정으로 퇴직하였다. 퇴직 후에 무엇을 하고 있는지 알 수 없다"라고 말하였다.[11) 나는 전임자와 나눈 대화 내용과 합의사항을 전달하였으

---

10) 신일철과의 교섭은 두절되었지만 새로 나타난 징용 피해자들이 2005년에 서울 지방법원에서 신일철을 피고로 하는 불법 강제노동의 손해배상을 청구하며 제소했다. 이 소송이 있었으므로 2012년 5월 24일 한국의 대법원이 원고의 호소를 전면적으로 인정하는 획기적인 판결을 내렸다. 투쟁은 결코 무의미하지 않았다(필자 주).

11) 1997년의 합의를 진행한 총무 팀과 법무 팀의 책임자들은 모두 그 후 신일철

나, 새로운 담당자는 "인수인계 하지 않았다"고 답할 뿐이었다.

1997년에 일본의 강제동원 소송에서 처음으로 피해자 원고와 신일철 사이에서 합의가 실현되었지만, 강제동원 문제에 대해 대화로 해결한다는 분위기는 썰물처럼 사라졌다. 그리고 신일철은 2012년 5월 24일의 한국 대법원 판결에서 역전 패소를 했지만, 판결에 따라 빨리 해결해 달라고 요구하는 원고들의 호소에 귀 기울이지 않는다.

이와 같이 신일철의 완강한 자세에는 배경에 무엇이 있는 것 인가. 식민지주의 청산에 등을 돌리고 어디까지나 한일 청구권협정에서 '완전히 그리고 최종적으로 해결되었음'이라는 허구를 유지하고자 하는 일본의 권력과 지배 세력의 의사가 어떤 형태라도 작용되고 있다고 추측된다. 나는 이러한 점에서 일본이란 나라의 깊은 어두움을 느낀다.

2) 국제노동기구(ILO) 투쟁

강제연행기업 책임추궁 재판 전국네트워크(이하, 기업책임 재판 전국네트)는 재판 지원, 기업책임 추궁 등 대화를 통한 해결을 압박하는 운동과 같이 1997년부터 ILO를 무대로 한 투쟁을 전개하였다.[12] 이것은 전시하의 일본이 한인, 중국인에 행한 강제연행·강제노동이 강제노동금지조약(29호 조약)에 위반하는 문제라는 인정을 받아서, ILO로부터 일본정부에게 피해자 보상을 하라고 권고를

을 퇴사하여 연구자로서의 길을 걷고 있다(필자 주).

12) ILO에 대해서는 이미 1995년에 오프세트 노동조합이 일본군의 '위안부'제도가 강제노동금지조약에 위반되는 사안이라고 하는 의견 진술을 하였다. 1996년 3월에 ILO의 조약권고적용 전문위원회는 위의 의견을 인정하여 일본군 '위안부'제도를 29호 조약 위반으로 인정하고, 피해자 구제를 권고하였다(필자 주).

이끌어낸다는 형태이다. 일본국내의 소송에서 강제연행·강제노동의 사실을 인정하면서, 시효·제척, 국가 무답책론 등으로 피고인 정부와 기업의 책임을 면제시키고, 원고의 청구가 기각되는 사법부의 판단이 나온 가운데, 이에 대항하기 위한 운동이었다.

이 강제노동 문제를 ILO에 제기한 것은 ILO의 조약이나 이행 상황에 대한 '감시 기능'에 근거를 두고 있다. ILO는 가맹국이 비준한 조약이 당해국 내에서 적정하게 이행되고 있는가(국내법규는 조약과 합치하는가, 실행하는 데에 위반은 없었는가 등)를 항시 감시하고 있다. 그리고 그것을 집행하기 위해 조약권고적용전문위원회(이하, 조권위), 결사의 자유 위원회, 기준적용위원회(총회기관)의 3개의 기구를 설치하고 있다. 강제연행 전국네트가 신고한 곳은 이 중에서 조권위였다.

조권위는 1925년에 설치된 긴 역사의 조직으로서 가맹국에 제출을 의무화 한 조약, 권고의 적용 상황에 대해 정기보고서를 심사하여 적정한지 아닌지를 확정하는 일을 하고 있다. 조권위는 20명의 전문 위원으로 구성되어 있는데, 연 1회 회합을 가지면서 수천 개의 보고서를 심사한다. 보고서는 정부뿐만 아니라 노동조합에도 송부되는데 전문 위원은 양자의 보고서와 같이 심사하고 조약과 권고의 이행 적부를 객관적으로 판단한다. 그리고 법령위반, 실행위반이 있다고 인정한 경우에는 당해국의 정부에 대해 그 위반 상태를 개선하라는 권고 의견을 낸다. 이 개선 의견은 소위 법적 구속력은 없다. 그 때문에 그 의견을 따르지 않는 나라도 있으나, 가맹국은 통상적으로 그 권고 의견에 응하는 경우가 많고, 나라에 따라 다르지만 개선 권고가 공표되기 전에 위법 상태를 고치고, 해소하고자 하는 일도 있다.

그러나 앞에서 말했듯이 조권위의 의견에 따르지 않는 나라도 있다. 그 경우, 조약 위반이 중대하고 악질로 보이는 경우에는 그 문제가 총회의 기준적용 위원회에 상정된다. 그리고 기준적용위원회에서 '개별 심사'를 하는 경우로 취급 받으면, 해당국 정부는 총회라는 공개된 장소에서 조관위가 조약 위반이라고 인정한 사실에 대해 답변하고 해명을 할 수밖에 없다. 총회에는 정부나 사용자 측 대표뿐만 아니라 노동자 측 대표도 참가하여(3자 구성), 위반국 정부를 엄격하게 추궁하고 비난을 한다. 따라서 위반국 정부는 어느 정부도 이와 같은 입장에 서는 것을 회피하기 위해 최대한의 노력을 행한다. 그 과정에서 개선 의견을 받아들이고, 정치적 해결을 모색하는 등, 여러 가지 대응이 나온다. 이와 같이 하여 조약 등을 위반한 상태는 해소된다.

기업책임 재판 전국네트는 '일본군 위안부', 강제노동 피해자도 이와 같은 사태 추이로 구제의 길이 열릴 것으로 기대하고 ILO에 제기한 것이다. 그리고 강제연행 전국네트가 이들 문제 제기를 신청한 이후 14년이 지났다. ILO를 무대로 한 투쟁은 기대 이하로 진행이 더디다. 기업책임 재판 전국네트의 제기를 수리한 조권위는 1999년에 "본 위원회는 이와 같은 비참한 조건에서 일본의 민간기업을 위한 대규모 노동자 징용은 강제노동조약 위반이라고 생각한다"고 인정하였다. 그리고 일본정부에 대해 "피해자가 만족하는 형태로 문제를 해결"하라고 권고하였다. ILO는 '군대 위안부' 문제에 이어서, 강제노동 문제에 대해서도 피해자의 입장에 서서 옳은 판단을 표시하였다. 이에 대해 일본정부는 "샌프란시스코강화조약 및 그 후의 2국간 조약으로 문제는 해결되었음"이라고 반론하였으나, 조권위는 일관되게 1999년 보고를 유지하면서 일본정부에게 조속한 피해자 구제와 문제 해결을 촉구하는 의견을 표명하고 있다.

그러나 일본정부는 ILO 조권위가 자기들의 반론을 받아들이지 않는 것을 보고, 그 의견에 대해 "법적 구속력이 없다"고 무시하는 태도로 전환하여 오늘날까지 얼버무리고 있다. 노동자 측에서 일본이 29호 조약 위반사례를 총회의 기준적용위원회에서 개별 심사의 대상에 올리고자 하였으나, 일본정부는 사용자 측을 끌어안고 필사적인 저항을 하고 있다. 그 결과, 조관위의 의견은 활용되지 않은 채, 거의 '방치'되어 있다. 이렇게 하여 우리는 이 ILO 투쟁에서도 당초의 목표를 달성하지 못하고 있다.

3. 그래도 과거 청산은 진행한다

일본에서 전개한 강제동원 관련 소송은 전부 패소하였고, ILO 투쟁도 별다른 성과를 올리지 못하고, 기업책임 추궁과 대화를 통한 합의 실현의 운동도 2000년을 마지막으로 두절되었다. 그러나 그래도 나는 운동을 계속하고 있다. 그것은 피해자와의 약속을 지킬 때까지 투쟁을 그만둘 수는 없으니까 이지만, 그것만은 아니다. 이 운동을 통해서 일본과 한국의 민중의 연대가 형성되었기 때문이며, 그 중에서도 한국 측에서 과거 청산의 사업이 크게 전진했기 때문이다. 한국에서는 2004년 3월에 일제강점하 강제동원피해 진상규명 특별법이 제정되었고, 다음해 2005년에는 한일회담 시의 외교문서가 공개되었다. 그때 장완익 변호사는 "일본의 재판에서 일본의 시민들이 곤란한 가운데 싸워 주어서 이와 같은 결과를 만들어낼 수 있었다"고 말했다. 나는 눈물이 날 정도로 기뻤다.

그리고 2012년 5월 24일, 한국 대법원은 신일철과 미쓰비시중공업을 피고로 한 강제동원 소송에서 하급심이 내린 원고 패소의 판단을 물리치고 피해자의 호소를 인정하여, 양 회사에게 손해배상 책임이 있다고 하는 판결을 내렸다. 이 판결을 보고 우리는 글자 그대로 환희하였다. 그러나 한편으로는 패소로 끝난 일본에서의 재판을 씁쓸하게 되돌아보았다. 그때 이희자 보추협 대표가 어떤 집회에서 이렇게 말했다. "한일의 교류 및 연대가 이번의 판결을 이끌어냈습니다. 지금까지의 재판은 패소의 연속이었습니다. 그러나 포기하지 않고 계속 싸우면서 왔습니다. 그것이 이번의 승소로 이어졌습니다. 그래서 앞으로도 연대하여 싸우지 않으면 안 됩니다." 이 말에 나는 가슴이 뜨거워졌다.

전후보상 실현, 식민지주의의 청산은 일국 내에서 완결되는 싸움이 아니다. 가해국과 피해국, 지배 측과 피지배 측, 그들 양자에 걸쳐 전개되었고 그 중에서 결과를 만들어 내는 투쟁이다. 이 운동에서 시민 차원의 연대는 불가결하다. 그리고 1965년 한일조약 반대 투쟁 속에서 만들지 못했던 연대가 1990년대 이후의 운동에서 조금씩이나마 축적되었다. 그 연대가 한국 내의 성과를 만들어냈다. 일본에서의 투쟁이 거기에 다소 기여할 수 있었다. 그렇게 생각하면, 나는 어떤 곤란에 직면하더라도 투쟁을 계속할 것이라는 다짐을 새롭게 한다. 우리의 투쟁은 계속될 것이다.

〈자료〉 한일강점 100주년 기념행사에서 일본 측 행사를 보고하는 야노 히데키 씨(2010년 8월 성균관대 100주년기념관)

{ 제8장 }

시즈오카(静岡)현에서 전개된
한인 강제노동 진상규명 운동

다케우치 야스토(竹内康人)*

1. 운동의 계기

나는 1957년 시즈오카현의 하마마쓰(浜松)시에서 태어났다. 하마마쓰시는 도쿄(東京)와 오사카(大阪)의 중간에 있으며, 태평양을 접하고 있는 기후가 온난한 지역이다.

태어나서 자란 마을은 지금은 도시이지만 당시는 전원 지대였다. 당시 일본은 경제 성장을 시작하였고, 환경오염이 진행되던 시대였다. 그 무렵에는 구 일본군의 전쟁을 찬미하는 영상도 방영되었지만, 한편에서는 베트남전쟁이 보도되어 전쟁 반대의 주장이 제기되기도 했다.

학생운동 등의 사회운동이 한창이었던 1968년에는 11살이었는데, 그때 하마마쓰 시내에서 대학생들의 데모 대열을 보았다. 평화와 인권에 대해서는 라디오 프로그램이나 거기서 들려준 음악에서 배

---

* 아시아 관계사 및 한인 강제동원사 연구자. 고등학교 사회과 교사. 강제동원 진상규명네트워크 회원, 시즈오카현 근대사연구회 회원.

웠다고 생각이 된다. 10대 중반에 들었던 곡 중에는 '임진강', '승리를 향한 찬가'[1], '이매진(Imagine)' 등이 있었다. 1970년 전후에 미일 안보조약이라든지 오키나와, 베트남 등에 관한 사회운동이 고양되어, 알게 모르게 영향을 받았던 모양이다. 또한 하마마쓰는 아시아 태평양전쟁에서 미군의 공습과 함포사격을 받았던 곳이며, 친족이 전사한 체험, 그리고 전후 민주주의 교육을 통해 평화와 역사에 대한 의식이 형성된 것 같다.

도쿄에 있는 대학에 들어간 것은 1976년이었다. 나는 역사나 아시아에 대한 관심이 많아, 중국어를 선택하였고 일본사를 전공하였다. 일본사 중에서도 주로 근대 형성기의 민중사상에 대해 공부하였다. 한국어 강좌를 들은 적도 있다. 이 무렵에 한국사 관련으로는 박경식(朴慶植)의 『조선인 강제연행의 기록』이라든지 가지무라 히데키(梶村秀樹)의 『조선사(朝鮮史)』 등의 서적이 출판되어 있었다.

당시의 학생운동은 당파들끼리 서로 공격을 하는 등 폐쇄적인 상태였다. 그러나 인권이나 평화를 추구하는 여러 운동이나 연구가 학교 안팎에서 진행되고 있던 덕택에 여러 사안에 대해 알 수 있었다. 재일 한인 학우가 한국에 유학을 가서 검거된 사건이 일어나 학내에서 구원운동이 시작되었다. 집회가 열렸고 다양한 서클이나 지원 단체들이 구원 결의를 하는 대자보를 붙이며 한국의 민주화

---

1) 1921년 7월 14일 이태리계 이민자이며 무정부주의자인 삿코와 반젯티를 미국의 매사추세츠주 뎃삼 재판소가 은행강도라는 누명을 씌워 사형선고를 내렸다. 이를 편견에 찬 억울한 선고라며 미국과 유럽 등지에서 두 사람을 구명하자는 운동이 일어났으나, 결국 매사추세츠주는 1927년 8월에 두 사람을 사형시켰다. 그러나 50년이 지난 1977년 7월 매사추세츠 주지사는 삿코와 반젯티에 대한 사형집행은 편견과 적의에 의한 잘못이라고 인정하고 무죄를 선언하였다. '승리를 위한 찬가'는 이 사건의 경과를 담아 이태리와 프랑스 합작으로 만들어진 기록영화의 주제곡이다(역자 주).

운동과 연대하자는 시도도 있었다. 이 재일 한인 정치범 구원운동과의 만남은 한국이란 나라를 생각하는 계기가 되었다.

대학에서는 생명이나 민중, 아시아에 대한 시점을 가지고 역사를 기술하는 중요성에 대해 배웠으며, 또한 현실 문제에 대해 주체적으로 표현하는 자세를 배웠다.

1980년 3월에 대학을 졸업하고 고등학교의 사회과 교사가 되었다. 그 해 5월에는 광주에서 민중항쟁이 일어났다. 1982년에는 역사인식을 둘러싸고 일본 역사교과서 문제가 발생하였다. 이것은 일본 문부성이 교과서 검정을 하면서 과거의 전쟁을 '침략'이라고 표기했던 것을 '진출'이라고 바꾸었기 때문이다.

역사를 설명해야 하는 입장이었으니까 과거의 잘못을 정당화하는 움직임에는 강한 위화감을 느꼈다. 이 1980년대에는 일본군 세균전 부대(731부대)의 인체실험에 관한 조사가 진행되었고, 일본군 '위안부'에 대해서도 일본의 전쟁범죄와 관련하여 문제 제기가 시작되었다. 또한 1980년대에는 재일 한인의 지문 날인 거부운동도 고양되었다. 외국인 등록증의 지문 날인 문제는 일본의 한반도 및 '만주'에 대한 지배 그리고 그 사후 처리와 밀접한 관계가 있다. 지문 날인 문제는 계속되는 식민지주의에 대해 생각하는 계기가 되었다.

1980년대는 역사의 진실과 역사인식을 둘러싸고 의문이 제기되어 민주화나 인권, 전쟁범죄나 역사인식에 대해 생각하게 되었다. 나는 시즈오카(静岡)현에 살게 되었고, 지역사에 관심이 있어서 '시즈오카현 근대사연구회'2)라고 하는 단체에 가입하였다. 이 연구회는

---

2) 1978년에 시즈오카현 거주자를 중심으로 시즈오카현의 근현대사 연구 및 발표를 위해 설립된 연구 모임. 월 1회 월례회를 열고 회보를 발행하며, 연 1회

시민들에 의한 자주적인 단체이다. 당시 자유민권운동이나 사회운동에 관한 조사 보고가 기관지에 게재되었는데, 시즈오카(静岡)대학 인문학부의 한 연구실에서 사무국을 맡고 있었다. 나는 처음에 시즈오카현의 수평사(水平社)운동3)에 대해서 정리하였으나, 그 후에 한인 관련의 신문기사를 읽기 시작했다. 당시는 충분한 사료가 없었고, 전시하에 시즈오카현에서도 강제연행이 있었구나라는 정도의 이해를 하는 것에 지나지 않았다. 한반도에 대한 인식에 일본의 왜곡된 역사인식이 투사되는 것 같다고 생각하며, 그러한 역사인식을 지역에서 바로세우는 것이 필요하다고 생각했다.

2. 시즈오카현의 '조선인 강제연행을 기록하는 모임' 결성

1988년에는 천황 히로히토(裕仁)가 와병 중이어서 일본 각지에서 운동회나 콘서트 같은 행사가 '자숙(自肅)'을 강요당하고 있었다. 천황이 바뀔 무렵이므로 천황제를 찬미하는 움직임도 있었다. 1990년 1월에는 천황의 전쟁책임을 인정하는 발언을 한 나가사키(長崎) 시장이 극우파에게 저격 당하는 사건이 발생하였다. 시즈오카 시에서는 천황제를 비판하는 집회에 현 행정이 회의실을 빌려주지 않겠다고 하자, 그에 반발하는 시민이 재판을 일으켜 승소하였다. 이와 같이 천황이 교체되는 시기에 일어난 사건들은 일본의 민주주의와 전쟁책임을 묻는 의미가 있었다.

나는 그 과정에서 천황제가 침략·지배·억압의 체계이며, 노예

학술기관지인 『静岡県近代史研究』를 발행하고 있다. 시즈오카대학교 인문학부에 연락 사무실을 두고 있음(역자 주).

3) 수평사(水平社)는 1922년 3월에 일본의 전통적인 피차별 부락민(에타, 히닌 등)의 지위향상과 인간 존엄성 확보를 위해 결성된 부락해방운동단체이다 (역자 주).

〈자료 1〉 시즈오카 가케가와(掛川)시
나카지마(中島)비행기 지하공장 터

적 정신을 재생산하는 것이라는 지적이라든지, 전국 각지에서 일어
난 천황제 반대운동을 통해 많이 배웠다. 거기에서 지역 사회에서
전쟁책임이나 식민지 지배의 실태 규명을 한층 진행해야 한다고 생
각했다.

시즈오카현에서 한인 강제연행의 실태가 밝혀지지 않았기에 1989
년에서 1990년에 걸쳐 현 전체를 조사하였다. 최초로 조사한 장소
는 당시 나의 거주지와 가까운 곳에 있던 가케가와(掛川)시의 나카
지마(中島)비행기 하라타니(原谷) 지하공장의 터였다. 그 후 이즈
(伊豆)라든지 오쿠텐류(奧天竜)의 광산, 오이가와(大井川)와 후지가
와(富士川)의 발전소 공사 현장, 이즈의 특공기지 터, 각지의 군사
비행장 건설현장 등을 방문하여, 증언을 듣고 자료와 대조하는 작

업을 하였다.

한인 강제연행이란 중국과 전면전쟁을 시작하면서 국가총동원체제가 강화되어 한인을 노동자, 군인군속, 성적노예 등의 형태로 일본 및 점령지에 동원한 것을 말한다. 이는 점령과 전쟁시기에 발생한 범죄인데, 전후에 천황의 면책이라든지 증거 은폐, 그리고 냉전과 한반도 분단하에서 진상규명이 충분히 이루어지지 않았다. 중국인의 강제연행에 대해서는 1950년대에 유골 송환과 더불어 연행장소와 사망명부의 작성이 이루어졌지만, 식민지 조선에서의 연행 상황에 대해서는 자료 발굴도 불충분한 상태였다.

1990년대에 들면서 한국의 민주화 운동이 고양되자 전쟁 피해자 개인에 의한 보상요구가 분출하였고, 일본정부나 기업을 고발하는 재판 투쟁이 일어났다. 거기에서는 사실 규명, 사죄, 책임자 처벌, 개인보상, 역사교육, 기념관 설립이라든지 추도와 같은 피해자의 존엄성 회복을 위한 요구가 있었다. 이와 같은 과거 청산에 관한 요구는 인권 및 평화를 획득하는 운동이 축적되는 과정에서 나타났고, 일본 자본의 글로벌한 전개와 해외 파병의 확대에 대항하면서 나타났다.

1990년에는 '나고야에서 강제연행 강제노동을 생각하는 전국 교류회'가 개최되어 전국 각지에서 활동하던 시민 그룹이나 연구자들이 회동하였다. 그 집회에는 재일 한인 1세도 참가하여 열기가 넘쳤다.

이 무렵 나는 이즈(伊豆)의 광산에서 있었던 강제연행의 조사 보고서를 정리하여 시즈오카현에서 조사단체를 결성할 것을 주창하였다. 그 외에도 조사단체를 결성하자는 사람들도 있어서, 1991년 12월에 '시즈오카현의 조선인 강제연행을 기록하는 모임'(이하, '기록하는 모임')이 결성되었다. 이 모임에는 재일 한인, 관심을 가진 일

본의 교사나 시민들, 시즈오카현 근대사연구회의 회원들이 참가하
였다.

이 '기록하는 모임'은 시즈오카현 내의 재일 한인에 대한 인터뷰,
오쿠텐류(奧天竜)의 광산, 해군 오이(大井)항공대 터, 시미즈(清水)
의 군수공장, 가케가와(掛川)의 나카지마(中島)비행기 지하공장 터,
시즈오카 2쵸(町)에 연행되었던 '위안부'에 대해 필드워크를 실시하
였고, 자료 조사 및 방한 조사도 하였다.

'기록하는 모임'은 1992년 5월에 가케가와시(掛川市)에 나카지마
비행기 하라타니 지하공장 터의 보존과 조사를 할 것을 진정하였
다. 그에 대해 가케가와시는 조사위원회를 설치하여 1995년에는
700만 엔의 예산을 계상하여 조사를 실시하였다. 그리고 1997년에
는 『가케가와시의 전시하 지하군수공장 건설과 조선인 노동에 관한

<자료 2> '기록하는 모임'의 시미즈(清水) 조사 기념

조사보고서』를 발행하였다. '가록하는 모임'의 활동은 기록에서 보존하는 활동으로 이행하는 단계에 들어갔지만, 결성 5년째에 종료하였다.

시즈오카시에서는 '아시아를 생각하는 시즈오카 포럼(FAS)'이라는 단체가 1988년에 결성되었는데, 이는 시즈오카현에서도 아시아인 노동자가 증가하는 가운데 시작된 시민운동이다. 그 활동이 진행되던 중에 한국으로의 연수여행이 기획되어서 나도 참가하였다. 연수 지역은 전라북도 전주였는데, 거기서 전국교직원노동조합 등 전주의 민중운동이라든지, 태평양전쟁유족회 전북지부에서 활동하고 있는 사람들과 만났고, 갑오농민전쟁의 사적을 답사하였다.

그때 전북 부안에서 라바울로 강제동원된 사실에 대한 조사를 해달라는 요청을 받아서, 다시 방한단을 만들어 현지를 방문하여

〈자료 3〉 1993년 전주에서의 강제동원 피해자 조사

연행된 사람들의 인터뷰를 하였다. 그 조사는 『김비호(金飛虎) 씨 등은 호소한다』(라바울 강제동원과 군사우편저금)는 책자로 정리하였다. 태평양전쟁유족회 전북지부에서는 「피징용 사망자 연명부」의 전라북도 분을 복사해 받았다. 이 군인군속 명부에 대해서는 그 후에도 계속 조사를 하게 되었다.

3. 밝혀진 시즈오카현의 한인 강제동원 실태

한국정부의 요청에 의해 일본정부는 연행자 명부의 조사를 하였는데, 그 중에 후생성 근로국의 조사보고서(1946년 조사)가 발견되었다. 거기에 시즈오카현에 속하는 명부도 있어서 시즈오카 현내의 연구도 진행되었다. 동원 장소 모두가 판명되지는 않았지만, 많은 연행 장소와 인원수를 알게 되었다.

1990년대 초의 조사를 통해 시즈오카 현내에서 한인이 동원된 현장은 50개소 이상이며, 1만 5천명 이상이 동원되었다는 것을 알았다. 동원 사실이 판명된 곳을 열거하면 다음과 같다. 광산으로는 먼저 구네(久根)와 미네노사와(峰之沢)에 있는 동산(銅山), 도이(土肥), 모치코시(持越), 나와치(縄地), 가와즈(河津)에 있는 금산(金山) 그리고 우구스(宇久須), 니시나(仁科)에 있는 보크사이트 대용품인 명반석(明礬石)의 채굴장이다. 발전소 공사의 경우는 오이(大井)강에 있는 일본발송전회사의 구노와키(久野脇)발전이나 일본경금속회사의 후지가와(富士川)발전에서 동원하였다. 토목건축 공사로서는 나카지마(中島)비행기의 하라타니(原谷) 지하공장과 동 미시마(三島)공장, 우시오야마(牛尾山) 해군시설, 해군의 후지에다(藤枝) 비행장과 그 탄약고, 누마즈(沼津)해군공창 지하공장 등이다. 그리고 군수공장 관련으로는 일본경금속, 호넨(豊年)제유, 일본강관 시미즈(清水)공장, 구로사키(黒崎)요업 시미즈공장, 도쿄마사(麻糸)방적 누마즈(沼津)공장, 스즈키(鈴木)식 직물기이다. 운수 및 항만 분야에서는 시미즈(清水)의 스즈요(鈴与)라든지 시미즈항 운송, 일본통운의 하마마쓰(浜松)나 시즈오카의 지점, 그리고 국철(国鉄)의 역 등에서 동원을 하였다.

후생성 근로국의 명부에서는 동원되어도 도주하는 사람이 많았다는 것을 알 수 있다. 시즈오카의 유곽이나 해군의 후지에다항공대와 오이(大井)항공대에는 '위안부'로 끌려온 여성도 있었다.

기록을 통한 활동은 다음과 같다. 시즈오카현 근대사연구회편 『사적(史跡)이 말하는 시즈오카의 15년전쟁』(1994년)에서는 강제연행 관련의 현장을 많이 소개하였다. 지역거주의 코리안 측에서도 조선인역사연구회가 만든 『조선인강제연행의 상흔-시즈오카현편-』(1995년)을 발간하였다. 여기에는 현내에 살고 있는 재일 코리안의 증언이 많이 수록되어 있다.

또한 『시즈오카현사(静岡県史) 자료편 20 근현대 5』(1993년)에는 강제동원 관련의 사료가 채록되었고, 『시즈오카현사 통사편 6 근현대 2』(1997년)의 본문에도 강제연행에 대해 상세하게 기술하였다. 『시즈오카현 근대사연구』, 『시즈오카현사 연구』등에도 '기록하는 회'의 회원이 개별연구를 발표하고 있다.

1995년에 시즈오카시(静岡市)에서 개최된 『패전 50년 전시 시즈오카』에서는 강제동원의 패널 전시를 하였고, 조선인강제연행진상조사단의 『조선인강제연행조사의 기록-주부도카이(中部東海)편-』(1997年)의 시즈오카현 편에는 그동안의 조사를 정리하여 기술하였다. 그 후에 출간된 『시즈오카현의 전쟁유적을 걷다』(2009년)에서도 강제노동의 현장을 전쟁유적으로서 취급하였다.

시즈오카현에도 군인이나 군속으로 동원된 사람들도 있었다. 그들의 실태에 대해서는 야스쿠니 합사 취소, 유골의 반환, 손해배상 등을 요구한 재한 군인군속재판(2001년 소송)을 통해 시즈오카 지역에도 이와타(磐田)의 농경근무대, 벤텐지마(弁天島)의 고사포부대, 하마마쓰(浜松)의 제7항공교육대, 시즈오카의 진지구축부대 등에 동원된 사람들이 있었다는 것이 밝혀졌다.

또한 한인 군인군속명부를 조사하는 과정에서 누마즈(沼津)해군공작학교, 철도병이나 이즈(伊豆)의 선박병, 하마마쓰(浜松)에서의 보병 등 다양한 형태로 동원되었다는 것을 알 수 있었다. 군인군속의 동원에 대해서는 그 후의 조사에서 판명된 것이 많았다.

4. 도쿄(東京)마사 방적회사 누마즈(沼津)공장 조선여자근로정신대 재판

1997년에는 시즈오카 지방재판소에서 도쿄마사방적 누마즈공장에 조선여자근로정신대로 동원되었던 두 사람의 재판이 시작되었다. 이 재판은 강제동원을 행한 국가에 대해 손해배상과 공식 사죄를 요구한 것이다. 이미 1992년에 부산 지방법원에서 제소된 '일본군위안부 · 여자근로정신대 공식사죄청구소송'(일명 '관부(関釜)재판)에서 누마즈에 동원된 근로정신대 출신자 3명이 원고단에 참가하였는데, 일본에서도 새로이 재판을 시작한 것이다. 1997년 4월에 시즈오카 지방재판소에 고소장이 제출되자, '도쿄마사방적 누마즈공장 조선여자근로정신대소송을 지원하는 모임'이 결성되었다. 이 제소를 피고인 국가 측은 인정하지 않았다.

도쿄마사(東京麻糸)방적은 1920년대 후반부터 한반도에서 젊은 여자를 모집하여 일을 시켰다. 전쟁 발발 이후 군수용 마사의 생산을 위해 많은 노동력이 필요해지자, 누마즈공장에만 1939년에 45명, 1940년에 50명, 1941년에 174명, 1942년에 200명, 1944년에 302명으로 연인원 800명 정도의 여성이 강제로 동원되었다. 이 중에서 1944년분의 300명이 여자근로정신대의 형태로 동원된 것으로 추측된다.

조선에서는 1944년 8월에 여자근로정신대령이 공포되는데, 이미 그해 봄부터 여자근로정신대로서 군수공장에 동원이 진행되고 있었다. 일하면서 공부도 할 수 있다는 감언으로 12~13세의 소녀들을 모집하여 근로정신대라는 형태로 군사적으로 조직하여 동원한 것이다.

1944년 3월에 발행된 『매일신보(每日新報)』의 「싸우는 반도여공 도쿄마사 ○○공장방문기(戰う半島女工 東京麻糸○○工場訪問記)」라는 연재 기사에는 '생산 제일선의 여병(女兵)', '내선(內鮮)일체의 증산', '순국정신', '생산전(生産戰)에 감투(敢鬪)', '24시간 감투', '직장의 전우애', '생산 결전장', '사감 노여공(老女工)이 진두 지휘', '공장 즉 학교', '봉재와 가사를 배움'이라는 단어로 장식되었다.

소녀들은 감언과 사기에 의해 '지원'을 강제 당하고 집단적으로 동원되었다. 부모와 이별한 후, 학업의 기회도 빼앗겼다. 군수용 마사를 생산하는 현장에서 기숙사에 구속되어 생활을 감시 당하고 있었다. 배고픔 속에서 10시간에서 12시간이라는 장시간 동안 선 채로 노동을 하거나 심야노동을 강요당했다. 아동인데도 가혹한 노동 현장인 정련(精練)작업에도 배치하여 혹사시켰다. 공습의 피해를 입기도 하고 임금은 강제저축 당한 채 전쟁 종결 후에도 지급되지 않았다.

〈자료 4〉 도쿄마사(東京麻糸) 누마즈(沼津)공장
근로정신대 소송의 지원 활동

또한 황민화 교육에 의해 일본어를 배우게 하고 일본에 대한 애
국심을 주입하였다. 황민화라는 노예 정책으로 인간의 정신이나 인
격을 조작하여 동원하였던 것이다. 조선여자근로정신대는 천황제
국가에 의한 정신적 노예화와 그에 따른 노무동원을 상징하는 것이
다. 그것은 전쟁에 필요한 생산을 위해 타민족 소녀들의 인격을 조
종하고 사기와 강요에 의해 동원했던 역사였다.

재판에서는 11회에 걸쳐 구두 변론이 진행되었고, 제소한 두 사
람을 지원하기 위해 방청 및 서명 등의 운동을 하였지만, 2000년 1
월 시즈오카 지방재판소의 판결은 '소송 기각'이었다. 도쿄 고등재
판소에도 항소를 하였지만, 2002년 1월에 기각되었다. 또한 최고재
판소에 상고하였지만 이것도 2003년 3월에 기각되었다. 이 해 3월
일본의 최고재판소는 미쓰비시(三菱)중공업 나가사키(長崎) 공장의
김순길(金順吉)소송, 관부(関釜)재판, 강원도 유족 소송, 대일 민족

소송, 재일 일본군위안부 재판 등 6개의 전후보상 요구소송을 모두 기각하였다.

그러나 원고를 포함한 전 여자근로정신대원들은 포기하지 않고 도쿄마사방적 누마즈공장을 승계한 주식회사 테진(帝人)과의 교섭을 계속하였다. 결국 테진은 주주 등에게 설명을 한 다음, 2004년 1월에 전 여자근로정신대원 14명에게 1인당 20만 엔(円)의 '위로금'을 지불하였다. '위로금'의 형태일지라도, 그 지불은 그들을 동원한 기업을 승계한 회사가 역사적인 책임을 인정했다는 것을 의미한다.

이 조선여자근로정신대에 대해서는 2008년에 한국의 강제동원피해진상규명위원회가 정리하여『조선인여자근로정신대 방식에 의한 노무동원에 관한 조사』,『조선인여자근로정신대, 그 경험과 기억』이라는 보고서를 간행하였다. 거기에는 도쿄마사 누마즈공장에 대한 조사와 증언이 포함되어 있다. 또한 도쿄마사 누마즈공장의 미불임금 실태에 대해서는 2008년에 공개된 일본 대장성(大藏省)의『경제협력 한국105 노동성조사 조선인에 대한 임금 미불채무 조사』에서 비로소 밝혀졌다.

5. 한인 강제동원에 관한 전국 규모의 조사

나는 시즈오카 현내의 조사를 진행하던 중에 일본 전국의 동원 상황을 밝힐 필요성을 느꼈다. 그 첫걸음으로서 1996년에 중부 지역의 동원 지도와 동원 사업장 일람을 만들었고, 나아가 1997년에는「강제연행 전국지도」를 작성하여 전국 교류회에서 소개하였다. 중부지역에서의 개별 조사도 하여 기후(岐阜)현의 미쓰이(三井) 가미오카(神岡) 광산, 나가노(長野)현의 히라오카(平岡)발전소 공사,

미에(三重)현의 기슈(紀州)광산 등에 대해 정리하였다.

그 후 일본 전국 각지의 동원 상황이나 재벌에 의한 동원의 실태, 사망자의 명부, 추도비의 상황 등을 조사하였다. 추도비는 치쿠호(筑豊)와 홋카이도(北海道)에 대해 정리하였는데, 개별 탄광과 광산의 사례로서는 미쓰비시(三菱) 다카시마(高島)탄광, 사키토(崎戸)탄광, 호소쿠라(細倉) 광산, 이쿠노(生野) 광산, 히타치(日立) 광산, 아시오(足尾) 광산, 조반(常磐) 탄광, 홋카이도(北海道)탄광기선, 아소(麻生)광업 등의 조사를 하였다.

재벌 관련해서는 미쓰비시와 미쓰이(三井)에 의한 강제노동에 대해 정리하였다. 미쓰비시 재벌에 의한 한인 동원에 대해서는 2004년 서울에서 열렸던 '일본의 과거 청산을 요구하는 일본 네트워크 관계자 워크숍'의 자료집에 발표문으로 실었다. 치쿠호와 홋카이도의 조사 시에는 사망자 명부를 작성하였지만, 그 중에 미쓰비시(三菱) 나마즈다(鯰田)탄광의 명부와 무궁화당의 사망자 명부는 일치하는 부분이 있었다. 무궁화당은 이즈카(飯塚)시 주변에서 무연고 유골을 수집한 추도시설이다. 무궁화당 관계자는 이 조사 명부에 의거하여 한국에서 현지 조사를 행하고 유족을 찾아냈다. 그 결과 2001년과 2003년에 2주의 유골이 반환되었다. 후쿠오카(福岡)에서는 무궁화당 모임 등의 시민 그룹이 치쿠호 주변의 지방행정부에 한인 관련의 매화장이나 호적 등재와 관계된 서류를 공개하라고 요구한 결과, 남아있던 서류가 공개되었다. 그로 인해 한인의 사망 상황이 한층 명확해졌고 그 자료를 바탕으로 치쿠호의 사망자 명부를 보충할 수 있었다.

'조선인강제연행진상조사단'이 발행한 『조선인 강제연행 조사의 기록』의 중국(中国)편(2001년), 관동(関東)편1(2002년) 등의 편집에도 참가하였고, 이들 지역의 연행지 지도나 그 일람을 작성하였다.

2004년에 한국정부 산하에 일제강점하 강제동원피해 진상규명위원회가 설치되었고, 이듬해부터 피해신고와 조사신청을 접수하기 시작하여 22만 건이 넘는 신고를 기록하였다. 이와 같은 과거 청산을 요구하는 한국의 움직임에 대응하여 2005년 일본에서 '강제동원 진상구명 네트워크'(이하, 진상구명 네트)가 결성되었다. 나도 거기에 참가하였다.

지금까지 작성한 전국 지도에 이어서 2005년에 「조선인 강제노동현장 전국 일람표」를 작성하였다. 2007년에는 전국 차원의 「조선인 강제연행기 조선인사망자 명부」를 작성하였다. 이들 전국 규모의 조사자료를 2007년에 『전시기 조선인 강제노동 조사자료집』(연행지 일람, 전국 지도, 사망자 명부)으로 정리하여 출판하였다. 이 강제노동 현장 일람표나 사망자 명부의 일부는 한국의 진상규명위원회에서 조사를 할 때에 이용하기도 했다.

진상구명 네트워크는 자료 조사나 정보공개 청구도 실행하여, 2008년에는 대장성 자료 「경제협력 한국105 노동성조사 조선인에 대한 임금미불 채무 조사」, 2011년에는 노동성 자료 「조선인의 재일자산 보고서 철」과 동경법무국 자료 「금전 공탁 수부 장부」, 「금전 공탁 원장」을 공개하게 하였다. 그로 인해, 미불금이나 미공탁금이 있는 사업장의 전국 일람표를 작성할 수가 있었다. 이 외에도 진상구명 네트워크는 강제연행 명부나 유골 등의 조사를 실행하였다.

유골 조사에 대해서는 '한국·조선의 유족과 같이/유골 문제의 해결을 향해/전국 연락회'가 결성되어 반환을 향해 활동을 진행하였다. 이 모임은 2007년에는 기후(岐阜)현의 다카야마(高山)에서 집회를 가졌는데, 그때에 가미오카(神岡) 광산의 수력발전소 공사현장에

〈자료 5〉 2012년 『전시기 조선인
강제노동조사 자료집 2』

서 발견한 1구의 유골이 반환되었다. 당시 히다(飛驒)시는 호적 접수장을 찾아서 정보를 제공해 주는 등 협력적이었다.

한인의 노무동원 명부에 대해서는 2009년에 한국에서 열린 진상규명위원회의 워크숍에서 발표하였고, 한인 군인군속의 명부에 대해서는 2010년에 한국에서 조사하여 육군의 「비상연락용 명부(留守名簿)」나 해군의 「이력원표(履歷原表)」 등에서 주된 동원부대명과 동원지를 밝혔다. 군인군속 명부의 조사는 한국의 강제동원피해조사 및 지원위원회에서 열람한 덕택에 가능하였다. 본래는 일본정부가 조사하여 공표해야 할 것이다.

2010년에는 한인 피동원자 관련 추도비의 설치 상황에 대해 정리를 하였다. 또한 외무성이 동원자 수와 유골에 대한 인식에 관

〈자료 ⑥〉 '인권·평화·하마마쓰'의 활동

해 정리를 하였으며, 주된 동원표를 수집하였다. 이들 명부나 미불금, 동원자수 등에 대해서는 2012년에 『전시기 조선인 강제노동 조사 자료집 2-명부, 미불금, 동원자수, 유골, 과거 청산-』이란 자료집으로 정리하여 발간하였다. 또한 한국내에서 진행된 기업 조사에 맞춰 이전에 작성했던 「조선인 강제노동현장 전국일람표」를 바탕으로 『조선인 강제노동기업 현재명 일람』을 작성하였다.

일본 전국 각지와 시즈오카현에서의 강제노동 조사 결과는 '인권·평화·하마마쓰'의 홈페이지에 '전시 강제노동의 조사'라는 란에 게재하였다. '인권·평화·하마마쓰'는 2004년에 평화운동을 진행하는 시민이 설립한 모임이다. 하마마쓰시는 항공자위대의 기지가 있으므로, 미국에 의한 국제 전쟁이 진행되는 중에 기지에 공중경계관제기(AWACS)가 배치되었고, 미사일방위시스템이 도입되면 PAC3 미사일도 배치된다. 이라크전쟁 때에는 미군 지원을 위해 하마마쓰 기지에서의 파병도 되풀이되었다.

이런 상황에서 '인권·평화·하마마쓰'는 과거와 현재를 관통하는 전쟁책임을 묻는다는 문제의식에 입각하여 활동을 하고 있다. 또한 역사교과서 문제나 강제노동 문제에 대해 요청문을 보냈고, 한국의 민중운동에 관한 강좌도 개최하였다. 일본군위안부 문제와 관련한 영화 상영회나 하마마쓰역 앞에서 연대 행동도 하고 있다. 이 모임에서 동료들과 밴드를 만들어 민중가요를 같이 연주할 때도 있는데, 한국 노래는 '임진강', '서울에서 평양까지', '아침이슬', '임을 위한 행진곡' 등을 연주한다. '사람이 꽃보다 아름다워'도 좋아하는 노래이다. 김민기나 안치환 등의 노래를 통해 한국을 배우기도 한다.

7. 한국 '강제병합 100년 시즈오카 공동행동'

2010년이 한국의 강제병합 100년에 해당하는 해이기에 시즈오카(静岡)현에서도 '강제병합 100년의 공동행동'이 결성되었다. 이 모임은 일본인과 재일 한인 등 80여 명이 발기인이 되어 시작하였고, 식민지 지배를 청산할 것, 차별과 배외주의를 허락하지 않고 인권을 지킬 것, 일본-북한 국교정상화를 추진할 것 등을 목표로 활동을 시작하였다.

구체적으로는 식민지 지배 역사의 학습회나 전시회, 조선학교(민족학교)에 대한 무상화 배제 중지 요청, 현내의 한인 강제노동 기업의 실태조사 등을 실행하고, 강제연행·강제노동 문제의 학습회나 재일 한인의 증언회, 조선학교에서의 수업참관과 교류회, 무상화 문제에 관한 대정당 요청 등을 진행하였다. 2011년에는 재일 한인의 역사와 권리에 대해 정리한 『알고 있나요? 재일 코리안에 대해』라는 책자를 발행하였다.

〈자료 7〉 한국 '강제병합 100년 시즈오카 공동행동' 집회

강제동원과 관련해서는 시미즈(淸水)의 스즈요(鈴与), J호일밀즈(구 호넨[豊年]제유), 간바라(蒲原)의 일본경금속으로 실지 조사를 요청하였다. 스즈요는 시미즈의 항만업에 압도적인 지배력을 갖고 있다. 그러나, 이 요청서나 100년 행동이 조사한 관계서류를 수령하기는 했지만, 그 후 앞으로는 받지 않겠다고 하는 서류를 보내왔다.

하마마쓰에서는 스즈키(구 '스즈키식 직기')자동차에 요청서를 보냈다. 그러나 스즈키는 요청서 수령을 거부하였기 때문에, 역사관 담당자에게 요청서를 전달했다. 그 요청서에는 독일의 폭스바겐 사가 역사적인 책임을 어떻게 졌는지에 대해서도 언급하였다.

폭스바겐이란 회사가 취한 자세에 대해 말하자면, '기억보존의 기업문화'를 제창하고 외부의 전문가를 초청하여 군수생산과 강제노동을 기록한 회사역사를 편찬하고 있다. 그리고 회사의 부지 안에 강제노동 기념비를 건립하고, 회사 내에 '강제노동 기념의 땅'을 설정하고, 강제노동에 관한 '기억보존 자료관'을 건설하고, 문서관리와 계승의 사업을 실행하고, 강제노동 피해자의 거주지에 조성금을 지출하고, 강제노동 피해자의 회사 방문을 인도적으로 지원하고, 카탈로그나 강제노동 관계 자료집을 출판하는 등의 활동을 진행하였다. 또한 폭스바겐은 독일의 강제노동피해자보상기금인 '기억·책임·미래 기금'이 설립될 때도 지도력을 발휘하였다. 이 기금의 설립을 통해 독일기업은 강제노동이 역사적인 인권침해였다는 것을 인정하고 그 책임을 지겠다고 표시한 것이다. 시즈오카의 강제노동과 관계있는 기업도 역사에 책임을 지는 자세가 필요하다고 생각한다.

8. 향후의 과제

2007년에 발간한 『전시기 조선인 강제노동 조사자료집』의 말미에 다음과 같이 향후의 과제를 적어두었다. ① 각지에서 조사를 진행할 것, 강제노동의 현장을 국제 우호와 평화의 장으로 사용할 것, ② 한국 진상규명의 데이터를 공유, ③ 명부의 작성과 구술자료의 정리, ④ 군인군속 관계 명부의 분석·정리, ⑤ 강제노동 관계 사료의 수집과 출판, ⑥ 정부나 기업에 의한 후생연금이나 공탁명부, 순직자 명부의 공개, ⑦ 한인 유골의 조사와 반환, ⑧ 정부 기업에 의한 배상기금의 설립, 등. 또한 도쿄증시 1부의 기업에서 강제노동 관련 기업명을 들면서 그 역사적인 책임에 대해 언급하였다.

강제연행·강제노동의 기초적인 사실이 일본정부에 의해 밝혀지지 않았다. 먼저 일본정부에 의한 강제동원의 조사가 필요하다. 또한 한국의 진상규명 과정에서 출판된 서적류를 일본에서 번역 및 소개하는 것도 필요하다.

미공개 상태의 명부류를 공개하는 것도 요구되고 있다. 더 많은

〈자료 8〉 일본에서 열린 강제동원 진상규명에 관한 전국 연구집회

연금 명부나 공탁금 명부를 한국에 제공해야 하고, 나아가 우편저금명부의 조사와 유골의 반환도 요구되고 있다. 귀환 기록이나 선원의 징용에 대한 상세한 조사도 과제이다.

2011년에는 한국의 헌법재판소가 일본군 위안부문제나 재한 피폭자에 대한 한국정부의 부작위를 위헌이라고 하였다. 또한 한국내에서 '배상기금' 설립의 움직임이 있고, '전범 기업'을 제시하는 움직임도 일어나고 있다. 본래는 일본에서 정부와 관계기업에 의한 강제동원 피해자의 기금을 설립해야 한다. 일본의 전쟁책임과 식민지 책임을 추궁하는 일본 국내의 운동이 새로운 역사를 만들 것이라고 생각한다.

이 조사를 시작한 1990년 무렵, 일본의 천황이 바뀌는 가운데 천황제의 전쟁책임과 민주주의에 관한 논의가 고조되었다. 그때 전시하의 강제노동을 조사하는 활동은 천황제 국가의 전쟁책임과 식민지 지배의 책임을 묻는 것이며, 아시아 민중과의 연대에 연결되는 것이다. 또한 천황제 국가에 의한 징용·징병이라 하는 인간의 동원과 생명의 수탈을 기록하는 것은 그 역사를 총괄하고 청산하는 것이라 생각하였다.

2000년대가 되자 일본에서는 과거의 전쟁과 식민지 지배를 긍정하는 움직임이 강해졌다. 그러나 전쟁과 식민지 지배는 긍정할 것이 아니라, 과오로서 비판적으로 취급해야 할 일이다. 그러한 역사인식 위에서 동아시아 민중의 우호와 평화가 있다고 할 수 있다. 아시아태평양전쟁 시에 노예적인 노동을 강요당한 사람들과 전쟁 피해자의 입장에서 역사를 보고 표현해야 한다. 인간의 존엄을 침해하는 행위를 되풀이해서는 안 된다. 한국 내에서는 진상규명과 피해자 지원의 움직임도 진행되고 있다. 그러한 움직임에 대응하는 것도 요구되고 있다.

한국강제병합 100년인 2010년에는 식민지주의 극복과 동아시아 평화형성이 과제였다. 지금도 식민지 책임은 지지 않은 채 식민지주의는 계속되고 과거 청산은 끝나지 않고 있다. 민주화는 과거 청산을 통해 획득되는 것이다. 전시기의 강제노동 문제를 해결하고 그 청산을 권하는 활동이 요구되고 있다. 그 활동은 민중이 역사를 자기 것으로 하여 민주주의와 인권·평화를 확립하는 것에 연결된다고 생각한다.

홋카이도(北海道)를 비롯하여 일본 각지에 식민지 지배의 결과로서 유골이 남아있다. 도쿄의 고쿠헤이(国平)사에는 남북통일을 기원하며 남아있는 유골도 있다. 그와 같은 무언의 유골에 답하는 과거 청산 운동이 요구되고 있다. 일본 각지에 강제 연행의 족적을 남기고 천황제 국가의 식민지 책임과 전쟁책임을 묻는 수많은 사적이 남아있다. 거기에는 동원당한 사람들의 피와 땀과 눈물, 자유와 해방에 대한 생각이 맺혀있다. 그것들은 역사 인식의 상황을 묻고 역사의 상상력을 환기시킨다. 그를 통해 민중의 역사를 기록하고 싶다.

제9장

재한 군인군속 피동원자의 재판 지원 운동

후루카와 마사키(古川雅基)*

1. 재한 군인군속 재판 지원 운동의 시작

재한 군인군속(이하 '군군') 재판은 2001년 6월에 한국인이 일본정부를 상대로 전후보상을 요구하며 도쿄지방재판소에서 일으킨 소송이다. 식민지 시대의 한국에서 일본군의 군인 및 군속으로 동원되었다가 생존한 사람들과 그 유족들이 원고이다. 보상 청구를 한 취지는 '생존확인, 유골의 반환, 미불금의 반환, BC급 전범에 관한 손해배상, 시베리아 억류에 관한 손해배상'으로 여러 갈래로 나뉜다. 252명(이후 추가 소송으로 계414명)이라는 대인원의 소송이며, "야스쿠니신사에 합사한 것을 취하하라"고 청구한 것이 매스컴의 주목을 받았다. 2001년 8월에 고이즈미(小泉) 일본수상이 공식 참배를 한 것도 소송을 일으킨 원인이었다. 그러나 정작 일본인들은 왜 야스쿠니가 문제가 되는지, 원래 야스쿠니가 무엇인지에 대해 아는 사람이 압도적으로 적다. '일본인 자신의 역사 인식'을 날카롭게 추궁하는 재판이 된 것이다.

---

* '재한 군인군속 지원 소송을 하는 모임' 사무국장. 고베(神戶)시 공무원. 평화운동가.

군군 재판은 소송을 도쿄에서 했으나, 그것을 지원하는 체제는 오사카에서 준비되었다. 2001년 당시는 이미, 90년대에 연속적으로 일어났던 전후보상 재판의 판결이 많이 내려졌다. "권력의 중추에 가까운 도쿄보다 지방에서 판결을 하는 쪽이 유리"하다고 판단한 소송의 발기인 김경석(金景錫: 일본강관 소송의 원고로 피고 회사 측과 합의를 이끌어 냈고, 군인군속 재판과 후지코시(不二越) 소송의 진두에 섰다) 씨가 오사카에서 제소하기를 희망했기 때문이다. 결과적으로는 오사카와 관련 있는 원고는 거의 없어서 도쿄 지방법원으로 이송될 것이 예상되었기 때문에 도쿄에서 소송을 하였다. 그리하여 자연스럽게 지원 모임의 역할 분담을 변호사나 법원과의 연락 등 법정 대책이나 대정부 교섭은 도쿄에서 하고, 뉴스레터 발행이나 홈페이지 운영 등의 운동을 전파하는 부분은 오사카에서 맡아서 하는 것으로 정해졌다.

원고 변호단은 이우해(李宇海), 오구치 아키히코(大口昭彦), 쓰루미 도시오(鶴見俊男), 후루카와 요시미(古川美), 은용기(殷勇基)의 변호사 5명으로 구성되었다. 다음은 비용을 염출하기 위한 지원 모임의 체제였다. 오사카에서 도쿄의 거리는 550㎞, 초특급열차 신간센(新幹線)으로도 세 시간이 걸린다. 마치 서울에서 하는 재판을 부산에서 지원하는 것과 같았는데, 거리는 멀었지만 인터넷과 PC를 활용하여 문서나 자료의 전달을 쉽게 할 수 있어서 다행이었다.

1) 이희자 씨가 제기한 '야스쿠니 합사 취하'를 중심으로

"야스쿠니(靖国) 합사 취하를 군인군속 재판의 청구서에 넣을 수 없는가"라고 소송 준비를 위해 서울에 갔을 때에 이희자(李熙子) 씨로부터 제안을 받았다. 야스쿠니 신사(靖国神社) 문제는 미노오(箕

面)충혼비 소송[1] 등의 정교분리(政敎分離) 위헌소송을 통해 알고는 있었으나, 그것이 군군 재판과 합쳐졌을 때에 어디에 어떻게 영향을 미치는지 전혀 감이 안 잡혔다.

영화 〈안녕 사요나라〉에서 묘사되었듯이, 내가 이희자 씨와 처음 만난 것은 1995년 5월의 고베(神戸)였다. 한신(阪神)대지진 발생 2개월 후, 내가 식사 배급을 하고 있던 고베의 나가타(長田)구의 피난민 텐트촌에 전후 50년 기획으로서 오사카의 집회에 초청되었던 이희자 씨가 방문했다. 내가 그녀에게 받은 인상은 "엄격한 표정의 사람이구나"였다. 그 엄격한 인상의 이유를 안 것은 그로부터 5년 후 군군 재판을 시작하게 되었을 때이다.

이희자 씨가 1살 때인 1944년 2월 15일에 아버지 이사현 씨는 일본육군 군속으로 강제 동원되어 남은 가족들과 연락이 두절되었다. 가족은 항상 아버지의 귀환을 기다렸으나, 결국 돌아오지 않았다. 이희자 씨는 아이들을 다 키운 다음 1989년에 유족회에 가입하여 아버지의 기록을 찾기 위해 활동을 시작하였다. 그리고 1996년 5월에 일본 후생성으로부터 확실한 기록을 받았다. 거기에는 아래와 같이 기록되어 있었다.

> 특설건축근무대 제101중대에 배치.
> 1944년 3월 5일 용산을 출발.
> 3월 10일에 난징(南京) 도착.
> 1945년 5월 21일에 총격을 받고 유주(柳州)183 병참병원에 수용.

---

1) 1976년 오사카부 미노오(箕面)시의 시민 10여 명이 시장 이하 시 공무원이 충혼비(忠魂碑)의 이전·재건 비용을 지출한 것과 그 제례(祭禮)에 참석한 것이 헌법의 정교분리 조항에 위반되는 것이라고 일으킨 소송이다. 1982년 1심에서 원고 승소하였지만, 1987년 2심 및 이후 최고재판소에서 각각 패소 판결을 받았다(역자 주).

　　양삭(陽朔)환자요양소를 거쳐 6월 8일 전현(全県)181 병참병원에
　　수용.
　　6월 11일 부상으로 사망.

　이 기록과 동시에 미지급된 급여 1,480엔이 공탁된 사실을 알았
다. 더욱이 육군 「비상연락용명부」(陸軍留守名簿)에 있는 '합사 완
료'라는 고무인이 찍힌 의미를 알았다. 1959년에 그녀의 아버지가
야스쿠니 신사에 일방적으로 합사되었다는 것이다. 아버지의 생사
조차 모른 채 괴로워했던 세월. 그 책임자인 일본정부는 전후 40년
간 유족에게 생사 확인조차 해주지 않고 방치했고, 야스쿠니 신사
는 유족에게도 알리지 않고 합사 수속을 한 것이다. "아버지가 야
스쿠니에 합사되어 있는 것은 아직도 아버지의 영혼이 식민지 지배
를 받고 있는 것"이라고 이희자 씨는 말한다. '합사 취하'가 군군 재
판의 기둥이 된 이유이다.

　군군 재판을 시작한 해에는 '새 역사교과서를 만드는 모임'을 중
심으로 일본군위안부나 남경학살 등 침략의 구체적 기술을 교과서
에서 말소하는 문제가 발생하였다. 그만큼 252명에 달하는 원고의
증언은 살아있는 교과서처럼 중요했다.

　우리들은 처음부터 지원회를 운영하는 데에 중시한 것이 있다.
첫 번째는 무엇보다도 원고와 직접 교류하고 원고를 지원하는 '원고
제일 주의'였고, 두 번째는 즐겁게 활동하자는 것이다. 김경석 씨의
무덤에 풀을 베는 자원봉사라든지, 2001~2002년에 했던 '원고의 증언
을 영상에 남기는 활동', 일본과 한반도의 역사를 배우는 필드워크,
그리고 2003년부터 이희자 씨를 초대하여 '김치 담그기 교실'을 하는
등, 최대한 희망을 가질 수 있는 태세를 갖추려고 하고 있다.

(1) 원고를 통해서 강화된 '지원'의 의미

지원회의 활동 원칙인 '원고제일 주의'를 결정한 데에는 나름의 계기가 있었다. 2001년 여름에 오키나와(沖縄)에서 '일하는 청년의 전국 간담회'가 열렸는데, 원고인 권수청(権水清) 씨가 초대 손님이 되었다. 그는 아버지가 오키나와에 육군 특설수상근무 제104중대의 군속으로 징용당하였으며, 오키나와 전투에서 사망하였다고 추정되는 유족이다. 권수청 씨 부친과 같이 동원된 사람의 이야기로는 동굴로 가는 도중에 폭탄이 떨어져 사망했다고 하나, 기록상에는 생사불명으로 되어 있다. 오키나와는 주민의 4분의 1이 전쟁에 휩쓸려 목숨을 잃은 섬이다. 수많은 한인과 위안부도 그 격전지에 동원 당했지만, 실태는 아직 모른다.

어머니는 집안의 기둥을 잃고 난 후 병으로 타계. 권수청 씨는 동생을 돌보면서 한국 각지를 돌아다녔다. 60세가 되어 아버지의 기록을 찾기 위해 유족회 활동을 시작했다. 이때 한국에서 제사용 과일과 술이 든 상자를 준비하여 오키나와에 갔다. 아버지가 전사한 땅을 처음으로 방문하여 '한국의 탑'에서 염원했던 제사를 올렸는데, 그는 울며 쓰러졌다. 호텔에서 같은 방을 썼던 나는 처음엔 말도 통하지 않아 거의 대화를 하지 않았으나, 그날 밤은 둘이서 술을 들면서 손짓 몸짓으로 이야기를 나누었다. 잊을 수 없는 밤이었다. 원고들이 안고 있는 괴로운 역사에 접근하고 싶다고 결심하였다.

군인군속 재판을 통해 통감한 것은 전쟁을 일으킨 책임이 있는 일본인이 전후에 한반도로 돌아간 사람들에 대한 생각을 한 적이 없었다는 것이다. 일본인의 경우는 1952년 샌프란시스코강화조약을 맺고 주권을 되찾은 후에 만들어진 「전상병자 전몰자 유족 등 원호법」에 의해 경제적인 보상을 받았다. 그 금액의 누계는 50조 엔이나 된다고 한다. 한편 한반도에서는 집안의 기둥을 잃었고, 그 후에 발발한 6·25전쟁에서 가족이 이산되어 사회의 거친 파도에 내던져진 유족들이 많다. 그들의 대개가 해방 후 어려운 환경 하에서 고생 끝에 살았고, 민주화 시기를 거친 다음 자기 부친이 어떤 이유로 일본에 동원 당하였고 어떤 상황에서 타계했는지에 대해 알고 싶어서 유족회에 가입했다. 부친이 사망한 땅에 선 유족들이 "아버지!"라고 하며 통곡하는 모습을 접할 때마다 가슴이 아프다. 전후에 그들을 방치한 일본인의 책임의 일환으로 원고들의 희망을 들어주고 싶다는 결의를 새롭게 한다.

(2) 야스쿠니로 쳐들어 간 〈안녕·사요나라〉

지원회의 최대 목적은 원고의 주장을 일본에서 넓히고 심정적으로도 경제적으로도 원고의 재판투쟁을 지탱하고자 하는 것이다. 2001년에 출발한 이후, 지금까지 변화는 있으나, 최대 500명 가까운 사람들이 회원 가입을 했다. 그 결과 일본으로 초청한 원고들(연인원 50명이 넘음)의 항공비와 체재비용 및 기타 재판지원에 관련된 비용을 치를 수가 있었다. 그리고 그 지원 태세의 가장 큰 힘이 되어 준 것이 한일 공동 다큐멘터리로서 제작한 영화 〈안녕·사요나라〉이다.

이희자 씨는 "가능한 많은 원고들을 다루어줬으면 좋겠다"는 아쉬움을 표시하기도 했지만, 주인공을 한 명으로 좁혔기 때문에 야스쿠니 신사의 합사를 요구하는 한국인의 마음, 슬픔, 분노가 직접 일본인의 마음에 전해졌다. 그 영화는 재판의 의의를 전하는 강력한 매체가 되어 상영 운동이 확산되었고, 지원회의 도우미들이 비

약적으로 증가하였다.

나는 군인군속 재판에 관계하면서 "어떻게 하면 원고들의 마음을 일본인들 마음에 전달할 수 있을까"라고 생각하고 있었던 중, 2002년에 어떤 영화와의 만남이 있었다. 마이클 무어 감독의 〈볼링 포 콜롬바인(Bowling for Columbine)〉이란 영화인데, 젊은이들이 많이 보는 것을 보고 바로 이것이라고 생각했다. 당시 나는 일본인 특히 젊은 일본인들이 알았으면 좋겠다는 군군의 주제 3개를 생각하고 있었다. 하나는 시베리아 억류이고, 하나는 BC급 전범, 그리고 또 하나는 야스쿠니 합사의 문제였다. 일본인으로서 동원하여 일본인으로서의 책임을 지게 하고서는 보상은 외국인이라며 배제하였다. 일방적으로 야스쿠니에서만 '군신'으로서 계속 이용하고 있는 것이다. 이 세 가지 주제를 일본인의 마음에 전하는 수단으로써 영화 제작을 계획하였다.

2003년경 한국에서 노무현 정권이 출범하면서 과거 청산에 대한 움직임이 커졌다. 그리고 다음해 2004년에 태평양전쟁피해자보상추진협의회의 김은식 씨로부터 "2005년은 을사조약(제2차 한일협약)으로부터 꼭 100년째입니다. 식민지 지배가 시작된 지 100년째 해를 기념하여 역사적인 일을 합시다. 한일 공동으로 반드시 영화를 만듭시다"라고 제안을 받았다. 진행이 순조롭게 되어, 2004년 가을에는 서울에서 열린 원고 집회에서 감독을 맡을 김태일(金兌鎰) 씨와 만났다. 2005년 1월, 서울에서 관련 회의가 열렸고 주제는 야스쿠니(靖国)로 정해졌다. 구성이나 주인공은 미정인 채, 김태일 씨가 제안한 '안녕·사요나라'라는 타이틀만 전원 찬성으로 채택되었다. 지금도 괴로운 과거와 새로운 만남이 연상되는 매우 센스가 있는 타이틀이라고 생각했다.

⑶ 일본인의 마음을 움직인 이희자 씨의 통곡

이희자 씨는 부친 타계 60년 만에 중국의 부친이 사망한 장소를 방문할 수 있었다. 풍광이 좋은 계림(桂林)에서 북으로 120Km를 가면 전현(全県: 현재는 全州)이 있다. 원래 일본군의 중국에서의 작전은 모두 '현지 조달'이었다. 군이 사용하는 식료품이나 자재도 전부 그랬다. 일본의 침략 전에도 병원으로 사용되었으며, 전후에 병원으로 사용한 '164병원'의 터(현재는 그 일부를 지역 주민이 거주용으로 사용하고 있다)가 이희자 씨의 부친이 사망한 '전현 181 병참병원'이라고 추측되어, 그곳을 방문하였다.

6월 11일은 이희자 씨의 부친이 사망한 지 60주년이 되는 기일이었다. 아침부터 열대성의 비가 계속 내렸다. 제사용 꽃과 과일을 사서 병원 터로 향했다. 낡은 벽돌의 1층 건물의 안으로 들어갔다. 이희자 씨가 식당 터 안에서 제사를 지낼 장소를 찾고 있을 때에 아버지에 대한 생각이 솟구쳐서인지 "아이고 아버지!"라 외치며 길가에 주저앉았다. 마치 쥐어짜는 듯한 통곡이었다.

사랑하는 사람을 잃은 유족의 슬픔은 일본인도 한국인도 마찬가지일 것이다. 일본인도 전후와 패전 이전을 막론하고 야스쿠니 신사에 합사되어 권력에 이용당했다. 다카하시 데쓰야(高橋哲哉) 도쿄대학 교수는 "유족의 불만을 어루만지고 가족을 전쟁에 동원한 국가에 대해 잘못했어도 불만의 창끝을 향하게 하면 안 되고, 무엇보다도 전사자가 현창되어 유족이 그것을 기뻐함으로서 다른 국민이 자발적으로 국가를 위해서 목숨을 바치고자 희망하는 것이 중요하다" "이것이야말로 야스쿠니 신앙을 성립시키는 '감정의 연금술'에 다름없다"고 말했다. 많은 일본인이 아버지나 남편의 죽음을 슬퍼하면서도 국가에 의해 "명예로운 전사다"라고 현창 받으면 그것이

다시 기쁨으로 전환되었던 것이다.

한편, 한국 측에서 야스쿠니를 보면 어떨까. 야스쿠니 신사에는 식민지 지배 과정에서 죽은 가해자 측의 일본인을 제사 지내고 있다. 현재 야스쿠니에 합사된 246만 명 중에서 한반도 출신자는 21,181명이다. 식민지 지배를 한 가해자와 그 피해자를 동일한 곳에 밀어 넣고 있다. "죽어서도 지배를 계속 당하고 있는 것은 참을 수 없는 굴욕"이라는 이희자 씨의 표현은 원고들의 공통된 생각이다. 천안에 있는 망향의 동산에는 이희자 씨 부친의 묘가 있는데, 묘비에는 글자가 없다. "야스쿠니 신사에 합사된 것이 취하되면 이름을 새기겠다"는 결의가 있기 때문이다.

촬영 작업 가운데 야스쿠니를 비판하는 사람은 물론, 야스쿠니를 찬성하는 우익들의 인터뷰도 했다. 또한 야스쿠니 앞에서 항의행동을 하는 한국인에게 가해지는 우익의 언동과 폭력행위도 야스쿠니를 생각하는 소재로서 있는 그대로 묘사하였다.

영화를 본 사람들로부터 실로 많은 감상을 받았다. 무엇보다도 기뻤던 것은 영화가 적지 않은 대학에서 상영되었고, 젊은이들로부터 뜨거운 지지를 받았다는 것이다. 또 영화를 통해 직접 '군군'이나 '노 합사' 소송에 대한 지원을 하기 시작한 사람도 있다. 이와타(岩田整) 변호사도 그 중 한 사람이다. 또한 현재 서울에서 통역 일을 하는 강경민(姜庚旲) 씨는 유학 중에 오사카(大阪)대학에서의 상영회에 참가한 적이 있다. 영화가 주는 메시지가 착실하게 다음 단계로 연결된 것이다.

제작 기간 중의 고생담을 조금 말할까 한다. 그 해에는 일본과 한국을 6번 왕복했다. 하고 싶은 일을 하는 것이어서 괜찮았지만, 직장 일, 재판 지원, 영화 제작을 한꺼번에 할 수밖에 없어 상당

히 힘들었다. 그런 여러 가지 고생을 날려버린 것이 〈안녕·사요
나라〉의 부산국제영화제 은파상 수상이었다. 부산까지 가서 본 한
일본 남자는 "지금까지 본 어떤 다큐멘터리 작품보다 훌륭했다"고
절찬의 말을 해주었다. 극장에서는 5개관에서 119회를 상영하였
고, 자주 상영회의 횟수는 136회에 이르렀다. 800개의 DVD가 팔
렸고 약 2만 명의 일본인이 〈안녕·사요나라〉를 보았다.

3. 재판의 결과, 남겨진 과제

2001년 소송의 1년 전부터 인터뷰 조사를 했고, 그로부터 12년이
지났다. 그동안 많은 관계자들이 세상을 떠났다. 발기인의 김경석
(金景錫) 씨, 우키시마호(浮島丸) 유족인 임서전(林西伝) 씨, 시베리
아삭풍회 회장 이병주(李炳柱) 씨, 격전지 부겐빌에서 생존한 김행
진(金幸珍) 씨. 투쟁의 도중에 쓰러진 분들의 염원을 어떻게 계승
하고 결말을 지을 수 있을까. 또 원고 중에는 남편이나 부친이 생
사불명인 사람들도 많이 있다. 그들의 억울함을 재판에서 추궁했어
야 했다. 하지만 2006년 5월의 도쿄 지방법원 판결, 2009년 10월의
도쿄 고등법원 판결, 그리고 2011년 11월의 최고재판소(대법원) 결
정, 그 어느 판결에서도 모두 무시되었다. "한일 청구권협정에 의해
해결"되었다고 하는 거대한 벽을 무너뜨릴 수는 없었다. 정말 죄송
한 마음이 가득하다.

조금이나마 향후의 전망을 가질 수 있는 것은 야스쿠니 신사 합
사 과정에서 국가가 관여한 5가지 요소를 인정한 도쿄 고등법원의
판결이었다. '예산을 설정하여' '요강을 정하여' '조직적으로' '장기적
으로' '직접적으로' 합사에 관여하였다고, 지극히 구체적으로 인정했

다. 결론에서는 "특히 후하게 야스쿠니 신사를 지원하였다고 단정하기 어렵다"고 도망가고 있지만, 나중에 오사카 고등법원에서 진행된 소송에서 위헌 판결이 나오도록 영향을 미친 것은 틀림없다.

또한 414명이라는 대규모 소송단을 구성하는 원고 개개인의 진술은 일본이 저지른 식민지 지배라는 과오나 전쟁범죄를 증언하는 그야말로 살아있는 교과서였다. 그 덕택으로 오늘날 일본과 한국에서 확산된 운동으로 발전했던 것이다. 또한 원고들의 운동은 한국 내에서 '진상규명법'이나 '지원법' 성립으로 결실을 맺었다.

한편 재판은 끝났어도 과제는 그대로 남아있다. 야스쿠니 합사 문제를 비롯해, 유골 조사, 격전지 추도순례, 군사우편저금 기록 등 모두 "청구권협정으로 해결되었다"고 할 수 없는 것들이다. 그 중에서도 큰 문제라고 할 수 있는 '유골 조사'와 야스쿠니 문제를 원고와 일본인 지원자의 입장에서 살펴보고자 한다.

(1) 뉴기니아에서 볼 수 있는 전쟁책임 방기의 실태와 야스쿠니의 기만성

2007년 9월, '군군 재판' 항소 제1회 구두변론에 원고의 고인형(高仁衡) 씨가 참가하였다. 고인형 씨의 부친 고몽찬(高夢讚) 씨는 제주도에서 농사일을 하던 중 1942년에 군인으로 동원되었다. 고인형 씨는 그 해에 태어났는데, 2살 때에 아버지가 사망하였다. 당연히 아버지의 얼굴은 기억하지 못한다. 해방 후에 어머니는 3명의 아이들을 보살폈지만, 1948년에 일어난 4·3사건 후에 세상을 떠났다. 2명의 형들도 일찍이 사망하였기 때문에 결국 혼자 남은 고인형 씨는 초등학교 시절부터 서울에 올라가 먹고살기 위해 어떤 일이라도 했다. 그것 때문에 학교에는 가지 못했다. 고난의 시기를 지낸 후에는 제주도로 돌아갔다. 농업에 종사하면서 어느 정도 생활이 안

정되고 아이들을 양육하는 입장이 되자 부모님 생각이 간절해졌다. 그러다가 유족회 활동을 알게 되어, 부친 사망의 진상을 밝히는 활동을 시작하였다. 수년 전 국가기록원에 아버지의 이름이 기재된 「비상연락명부(留守名簿)」와 「피징용사망자 연명부」가 있는 것을 알았다. 거기에는 고인형 씨 부친이 일본육군 제20사단 보병 제78연대에 동원되었고, 1944년 9월 3일에 동부 뉴기니의 보이킨에서 병사하였다고 기록되어 있었다. 그 중에도 고씨가 믿을 수 없었던 것은 아버지가 야스쿠니 신사에 합사되어 있다는 사실이었고, 그것을 안 순간 매우 충격을 받았다고 한다.

일본군은 진주만 공격 이후, 싱가포르, 필리핀, 인도네시아 등 태평양의 각국을 파죽지세로 침공하였다. 1942년 1월 일본군은 뉴 브리튼 섬(비스마르크 제도)의 라바울을 점령하고 그곳을 거점으로 남태평양 전역을 지배하고자 동부 뉴기니에 상륙하는 계획을 진행하였다. 그러나 거기는 일본에서 약 5천 Km 남방에 위치하므로 보급로를 생각하면 너무나 먼 곳이었고, 또 부대에 지급된 지도에는 고저의 차가 표시되어 있지 않아서, 작전 자체가 무모하였다.

연합군 기지가 있는 포트 모레스비에 대한 공략에 실패한 일본군은 1942년 8월에 다시 육로로 오엔스탠리 산맥을 넘어 공격하고자 시도하였으나, 보급이 끊겨 실패하였다. 연합군의 본격적인 반격이 시작된 1943년 6월 이후 동부 뉴기니 전투에서 일본군은 제해권과 제공권을 빼앗긴 탓에 보급로가 단절되었다. 1943년 9월에는 북쪽 해안을 넘어 4천 미터 급의 사라와트산을 넘고자 했으나 뉴기니의 자연조건을 무시하고 보급의 가능성을 계산하지 못해, 습지대와 산악에서의 행군으로 인해 낙오병의 시체가 계곡을 뒤덮었다. 부상자와 병약자는 길가에서 죽거나 자살하였다. 먹을 것이 없어지자 기아 상태의 병사들이 아군의 인육을 먹는 사건마저 발생했다.

이 동부 뉴기니 전투에 일본군은 육군, 해군을 합쳐 14만 8천명이라는 대병력을 파견하였으나, 그 중에서 살아 온 자는 1만 3천명뿐이다. 실로 13만 5천 명이 현지에서 사망한 것이다. 아시아태평양전쟁에서 사망한 일본인은 총 310만 명. 그 중에서 군인군속은 240만 명이라 한다. 이 전쟁에서 특징적인 것은 일본군 전몰자의 과반수가 전투 행위에 의한 전사가 아니고 굶어서 죽은 아사였다는 사실이다. '야스쿠니의 영령(英靈)'이라는 것의 실태는 격렬한 전투 중에 죽은 사람들이 아니라, 무모한 작전으로 인한 아사 지옥 속에서 길바닥에서 쓰러져 죽은 사람들이라는 것이었다.

고인형 씨가 의견 진술을 한 구두 변론의 다음날, 뉴기니에서 귀국한 이와부치(岩淵宣輝) 씨를 관서공항에서 하네다까지 오게 하여 교류 모임을 가졌다. 이와부치 씨는 NPO법인 태평양전사관(太平洋戰史館)의 회장인데, 부친이 전사한 뉴기니 등에 40년 이상 유골을 귀환시키는 활동을 계속하고 있다. 현지 방문은 270회 이상하였고 1,100주가 넘는 유골을 일본에 갖고 돌아왔다.

이와부치 씨와 고인형 씨는 동갑이었으며, 부친의 사망 이후 모친과도 이별하여 고아처럼 심한 고생을 하였다는 점에서 닮았다. 이와부치 씨는 고씨의 부친이 사망한 보이킨에는 몇 번이나 갔었고, 그 지역 사람들하고 친한 편이다. 이와부치 씨는 "1946년 1월에 천황은 '인간선언'을 하였기 때문에 '현인신(現人神)'이 아니다. 야스쿠니의 구조 자체가 그때 붕괴하였다. 죽은 다음에도 상관에게 지시를 받는 것을 희망하지 않을 것이다. 왜 이렇게 유골이 방치되고 있는가? 그것은 야스쿠니가 있기 때문이다"라고 말하였다. 지금까지 뉴기니를 비롯해 태평양 지역에 방치되어 있는 일본정부가 인정하는 유골 수는 115만 주에 이른다.

2011년 11월, 오사카에서 이와부치 씨는 오빠가 뉴기니에서 사망한 남영주(南英珠) 씨와 만났다. 2010년 남씨가 일본에 왔을 때에 이와부치 씨의 이야기를 하니까 꼭 만나보고 싶다고 하여 3월말에 같이 이와테현에 갈 예정이었지만, 마침 발생한 동일본손해배상 때문에 연기된 것이다. 이와부치 씨는 "야카무르는 바다가 깨끗하고 한가한 어촌. 거기로 가는 거점인 포트 모레스비에 내 아들의 무덤이 있다. 죽은 사람에게 접근하기 위해서는 죽은 장소에 가는 것이 가장 좋다. 야스쿠니 같은 곳에 간다는 것은 생각할 수 없다. 당신이 오늘 여기까지 온 것은 그만큼 오빠와의 거리가 가까워진 것이다"라고 말하였다. 남영주 씨는 눈물을 흘리며 "오빠를 만난 것 같은 기분이다"라고 답했다. 그는 "여동생인 내가 유골을 찾아 부모님의 한을 풀어드리고 싶다. 이와부치 씨의 활동을 듣고 그곳에 가서 무엇인가 할 수 있지 않을까라고 마음이 들떠 있다"고 말하였다. 그 후 뉴기니를 방문하는 이야기가 급속도로 진행되었다.

이와부치 씨의 예정이나 날씨를 고려하여 2012년 8월에 '돌아오지 않는 가족을 위해 한일합동 파푸아뉴기니 순례 민간외교사절단'을 조직하여 현지 방문을 하자는 계획을 세웠다. 한국과 일본에서 실행위원회를 만들어, 한일 유족들이 그냥 현지에 가는 것이 아니라 파푸아뉴기니와의 친선교류를 포함하여 실시한다는 기획을 만들어, 협찬을 확대해 보자는 안이 뚝딱 정해졌다. 그날 남영주 씨는 오빠의 영정을 안고 잤다. 8월 25일부터 9월 1일에 걸쳐서 고인형 씨, 남영주 씨는 이와부치 씨와 함께 파푸아뉴기니를 방문하여 부친과 오빠가 사망한 현지에서 제사를 올렸다(자세한 것은 '재한 군인군속의 재판을 지원하는 회(GUNGUN)'의 홈페이지(http://www.gungun.jp)를 참조 바람).

이상과 같이 한일 공동으로 유골 문제나 야스쿠니 문제에 대한 운동이 착실하게 진행되고 있다. 이희자 씨는 유골 문제에 대해 다음과 같이 말한다. "일본인 유족의 입장에서 유골 조사를 하고 있는 이와부치 씨의 활동이 힌트가 된다. 아무 것도 하지 않으면 아무 것도 얻을 수 없다. 조사가 어려운지 어렵지 않은지는 유족이 현지에 가서 판단할 일. 유골 문제는 유족이 끝이라고 선언하지 않는 한은 계속된다".

'재한 군인군속 재판을 지원하는 모임'은 향후에도 남겨진 과제를 원고와 함께 투쟁하기 위해서 명칭을 '군군 재판의 요구 실현을 지원하는 모임'으로 바꾸고 다시 출발하였다. 군사 우편저금에 관해서는 유초(郵貯)은행이 보관하고 있는 기록을 한국정부에 넘기기 위한 활동이 진행되고 있다. 앞으로도 미력하나마, 한국과 일본 간에 미래를 향한 가교가 되고자 노력할 것이다.

〈자료 1〉 2001년 6월 29일 재판 시작

〈자료 2〉 부친 묘 앞의 이희자 씨(2005년 6월 9일)

〈자료 3〉 뉴기니아의 유골(2007년)

{ 제10장 }

나가노(長野)현에서 전개된
강제동원 진상규명 운동[*]

-마쓰시로(松代) 대본영의 조사를 중심으로-

곤도 이즈미(近藤泉)[**]

1. 운동에 대한 관심

아시아태평양전쟁이 종료된 지 얼마 지나지 않은 1950년대라고 생각되는데, 박경식(朴慶植) 선생이 나가노현 마쓰시로(松代)에 조사하러 왔을 때부터일 것이다. 가장 먼저 조사를 시작한 그 분의 활동이 지금 일본의 강제동원 관련 운동의 초석 같은 역할을 하였다. 다만 나가노현의 경우는 중국인도 많이 끌려 왔는데, 중국인의 조사에 대해서는 기소(木曽)의 발전소 노동조합이라든지 중국 귀환자연락회 사람들이라든지, 일중 우호협회 사람들이 매우 일찍부터 조사 및 유골반환 등에 힘쓰고 있었다. 하지만, 그런 사람들에게 물어보면 한인에 관한 것은 전혀 염두에 두지 않았다고 한다.

일본인 측도 심경이 복잡했겠지만, 실제 일본에 남아서 살고 있

---

* 이 글은, 2007년 7월 22일 나가노현 마쓰모토시에서 편역자가 곤도 씨를 인터
  뷰 했던 내용을 바탕으로 본인 양해하에 재구성한 것이다.
** '마쓰모토 강제노동 조사회' 회원. 평화운동가.

던 한인들은 더 복잡했을 것으로 생각된다. 일본에 거주하면서 제국주의 지배를 받아서 그런지 집에서 천황의 사진을 간직하며 살던 사람도 있었다. 그래서 박경식 선생님의 조사 활동에 자극을 받은 일본인이 많았다.

2. 한일조약 반대운동과 재일 한인과의 만남

1960년대의 중기 정도에 신슈(信州)대학에서는 식민지지배의 청산을 제대로 하지 않는 한일조약에 반대하는 운동이 대학 전체 규모로 전개되었다. 학생들이 단식 투쟁도 하였는데 그때 재일 한인(이하, 자이니치) 학생과 일본인 학생들 사이에 많은 교류가 있었다. 그래서 왜 자이니치가 이렇게 일본에 많이 살고 있는지, 같이 일본에서 태어나 자라도 그들의 문화가 다르다는 것을 일본학생들이 알게 되었다. 그 속에서 제대로 역사를 알지 않으면 안 되겠구나라고 자각하는 사람이 나오기 시작했다. 그 중 나도 잘 아는 선배 한 분은 강제연행의 역사를 알지 못하면 일본과 조선의 우호는 존재하지 않는다는 글을 쓴 적이 있다. 박경식 선생의 조사 이후에는 그 사람들이 처음으로 마쓰시로(松代)에 증언 조사를 하러 갔다. 당시는 테이프도 없었기 때문에 기록은 남아있지 않다. 나도 직접 증언조사를 하러 갔던 선배에게 들었는데, 그 마을 사람들은 강제연행이나 강제노동이라는 표현을 쓰면 좋아하지 않았다. 따라서 이 지역의 역사를 들으러 왔다든지, 여러 가지 이유를 만들어서 증언을 들었다고 한다. 학생들에게 충격적인 증언도 있었다고 하나, 아쉽게도 남은 기록은 없다.

1965년까지 신슈대학은 마쓰모토(松本)시에 문리학부와 의학부가 있었다. 교육학부는 처음에는 나가노(長野)시에 있었고, 기타 학부도 산재되어 있었다. 1966년에 교양부로서 통합되었고, 누구라도 입학하면 1학년 동안(의학부는 2년간)은 마쓰모토의 교양부에서 공부하게 되었다. 교육학부 학생들도 마쓰모토에 있는 동안 같이 운동을 하기 시작했고 자이니치 학생들과도 교류를 갖게 되었다. 2학년이 되어 나가노시로 이동한 후에도 조사 활동을 하였다.

자이니치는 대부분 총련 관련의 사람들이 많았고, 유학생동맹(留学生同盟)이란 것을 만들고 있었다. 그 유학생동맹과 일본 학생의 조선문화연구회가 같이 움직였다. 신슈대학생이 중심이 되어 나가노 현내의 여러 학교로 가서 활동을 하여 현내의 여러 학교에 조선문화연구회가 생겼다.

당시 마침 도쿄도(東京都)에서 조선대학 설립의 인가를 둘러싸고 문제가 대두되었다. 그때 나가노현의 단기대학이라든지 보육전문학교 등 여러 학교 학생들과 같이 신슈대에서 버스 10대에 나누어 타고 조선대학에 응원하러 가서 교류를 나눴다. 전국적으로도 그런 예가 없다고 본다. 나중에 인가가 났다는 소식을 듣고, 보람을 느꼈다. 나가노현에서는 그만큼 한인과의 교류가 큰 운동으로 발전하였다. '일조(日朝) 우호 신슈(信州)학생 심포지엄'이란 것이 있어서, 매년 일본과 조선의 우호를 위한 활동을 하는 전국의 학생들이 마쓰모토에서 가까운 오마치(大町)에 모였다. 도쿄나 교토(京都)의 학생들도 왔다. 2박 3일간 연구발표도 하거나 학습을 하고 문화교류를 하였다. 그 중심에는 신슈대학의 학생들이 있었다.

내가 대학에 입학한 것은 1969년이었다. 당시는 여러 가지 운동의 소용돌이 속에 있었다. 신슈대학 교양학부에 있을 때에 기타신에쓰(北信越) 지역에서 처음으로 민족학교인 조선초중급학교가 나가노현에서 설립되었다. 히지리(聖)고원이라는 산속에 호텔이었던 건물을 빌려서 작은 아이들도 부모 품을 떠나 민족의 말과 역사와 문화를 배우고 있었다. 자민족의 말과 문화를 아이들에게 교육시키고자 하는 자이니치 부모들의 열의는 정말 대단했다. 민족학교가 있던 지역에서는 한인 학교가 설립되는 것에 반대하는 사람들도 많았다고 한다. 그래도 학교 관계자들은 이해를 구하고자 노력하였고, 인근 마을의 운동회에도 참가하게 되었다. 그 수년 후, 마쓰모토 시내에 건물을 세워서 이전하였다.

자이니치를 북한에 보내는 '귀국 사업'이라는 것도 시작하고 있었다. 지금은 어느 정도 알게 되었으나, 당시는 북한에 대해 아직 잘 알지 못했던 시대여서 '귀국'한다는 학생을 배웅하러 간 사람들도 있었다. 유학동의 학생들에게 배운 조선 노래를 우리들도 자주 불렀다. 의미는 잘 모르지만 가타가나로 외웠고, 지금도 외우고 있다. 조문연 서클 활동 중에서 식민지 지배나 강제동원의 사실을 중요시하지 않으면 안 된다고 대화한 것을 기억한다. 특히 일본인 학생들 사이에서 그런 분위기가 강했다.

3. 강제동원에 관한 조사를 시작하다

마쓰모토의 지하호에 대한 조사, 마쓰시로(松代) 대본영(大本營)의 지하호에 대한 조사를 시작했다. 마쓰시로 대본영에서 강제 동원이 있었다는 것을 인식하고 있었다.

1960년대 후반에 신슈대학의 학생들이 시작했던 조사는 일시적으로 중단되었고, 70년대에 들어서 역사 교사들이 설립한 연구회인 역사교육자협의회(이하, 역교협)의 회원들이 조사를 시작하였다. 전

쟁이나 식민지 지배를 가해의 시점에서 봐야 한다고 하여, 신슈대학의 학생들과 같이 조사하러 갔다. 일본 전국에서도 나가노현의 그런 움직임은 빨랐다. 나가노현의 역교협 교사들은 각각의 지역에서 생도들과 함께 강제동원의 사실을 조사하기 시작했다. 그때 조사를 시작한 교사 중의 이케다(池田) 씨는 전국의 교육집회에서 자이니치 청년들이 배포한 전단지를 보고 충격을 받아 나가노현에서의 강제동원 사실을 발굴하기 시작했다고 한다. 마쓰모토시에 살던 이케다 씨는 자이니치 학생의 가족으로부터 옛날 이야기를 듣거나, 역시 제자의 할아버지가 당시 촌장이었기 때문에 지하호 건설의 이야기라든지 동원된 한인의 이야기를 들었다고 한다. 또한 이나(伊那) 거주의 가라키(唐木) 씨는 소나무 숲을 개간하는 데에 혹사당한 한인 농경대에 관해 중학생들과 같이 조사하였는데, 학생들이 할아버지로부터 당시의 상황을 듣고 도망자를 학대한 사실이 있다는 것을 알았다. 1994년에 나가노현 역교협 사람들이 출판한 『전쟁을 발굴하다(戰爭を掘る)』이라는 책에는 나가노현 각지에서 교사들과 학생들이 같이 강제동원이 실태에 대해 조사한 내용이 실려 있다.

그리고 이전에 한국에 강제동원 관련 조사를 하러 갔을 때에 농경대(農耕隊)로 동원되어 도치기(栃木)현의 나스(那須)에 강제노동을 했던 사람을 우연히 만났다. 도치기현의 동원에 대해서는 잘 몰랐기 때문에 그 사람을 도치기 지역의 조사를 하던 손대용(孫大勇)이라는 사람에게 소개하였다. 손씨는 농경대 경험자에게 국제 전화로 취재를 하여 조사를 할 수 있었다고 기뻐했으나, 그 후에 타계하였다. 나가노현에도 한인 농경대가 3천 명 배치되었으나, 그것에 대해 알게 된 것은 최근이었다.

호타카(穗高)에는 한인 소년들이 동원되어 개간 작업을 하고 있었다. 징병 검사를 받은 농경대와는 다른 조직이라고 추측된다. 그 감독을 하던 사람은 전후에 반전운동이나 조선과의 우호 운동을 하였다. 당시의 상황을 스케치로 남겼다 하는데, 그것은 지금 소재를 모른다.

4. 마쓰시로 지하 대본영을 조사하는 과정

대학생들이 마쓰시로에 가서 한 조사는 도중에 연결이 되지 않은 적도 있었다. 학생은 졸업을 하면 취업을 하여 이동하니까. 역사 교사도 전근하면 계속할 수 없게 된다. 할 수 있는 시기와 할 수 없는 시기가 있으면서 운동은 연결되었다. 1975년에는 역교협의 교사들과 신슈대학의 교수 및 조문연의 학생들 그리고 일반 시민 등으로 구성된 '나가노현 조선인 강제연행 강제노동 조사단'이라는 단체가 만들어졌다. 그 중에서 중신(中信)반 중 마쓰모토(松本)반은 마쓰모토시 사토야마베(里山辺)의 지하호를 중심으로 조사하였고, 북신(北信)반 즉 나가노(長野)반은 마쓰시로 대본영 지하호를 중심으로 조사하였다.

마쓰모토 반의 활동은 현재의 '마쓰모토 강제노동 조사단'에 계승되었다. 나가노 반은 그 후 아오키 다카토시(青木孝寿) 씨를 중심으로 '소화사(昭和史)를 이야기하는 모임'을 만들어서 대본영 지하호의 견학회 등을 열었다. 아오키 씨는 그 후에 발족된 '마쓰시로 대본영의 보존을 추진하는 모임'의 초대 회장직을 맡았다. 그는 대본영 지하호를 조사하는 의의에 대해 다음과 같이 말하였다. "마쓰시로 대본영은 한인의 노동과 희생에 의해 구축되었다. 이것은

1910년 이후 식민지 지배의 연장선에서 생각해야 할 문제이며, 타 민족을 지배한 부끄러움의 전형을 보여주고 있다. 그야말로 아시아 태평양전쟁에서의 가해 문제에 대해 교시를 준다. 우리들은 이 '가해'를 솔직하게 인식하고 전쟁의 '피해자'인 우리들 민중도 지배층과는 별도의 시점에서 '가해자'로서의 현실과 결합하여 생각하는 것이 중요하지 않은가. 거기에 향후 일본과 조선 민중의 연대가 구축될 것이다."

보존 운동을 시작한 계기는 시노노이 아사히(篠ノ井旭) 고등학생들이 만들었다. 오키나와(沖繩)의 지하호를 보고 충격을 받은 고등학생들이 자기들과 가까운 곳에 있던 마쓰시로 대본영의 존재와 의의를 알게 되어 나가노(長野)시에 보존을 요청하였다. 그 고등학생들의 운동을 지원하는 목적으로 1986년에 '마쓰시로 대본영의 보존을 추진하는 모임'이 만들어졌다. 폭넓은 시민들에 의한 이 모임은 보존과 공개를 요구하며 여러 가지 운동을 하였다. 하지만 정작 마쓰시로에 사는 주민들은 아직 그런 의식을 갖고 있지 않았다. 마쓰시로의 외부에서 그런 운동이 일어난 것에 대해 현지 주민들은 저항감을 가지고 있었다.

운동에는 여러 사람들이 참가하였다. 그 중에는 정치적인 입장을 강조하는 사람도 있었다. 그래서 일부 정치적인 세력에 이용당하는 것이 아닌가라고 지역 주민들은 경계하고 혐오감을 가지는 경우도 있었다. 그리고 입장이 다른 사람을 배제하는 움직임도 있었다. 시민운동이라면 모두에게 열린 자세로 하지 않으면 안 되지만, 처음에는 다양한 사람들이 손을 잡고 같이 하는 운동이 안 되었던 시절이 있었다.

'보존을 추진하는 모임'이 설립되기 전에도 현지의 주민들은 자기들의 생활을 방해하지 않길 바란다는 태도였다. 한인에 대한 강제노동의 실태라든지 차별을 이야기하면, 자기들이 가해자로 비쳐질까 염려한 것이다. 물론 실제로 한인들의 강제노동을 통해 이익을 얻은 사람도 있을 수 있으니까, 지역 주민들이 운동을 적대하도록 한 사람이 있을 수 있다. 예를 들면 마쓰시로의 한바(飯場)에서 자란 야마네 쇼코(山根昌子) 씨의 경우가 그렇다. 야마네 씨가 책 등에서 괴롭힘을 당한 경험을 이야기하는 것에 대해 자기들이 그랬다고 비난 받을 것 같다며 싫어했다.

하지만 현지 주민들은 고등학생들이 자기들의 역사를 조사를 한다고 하니까 비교적 잘 대응해 주었다. 아이들을 위해서라면 이야기할 수 있다는 것이었다. 그러나 어른들이 오면 정치적으로 이용당하거나 이상한 운동으로 변질할지도 모른다는 경계심이 있었다. 그것을 보고 일보 전진했다는 생각이 들었다.

5. 현지 지역과의 관계

지방 행정 측은 지금도 별로 협조적이라 할 수 없다. 마쓰모토(松本)시의 경우, 사토야마베(里山辺)의 지하호에 대해 교육위원회 문화과와 대화를 하지만, 나가노시의 경우는 계속 상공관광과가 담당하고 있다. 시의 중요한 문화재로서 취급하지 않고 있다. 시민들에 고등학생까지 참가하여 마쓰시로 대본영(松代大本營)을 전시하는 '평화 기념관'을 설립하려는 운동을 하고 있다. 그러나 시 당국은 "굴이 있으니까 그 자체가 기념관이다"라는 소극적인 태도를 취하고 있었다. 지하호를 보면 되지 전시시설은 필요 없다는 것이다. 다만 다나카 야스오(田中康夫) 씨가 나가노현 지사였을 때에 고등학생의 안내로 지하호를 보았고 매우 열심히 질문도 하고 답을 하였다.

운동을 진행하면서 여러 단체나 사람들의 협력을 끌어내기 어려웠던 적이 있다. 야마네 쇼코 씨가 위안소였던 건물을 보존하려고 운동했을 때에도 '보존을 추진하는 모임'은 협력하지 않았다. 원래 '보존을 추진하는 모임'의 이지마(飯島) 씨는 학생들과 같이 조사하는 과정에서 그 건물이 위안소로 사용되었던 것을 알았다. 우리들은 그 건물을 원래 있던 곳에 보존할 수 없을까 하고 고민하고 있었는데, 야마네 씨 측은 그 건물을 방치하면 부서진다는 이유로 해체하여 다른 곳에 세우려고 갖고 가버렸다. 상담하거나 협력하는 운동을 하지 않았던 것이다.

여러 단체가 활동을 하고 있었지만, 마쓰시로 대본영의 기념관을 만드는 운동도 위안소 건물을 보존하고자 하는 운동에도 현지 주민들은 호감을 갖지 않았다. 또한 집회를 개최할 때에 '보존을 추진하는 모임'은 현지 주민들과 규칙을 정해서 하고 있었으나, 다른 그룹이 엉뚱한 행동을 하면 전부 같은 집단으로 취급하였다. 평화기념관 건설은 현지 지역에 폐를 끼치니 반대한다고 현지의 주민들이 연명하여 시 의회에 진정한 적도 있었다. 그러한 것들로 인해 평화기념관의 건설 운동은 여간 어려운 것이 아니다.

여러 운동이 공동 보조를 취하지 못한 점도 있었지만, 식민지 지배나 전쟁에 대한 반성을 생각하게 하는 시설이 세워지면 곤란하다고 생각하는 사람들이 영향력을 미치고 있다고 생각할 수 있다. 보수적인 힘이라는 것은 여러 단체의 이름을 사용해도 하나가 되어 움직일 때가 있다. 사람들이 많이 오면 길이 더러워지고 주차위반의 차가 늘어난다는 것을 반대 이유로 삼을 때도 있었다.

그러자 고등학생들이 "그러면 우리들이 청소를 하면 되지 않나"라며 매주 청소를 하기 시작하였다. 그것을 본 지역 주민들이 마음을 열기 시작하였다. 고등학생들에게 이야기를 하기 시작했다. 역시 현지 주민들과 적대 관계에 있는 운동은 발전할 수 없다고 생각한다. 재작년에 마쓰시로의 공민관에서 지하호 관련 전시회를 열었는데, 보러 온 사람들이 조금씩 마음을 열어 주었다. 다만, 선거가 있을 때는 정치적으로 이용하는 움직임이 있거나 해서, 시민운동을 정치 세력이 이용한다고 선전하는 사람도 있다.

6. 향후의 과제

정치운동과 시민운동의 관계를 다시 생각해야 한다. 정치적으로는 보수지만, 평화를 위해 운동을 계속해야 한다고 생각하는 사람들도 많으므로, 여러 생각과 입장에 있는 사람들과 어떻게 연대하는가가 향후의 과제이다.

마쓰시로 대본영의 지하호를 방문하는 사람 수는 연간 10만 명이 넘는다. 그 중에서 우리들이 가이드 할 수 있는 범위는 10% 정도에 지나지 않는다. '보존을 추진하는 모임'에는 가이드 할 수 있는 사람을 소개할 수 없을 정도로 의뢰가 많다. 매일같이 의뢰가 들어오는 경우도 있으며, 수학여행 시즌에는 몇백 명을 안내해야 하는 경우도 있다. 특히 나가노현 내에서 중학생 및 고등학생들이 많이 온다. 고등학생의 경우는 히로시마(廣島)나 오키나와(沖繩)에 수학여행을 가기 전에 사전 학습으로 마쓰시로를 견학하는 경우가 많다. 그래서 '보존을 추진하는 모임'은 조사 활동에 더욱 시간과 에너지를 집중하기 힘들다. 따라서 안내 가이드를 할 수 있는 사람들을 조금이라도 늘리고자 '가이드 양성 강좌'라는 것도 개최하고 있다.

가이드 없이 보고 돌아가는 사람들도 있어서, 관광객용의 매점을 가진 술 도매상이라든지, 관광버스의 가이드를 하는 사람 등, 여러 단체의 사람들이 지하호를 안내하는 경우도 있다. 그래도 많은 견학자들이 가이드 없이 견학을 하고 있다. 그런 사람들도 마쓰시로 대본영의 역사를 알 수 있도록 평화기념관이 빨리 건립되길 바란다.

마쓰시로의 지하호를 보존하는 일도 큰 과제이다. 그 안에 들어가면, 철골로 지탱한 곳이 있는데, 그런 곳이 해마다 늘고 있다. 위험한 곳은 철골로 보강하거나 주변의 돌을 일부러 떨어뜨리기도 한다. 따라서 지하호의 원래 모습과는 많이 다른 곳도 있다. 안전을 생각해서 무너트린 곳도 있다. 그래도 지하호에 들어가면, 거기서 일하던 많은 사람들이 공사 도중에 희생되었다는 것을 실감할 수 있다. 매우 중요한 전쟁 유적이며, 교육의 장이므로 보존할 필요가 있다.

전쟁 유적에 대한 생각도 달라졌다. 종래에는 전쟁 유적은 문화재가 될 수 없고 쓸모없는 것이라는 인식이 있었지만, 전쟁 유적 네트워크를 만들고 나서는 조사나 연구가 진행되고 있다. 2007년에는 도쿄에서 대회가 열렸다. 이전에는 전쟁 유적에 전혀 관심을 보이지 않더니, 그 네트워크가 생기고 나서 서로 정보를 교환하거나 대회를 개최하면서 일반인들로부터 주목을 받았다. 오이타현의 우사(宇佐)시와 치바현의 타테야마(館山)시 등에서는 문화재로서 정비하고 싶다고 본격적으로 조사를 하기 시작했다. 지금은 정부 측에서 문화청을 통해 전쟁 유적을 문화재로 지정하고자 하는 움직임이 서서히 일어나고 있다. 문화재로 지정할 가능성이 있는 전국의 지하호를 조사하였고, 마쓰시로 대본영도 문화재로 지정될 가능성이 있으며, 현재 정부의 판단을 기다리고 있는 상태이다.

〈자료 1〉 마쓰시로 대본영 공사 한인 희생자 추도비

〈자료 2〉 마쓰시로 대본영 지하호에서 '마쓰시로 대본영의 보존을 추진하는 모임' 회원의 설명을 듣는 한·일 대학생들

{ 제11장 }

일본제철 가마이시(釜石)제철소
피동원자의 소송 지원 운동

야마모토 나오요시(山本直好)*

1. 전후보상 운동과의 만남

1) 한국과의 만남

나는 1965년에 시마네(島根)현 서부의 바닷가 작은 마을에서 태어났다. 작은 상점은 있었으나, 찻집도 게임장도 없었다. 자택에서 걸어서 1분도 걸리지 않는 곳에 있는 해변의 모래밭이 어린애들의 놀이터였다. 우리들은 어두워질 때까지 파도가 밀려오는 곳에서 모래성을 만들거나, 맨발로 야구를 하면서 노는 것이 일과였다. 부모님이 "밥 먹어라"고 부르면 석양 속을 재빨리 달려서 집에 돌아가곤 했다.

나와 한국의 첫 '만남', 그것은 모래사장에 밀려 올라온 쓰레기였다. 본 적이 없는 '기호'가 쓰여진 플라스틱 용기가 여기저기에 밀려와 있었다. 그 쓰여진 것은 지금 생각하면 한글이었지만, 그때는 무언가 비밀의 암호라도 되는 것처럼 집어서 보며 두근두근하였다.

---

* '일본제철주식회사 전후보상소송 지원 모임' 사무국장. 평화운동가.

수평선 저 너머에 있는 아직 보지도 못한 나라에 강한 동경을 품으면서 저녁놀을 오랫동안 바라봤던 것을 기억한다.

중학생 때는 잠자리에 들어서 한국의 KBS나 평양방송, 베이징방송, 모스크바방송 등의 해외를 향한 일본어 단파방송에 귀 기울이게 되었다. 일본해 측은 아시아의 해외방송이 잘 들린다. 아쉽게도 당시에는 한국어, 중국어를 거의 습득하지 못하여서 통역에 의존할 수밖에 없었지만, 그러한 소년기의 체험은 아시아 사람들과의 사이에 있는 마음의 벽을 넘어서지 않으면 안 되는 상황에서 큰 버팀목이 되었다.

2) '제2의 전달자'가 되어서

나도 한국식으로 말하자면 '386세대'이다. 그러나 아쉽게도 나에게는 정치 변혁을 위한 운동에 참가한 경험이 없다. 1980년대 초에는 중거리 핵미사일의 배치 반대운동이 세계적으로 확대되어, 일본에서도 수십만 명 규모의 집회나 데모가 일어났다고 선배에게 들었으나, 내가 대학에 입학한 1984년에는 이미 그러한 여운조차 없었다.

대학에서는 평화운동 서클 활동을 하였다. 거기에서 피폭자 원호법을 제정하는 서명운동과 함께, 교토(京都)에 거주하는 피폭자의 인터뷰를 하는 활동을 하였다. 피폭자 중에는 중국 전선으로 징병되었던 사람들도 있었다. 속죄하는 마음으로 담담하게 말하는 중국인 학살에 관한 증언에 우리들을 압도당했다. 또한 히로시마에서는 한인 피폭자도 인터뷰를 하였다. 전시 중에는 일본인으로서 노동을 강요당하였지만, 일본이 패전한 후에는 손바닥 뒤집듯이 "제3국인이니까 치료할 수 없다"라며 원폭증 치료로부터 배제되었다는 증언을 듣고, 식민지 지배의 가혹함과 차별에 화가 났다.

나는 전쟁이나 식민지 지배가 살인과 차별을 합법화하는 가장 비인간적인 행위이라는 것을 당사자들의 증언을 통해서 배웠다. 그 것과 동시에 우리들이야말로 직접 체험한 사람들로부터 증언을 들 을 수 있는 마지막 세대라는 것도 통감하였다. 체험을 계승하여 '제 2의 전달자'가 되는 것이야말로 우리들 세대의 책임이라고, 지금도 생각하고 있다.

3) 옆 동네에서 일어난 강제연행

대학을 졸업하고 나는 도쿄도(東京都) 산하 지방자치단체의 공무 원이 되었다. 1990년대 초에 일본군위안부 문제가 커다란 사회문제 로 대두되었고, 피해자가 일본에 왔다. 소위 전후보상 재판이 제기 되었고 각지에서 증언 집회도 열렸지만, 나는 직접 지원 운동에 참 가하지는 않았다. 잘 기억나지는 않지만, 취직된 지 얼마 되지 않 은 나에게는 위안부 피해자의 체험과 그 피해 회복을 위한 재판 투 쟁을 지원하는 것은 너무 짐이 무거웠지 않았나 생각한다.

그런 내가 처음으로 전후보상 재판과 만난 것은 한국 강원도에 거 주하던 김경석(金景錫) 씨가 일으킨 일본강관 소송이었다. 『핸드북 전후보상』(梨の木社, 1992년)에 소개되어 있듯이, 강제연행의 현장이 나의 직장이나 거주지와도 가까운 가나가와(神奈川)현 가와사키(川 崎)시에 있었다는 점에서 친근감이 들어 관심을 가지게 되었다.

처음 재판에 참가하였을 때에, 유창한 일본어로 일본강관을 법정 에서 추궁하는 김경석 씨의 모습에 압도되었다. 그와 동시에 한국 에서 온 많은 임시직 노동자들이 응원하러 왔던 광경이 인상깊었 다. 강제동원은 반세기도 지난 일이지만, 일본인들이 하기 힘든 노 동현장에서 불안정한 저임금으로 일하던 한국인 임시직 노동자의 눈에 비친 일본기업의 모습은 제2차대전 이전이나 이후나 변함이 없었을 것이다. 전후보상 문제가 과거의 일이 아니라, 현재 그리고 미래에 연결되는 문제라는 것을 나는 직접 체험할 수 있었다.

2. 소송 지원, 암중모색 끝의 '합의'

1) 한국으로, 가마이시로

1995년 1월의 일이다. 일본강관 소송 때에 신세를 진 고쇼 타다시(古庄正) 고마자와(駒澤)대학 교수(당시)가 일본제철 주식회사 가마이시(釜石)제철소에 강제동원된 징용공 출신의 재일한국인 송병욱 씨와 함께 내가 소속된 평화단체를 찾아왔다. 가마이시제철소의 유족이 신일본제철과 국가를 상대로 재판을 하고자 하니 지원체제를 만드는 데에 협력해 달라는 것이었다. 평화단체의 회원들과 상담하여 재판을 지원하는 단체를 만들 준비에 착수하였다. 그 해 6월에 변호단 체제가 겨우 만들어져 처음으로 유족들의 고향인 충청남도를 송병욱 씨와 함께 방문하였다. 서울 근처에 거주하는 유족이 운전하는 차를 타고 유족들의 모임이 있는 서산(瑞山)을 향해 달렸다. 지금은 더 빠르겠지만 당시는 서울에서 충청남도까지 차편으로 편도 3~4시간은 걸렸다. 모래 먼지가 날리는 서산의 버스 터미널에 도착해보니, 대도시 서울이나 부산과는 달리 한국의 농촌사람들의 보통 생활이 있었다.

우리들은 여관에 모인 10여 명의 유족들 앞에서 자기소개를 하고 재판의 준비상황을 설명하였다. 그때 한 명의 유족으로부터 "당신들은 왜 한국인을 지원하는가"라고 질문을 받았다. 나는 "전후보상을 하지 않는 일본은 또 같은 잘못을 할지 모른다. 두 번 다시 전쟁을 하지 않는 일본을 만들고 싶다"고 답했다. 과연 잘 전달이 되었는지는 모르겠지만, 어쨌든 "젊은 사람에게 맡겨보자"고 의견이 모아졌다.

한편, 강제동원과 한인 징용공의 목숨을 앗은 함포 피격의 현장인 이와테(岩手)현 가마이시(釜石)시도 우리들에게는 소원한 곳이었다. 도쿄에서 삼리쿠(三陸)해안에 있는 가마이시까지 가려면 초특급 신칸센(新幹線)을 이용해도 편도 5시간이나 걸린다. 이 재판이 시작하기 전에는 간 적도 없었고 지인도 없었다.

조사는 암중 모색이었다. 시립 도서관에서『가마이시 함포 전재지(釜石艦砲戰災誌)』를 찾아 복사하였고, 거기에 수기를 실은 가마이시제철소 노무담당자의 자택 주소와 전화번호를 찾아서 직접 전화를 걸어보았지만, 수화기 너머에서 "강제연행은 없었다"라고 말하며 면담을 거부했다. 가마이시 시청의 국제교류 담당직원으로부터 소개받은『화모(花貌)』라는 함포 피격 체험집을 편집했던 전 가마이시제철소의 여자 직원을 방문하여 당시의 이야기를 직접 들을 수가 있었다. 이 분은 나중에 원고 측 증인으로서 법정에 서주었다.

이와테(岩手)현 모리오카(盛岡)시의 조선인강제연행조사단체를 통해 가마이시 시에 거주하는 향토사가 곤 유로(昆勇郎) 씨도 알게되었다. 처음 그 자택을 방문했을 때에는 "한인 강제연행이란 없다"고 우리들의 운동을 비판하였지만, 몇 번이고 방문하자 "젊은 사람은 모르겠지만, 함포 피격의 피해조사는 각오를 하고 달려들지 않으면 안 된다"고 하면서 희생자들의 과거장(過去帳)이 있는 세키오(石応)선사(禪寺)를 소개해 주었다. 그 곤(昆) 씨는 2011년 3월 11일에 가마이시를 덮친 쓰나미(津波)에 휩쓸려 타계하였다. 그는 나에게 은인이다.

2) 유해 문제를 뿌리칠 수 없었던 신일본제철 주식회사

신일본제철(新日本製鉄) 주식회사(이하, 신일철)는 당초부터 "패전 이전의 일본제철과 이후의 신일본제철은 별도의 회사"라고 재판에서 주장하는 한편, "회사에서 유해문제를 조사한다"고 확실히 말했다.

고마자와(駒澤)대학교 도서관에 소장되어 있는 구 일본제철 주식회사의 내부자료인 「조선인노무자관계(朝鮮人労務者関係)」(총무부 근로과 작성)에 다수의 한인이 공탁한 명부철이 있다는 것을 고쇼(古庄) 교수가 밝혔다. 1992년에 한국의 노태우(盧大愚) 대통령의 요청에 응하여 일본정부로부터 고마자와대학교 도서관 자료를 포함한 강제동원 명부가 한국정부에 인도되었고, 그것을 1993년 8월에 NHK가 주목하여 특집 프로그램을 만들어 보도하였다. 송병욱 씨가 자기의 미수금이 공탁된 사실과 신세를 진 선배가 함포사격으로 사망한 사실을 알고, 유족 찾기를 결의한 것도 이 프로그램이 계기였다. 그 후에도 NHK는 취재를 계속하여 1996년 8월에 다시, 일본제철의 강제동원 문제에 주목하여 신일철에 취재를 신청하였다. 이때 신일철의 사원이 가마이시의 세키오(石応)선사를 방문하여, 과거장(過去帳)을 조사하는 것을 전부 취재하게 하였다. 인도적인 기업이라는 이미지를 만들어 두고자 하는 생각이었을 것이다.

재판에서는 쌍방이 세키오 선사의 과거장 조사서를 제출하였다. 우리들도 과거장 및 납골부를 조사하였으나, 아쉽게도 유해 자체의 정체를 확인할 수 없었다. 그러나 주지를 인터뷰한 결과 그 절에는 가마이시제철소가 순직자를 추도하기 위해 독자적으로 위패를 만들어 두었다는 사실을 알았다. 팔각탑(八角塔)이라고 불리던 '순직자 합사비(合祀牌)' 중에는 순직자의 성명을 적은 두루마리가 들어가 있었다. 그 두루마리를 확인해 보니, 공탁명부에 실려 있는 노동재해로 사망한 한인의 성명은 기록되어 있었지만, 패전 후 추가된 함포사격 희생자 명부에는 한인의 이름이 말끔히 삭제된 것이 판명되었다. 이 '순직자 합사비'를 봉납한 것은 일본제철 해산 후 설립된 후지(富士)제철 주식회사 가마이시제철소였다. 그 후지제철이 나중에 야하타(八幡)제철과 합병하여 현재의 신일철이 되었다.

즉 일본제철과는 별개 회사라던 새 회사 후지제철이 전시 중에 사망한 한인을 포함한 순직자의 추도 및 일본인 함포사격 희생자 추도를 인수하였다는 점, 한인 함포사격 희생자는 삭제되었다는 점이 밝혀졌다. 이 사실은 회사 측의 조사보고에는 없던 내용이었다. 유골의 반환, 희생자의 추도에 관해서 '별도 회사'라는 논리는 더 이상 통용되지 않는다. 오히려 함포사격 희생자 추도라는 점을 주목하면 한인을 배제한 회사의 차별성이 부각된다고 할 수 있다.

3) 해결을 위해서 무엇이든 하자

그러나 '별도 회사'를 주장하는 신일철과의 합의 교섭은 평탄하지 않았다. "새 회사에는 법적책임이 없다"라는 입장에 서 있는 한, 금전적 보상에 응할 필요가 없다는 것이 기본적 입장이었다. 그것을 넘어서지 않으면 안 되었다.

우리들은 재판에 평행하여, 해고 쟁의나 조합 차별과 싸우는 노동자들과 공동으로 각 기업에 대해 항의 요청을 하는 '도쿄 총궐기'에 합류하여 신일철 본사에서 계속 항의 행동을 취하였다. 본사의 입구를 막고 빗장까지 거는 회사에 대해 화난 유족이 유리창을 주먹으로 두드리자, 안에서 직원이 그를 비디오로 촬영하여 변호사를 통해 항의하는 공방도 있었다.

가마이시에서도 우리들은 시청이나 직원 노동조합, 가마이시제철소 노동조합에도 지원요청을 하였다. 사실 가마이시에서는 한인이 제철소에 동원되었다가 함포사격으로 희생이 된 사실을 거의 모르고 있었다. 시에서 편찬한 『가마이시 함포 전재지』에 실려 있는 희생자 명부에는 확실히 한인이라는 것을 알 수 있는 이름이 있었다. 우리들은 가마이시 시내에서 주민들의 집을 매호 방문하여 지원을 요청하는 전단지를 배포하였다. 신일철의 사택에도 전단지를 배포하였다.

합의 교섭을 위한 최종 국면에서는 차기 게이단렌(経団連)의 회장으로 내정되어 있던 이마이 다카시(今井敬) 사장 자택에 화해의 합의를 요청하는 엽서를 보내달라고 전국의 지원자들에게 요청하였다. 신일철에서 들은 이야기로는 1천 통의 엽서가 배달되었다고 한다. 사장 자택 주변에서 선전 운동도 하였다. 이러한 행동이 신일철에 어떠한 영향을 미쳤는지는 알 수 없고, 회사 내부에서 어떤 논의가 일어났는지 알 수는 없다. 다만 우리는 "해결할 때까지 그만두지 않겠다"라는 강한 메시지를 회사 측에 전하기 위해 "할 수 있는 일은 뭐든지 하겠다"며 여러 가지 운동을 전개하였다. 그리고 그러한 노력이 '합의'라는 결과로 연결된 것은 사실이다.

4) 전후보상 재판 최초의 '합의' 해결

'합의'를 한 것에 대해 말하기 전에, 한국에서 실시했던 원고 대리인과 피고 대리인에 의한 공동 청취조사에 대해 언급하고자 한다.

원고 대리인은 법정에서 피고 신일철의 대리인에게 한국에 거주하는 피 징용자 본인에 대한 공동 인터뷰 조사를 할 것을 제안하였다. 신일철 측은 이 제안을 받아들여, 1997년 4월 한국 충청남도 서산에서 생존하는 피해자들에게 동원된 경위, 노동현장의 실태, 함포사격의 상황 등에 대해 청취하였다. 인터뷰가 끝난 다음에 원고와 피고가 같은 자리에서 식사를 하게 되었는데, 거기서 신일철의 대리인 한 사람이 "이 인터뷰 조사가 좋은 결과로 맺어지길 바란다"고 발언하였다.

지금 생각하면 대담한 시도였지만, 이 공동조사는 합의 해결로 가는 큰 전환점이 되었다고 생각한다. 1997년 9월 17일, 신일철로부터 초대를 받은 원고가 가마이시시(釜石市)에서의 추도식에 참가했고, 9월 18일에 도쿄의 신일철 본사에서 합의가 성사되었다.

신일철은 유해를 받지 못한 유족에 대해 1명당 위로금으로서 200만 엔을 지불하였고, 그 외에 한국에서의 위령제 비용으로 1,000만 원을 지불했다. 이 합의는 '한국인 강제연행, 첫 합의'(1997년 9월 22일, 일본경제신문)라는 등 언론에서도 크게 보도하였다.

1,000만 원에 대해서는 9월 23일에 신일철 직원이 방한하여 유족에게 직접 건네주었다. 이것도 이례적인 일이었다. 2000년에도 유족의 대표가 가마이시(釜石)를 방문하였지만 신일철은 가마이시에서의 위령제를 집행할 뿐 아니라 재정적인 협력도 했다. 합의 10주년인 2007년에는 다수의 유족이 가마이시를 방문하여 매년 8월 9일에 시가 주최하는 함포재해 추도식에도 출석하였다. 이때에는 재정적 지원은 없었지만 신일철은 본사에서도 사원을 파견하고 가마이시제철소 독자의 위령제를 거행하였다. 신일철이 합의한 것을 일과성의 행위로 생각하지 않고 계속적으로 위령사업에 협력하고 있는 것에 대해서는 우리들이 크게 평가한다. '합의'란 원래 그러한 것이다.

신일철과의 합의 이후에도 원고들은 일본정부에 대한 소송을 계속하여 최고재판소에서까지 싸웠으나, 아쉽게도 패소하였다. 그러나 신일철 가마이시 소송의 사례는 그 후 후지코시(不二越), 니혼코칸(日本鋼管), 하나오카(花岡) 등의 기업과도 합의라는 방식의 해결을 하였다는 의미에서 역사에 남을 만한 투쟁이었다고 생각한다.

3. '한일 청구권협정에서 해결됨'이라는 논리와 싸움

1) 공탁서 열람에서 환부 청구로

다음은 일본제철 소송의 또 하나의 기둥이라 할 수 있는 공탁금 반환 소송에 대해 말하고자 한다. 앞에서도 설명했듯이, 가마이시 제철소 관계로 일본제철 주식회사의 내부자료인 공탁명부에는 사람마다 공탁금액의 내역이 명기되어 있는 것이 특징이다.

이 공탁은 재일본조선인연맹이 강제동원을 한 각 기업에 대해 보상요구 투쟁을 전개하자 기업을 법적으로 보호하기 위해 1946년 8월 27일자로 법무성 민사국장이 하달한 민사갑(民事甲) 제516호의 통달 「조선인노무자 등에 대한 미불금 등의 공탁에 관한 건(朝鮮人労務者等に対する未払金等の供託に関する件)」에 따른 것이다. 이는 민법 제494조의 공제공탁에 의거한 것으로서 1946년 12월 11일에 일괄 공탁이 이루어졌다.

일본에서 공탁금은 통상적으로 10년이면 시효가 되어 국고로 들어간다. 그러나 피동원 한인 관련의 것은 북한과 청구권 문제가 해결되지 않았으므로 시효에 의한 처리가 보류된 채로 있다. 즉 공탁금 그 자체가 지금도 존재하고 있는 셈이다.

그러나 일본제철 내부자료의 공탁서는 어디까지나 보관용의 부본(副本)으로서 공탁번호가 없다. 따라서 정말 공탁수속을 하였는지 어떤지 확인하기 위해서 원고가 공탁서 열람부터 하기로 했다. 1996년 7월 29일에 원고인 조영식 씨가 모리오카 지방법무국에서 열람을 실시하였고 공탁번호도 밝혀졌다. 이미 시작된 유해반환 등 청구소송에서도 공탁번호에 의거하여 미불금 반환 청구를 하였다. 공탁된 아버지나 형제의 미수금(그 중에는 유족이 받아야 할 유족 부조료나 장제비도 포함됨)을 정당한 수속을 통해 돌려받고 싶다고 유족이 생각하는 것은 자연스런 것이었다. 유족은 신일철과 합의한 후인 1997년 12월 26일에 모리오카(盛岡)지방 법무국에 지불 청구를 하였다. 공탁서 열람까지는 히로시마 중공업에 징용된 사람들도 하였지만, 지불 청구까지 감행한 것은 가마이시제철소 피동원자의 유족이 처음이었다.

그러나 이 수속을 하는 과정에서 많은 곤란을 겪었다. 열람 단계에서는 모리오카 지방법무국도 상속권의 문제에 관해 그렇게 엄하게 따지지 않았지만, 지불 청구의 단계가 되자 완전히 달라졌다. 청구인이 유일한 상속권자인지 아닌지를 특정하지 않으면 안 된다고 하여, 모리오카 지방법무국의 공탁담당자는 사망한 본인과 연결되는 모든 호적을 번역하여 계통도를 만든 다음, 모든 상속권자로부터 청구인(해당 유족)에게 권리를 양도하는 뜻의 증서를 제출하라고 요구하였다. 청구 대리인이 된 징용공 출신인 송병욱 씨는 그 때마다 방한하여 유족과 상담하면서 하나씩 필요한 서류를 갖추지 않으면 안 되었다. 그 결과, 상속권을 가진 유족 중의 장남과 상속권 증명이 곤란한 형제 등으로 청구에 대한 결정 시기가 달라져, 행정 소송의 제소 기한이 있으므로 그 후의 재판도 두 가지로 나누어지게 되었다. 내용은 공통점이 있으므로, 여기에서는 장남을 원고로 하는 제1차 공탁금 소송에 초점을 맞춰 설명하도록 하겠다.

2) "환부 청구권은 소멸"

1998년 3월 17일 모리오카 지방법무국의 공탁관은 먼저 홍용선(洪湧善) 씨에 대해 "일본 국내법인 「재산 및 청구권에 관한 문제의 해결 및 경제협력에 관한 일본국과 대한민국 간의 협정 제2조를 실시함에 따른 대한민국 등의 재산권에 대한 조치에 관한 법률(財産及び請求権に関する問題の解決並びに経済協力に関する日本国と大韓民国との間の協定第二条の実施に伴う大韓民国等の財産権に対する措置に関する法律)」(1965년 법률 제144호)의 제1항에 따라 이미 소멸된 것으로 인정함"이라고 기각을 결정하였다. 다음해 1999년 3월 16일에는 또 다른 유족인 조영식(趙英植) 씨, 이상구(李相九) 씨, 임채숙(林采淑) 씨에 대해서도 동일한 결정을 내렸다. 이 유족 4명은 1999년 7월 7일에 모리오카 지방법무국장에게 심사 청구를 제출하였지만, 그 법무국장은 2000년 1월 31일에 "조치법(1965년 법률 제144호)은 한일 청구권협정에 의거하여 국내법으로 제정된 것이기 때문에, 이것이 무효라는 것을 전제로 하는 심사 청구인들의 주장은 채용할 수 없다"라며 기각 결정을 하였다. 이 소위 '조치법'은 제1항에서 "대한민국 또는 그 국민(법인을 포함)의 재산권으로 협정 제2조 3의 재산, 권리 및 이익에 해당하는 것에서 일본국 또는 그 국민에 대한 채권은 1965년 6월 22일로 소멸한 것으로 한다"고 정하였다.

본래는 유족에게 지불되어야 하는 것이며 현재도 공탁된 채 있는 미불금을 돌려달라는 유족의 당연한 권리를 일본정부와 국회가 '소멸'시키고 말았다. 일본국 헌법 제29조 제1항은 '재산권은 이를 침범해서는 안 된다'고 정하고 있는데, 한국인의 청구권을 일본의 국내법으로 제멋대로 소멸시킨다는 행위가 현행 헌법체제에서 허락되는 것인가. 아버지의 얼굴도 모르는 유족에게 미불금은 단순히 돈이 아니다. 돌아가신 아버지가 이승에서 목숨을 걸고 일을 했던 것을 증명하는 것이다. 2000년 4월 27일, 법무국의 기각 결정을 받은 4명의 유족은 도쿄(東京) 지방재판소에서 기각처분의 취소와 공탁금의 환부 및 위자료 지불 등을 요구하는 소송을 일으켰다.

3) 한일회담 진상규명의 중요성

원고 측은 당시 단편적이나마 밝혀진 한일회담 시의 한국 측 기록에 의거하여 교섭과정에서 일본정부가 "자료가 없다"라는 거짓 주장을 하여, 한국 측에게 착실하게 해결하고자 하는 것을 단념시킨 과정을 밝혔다. 그리고 착오 또는 정치경제적 압력에 의해 체결된 한일청구권협정은 빈조약법조약에 위반하므로 무효라고 주장하였다. 또한 정당한 보상도 없이 재산권을 소멸시키는 '조치법'은 일본 헌법에도 위배되니 무효라고 주장하였다.

그러나 2004년 10월 16일 도쿄지방재판소의 판결은 원고의 청구를 전부 기각했다. 그 판결에는 "허용된 범위의 외교상 교섭 범위를 크게 일탈한 기망 행위를 했다고 인정할 수 없다"고 판시하고 있으나, 판사 자신이 한일회담의 교섭기록을 검증한 결과라고 할 수 없다. 단지 일본정부의 주장을 그대로 따랐을 뿐이었다. 그뿐 아니라, "조치법은 우리나라가 패전함에 따라 국가간의 재산 처리를 목적으로 제정된 것이기 때문에, 패전에 따른 국가간의 재산 처리라는 사항은 본래 헌법에서 예정하지 않는 것이므로, 그로 인한 처리와 관련해 손해가 발생하였다고 해도 전쟁으로 인한 손해와 같이 그 손해에 대한 보상은… 헌법 전문이나 각 조항이 예상하지 못하는 것이라고 하지 않을 수 없다"고 일본정부의 헌법 위반을 용인하였다. 아무리 외교 교섭이라 할지라도 헌법적인 규범에 의거하여 이루어져야 하지 않는가. 도교 지방재판소의 사고는 완전히 균형을 잃었다고 하지 않을 수 없다.

또한 한일청구권협정 제3조에 기초하여 "우리나라는 …우리나라의 관할하에 있는 대한민국 국민의 재산권 처분을 자유롭게 결정할 수 있고" "우리나라의 관할하에 있는 대한민국 국민이 소유하는 재산권을 소멸시키는 내용의 법률을 제정하는 데에 아무런 금지가 없다"라고 판결은 말하고 있다. 한국인의 재산을 몰수하는 법률을 제정하는 국회와, 그것을 당연하듯이 받아들이는 사법부를 보면, 거기에는 식민지 지배를 조금도 반성하지 않는 일본의 모습이 확실하게 비추어지고 있다.

오늘날 한국에서는 한일회담 문서가 공개되었고, 그에 대한 검증에 기초하여 미불금의 보상 조치를 강구하고 있다. 일본군위안부 문제, 피폭자 문제에 대해서는 2011년 8월 30일에 헌법재판소에서 내린 판결에 따라 한국정부가 한일청구권협정에 기초한 교섭을 일본정부에 구신하는 사태가 벌어지고 있다. 일본에서도 6만 페이지에 달하는 한일회담 문서를 열람할 수 있으나 중요한 부분은 불공개 조치가 취해져 있으므로, 왜 한국인의 청구권을 소멸시키는 협정이나 국내법이 만들어지게 되었는지, 그 의도와 목적은 무엇인지, 그 진상은 아직도 밝혀지지 않았다.

일본정부는 "한일청구권협정과 국내법으로 모두 해결이 되었음"이라고 말하고 있으나, 구체적으로 무엇이 어떻게 '해결'되었는지도 밝혀지지 않은 채 있다. 그것을 일본정부 스스로가 검증하고자 하지 않는 한, 한일 양국 사이의 간극은 쉽사리 메워지지 않을 것이다.

4. '무지개'의 정신을 이어 받아서

우리들은 1995년에 지원회를 발족한 이래, 매월 한 번씩 『무지개 통신(ムジゲ通信)』이라는 소식지를 발행하고 있다. 이 글이 출판될 때에는 200호를 넘길 것이라고 생각된다. 작명을 한 송병욱 씨는 『무지개 통신』이라는 이름에 "한일 간의 가교가 되자"는 의미를 부여했다. 송씨는 작년 2월 10일에 작고하였으나, 우리들은 앞으로도 그 마음을 계승하고자 생각한다. 일본 국내에서의 재판은 종결된 관계로 독자는 줄었으나, 그래도 기대를 하고 있는 회원들이 있는 한은 전후보상이나 한·일 및 아시아와의 관계에 대한 시사뉴스를 전할 예정이다.

마지막으로 한국에 거주하는 여러분께 감사를 드린다. 특히 한국인 피해자 여러분이 용기를 가지고 목소리를 내주지 않았다면, 나를 포함한 일본인들이 식민지 지배의 실태나 전후 처리의 모순에 눈을 뜨지 못했을 것이다. 피해자를 직접 보지 않으면 일본인은 바뀌지 않는다. 그것이 식민지 지배의 역사가 아닐까라고 생각하곤 한다.

피해자 본인뿐만 아니라, 유족 자신도 고령이다. 일본제철 가마이시 소송의 원고였던 유족 중에서 이미 세 분이 타계하였다. 내가 전후보상 문제의 운동을 시작한지 벌써 20년 가까이 되지만, 합의 해결이나 한일회담 문서공개, 한국에서의 진상규명 및 '지원' 조치 등이 있으리라고는 애당초 상상도 못했다.

희망은 있다고 생각한다. 그러나 피해자와 유족이 살아 있을 때에 해결하지 않으면 의미가 없으며, 현실은 피해자가 원하는 해결과는 아직도 큰 격차가 있다. 일본이 한국을 비롯한 아시아인들과 화해를 달성하고 미래의 세대로 연결하는 것이 우리들 세대의 책임이다. 시간이 별로 없다.

〈자료 1〉 일본제철 전 징용공 재판을 지원하는 모임이 모금을 위해 만든 전화카드. '일본정부, 신일철은 유골과 미불금을 반환하라!'라는 구호가 보임

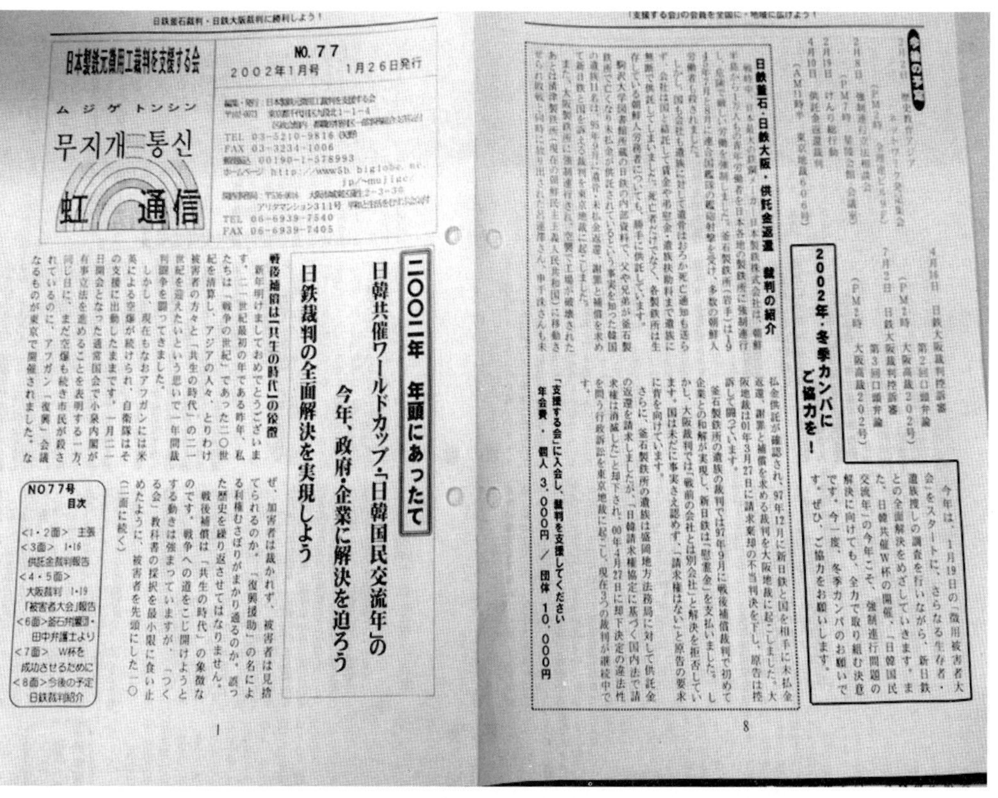

日鉄釜石裁判・日鉄大阪裁判に勝利しよう！

日本製鉄元徴用工裁判を支援する会

ムジゲ トンシン
무지개 통신
虹　通信

NO.77
2002年1月号　1月26日発行

編集・発行：日本製鉄元徴用工裁判を支援する会
〒102-0073　東京都千代田区九段北1-1-4
TEL 03-5210-9816
FAX 03-3234-1006
郵便振替　00190-1-578993
ホームページ http://www5b.biglobe.ne.jp/~mujige/

〒536-0006　大阪市城東区野江2-3-36
アリアマンション311号
TEL 06-6939-7540
FAX 06-6939-7405

二〇〇二年　年頭にあったて

日韓共催ワールドカップ・「日韓国民交流年」の
今年、政府・企業に解決を迫ろう

日鉄裁判の全面解決を実現しよう

NO77号
目次

<1・2面> 主張
<3面> 1・16
供託金裁判報告
<4・5面>
大阪裁判
「被害者大会」報告
<6面> 釜石弁護団・
田中弁護士より
<7面> W杯を
成功させるために
<8面> 今後の予定
日鉄裁判紹介

日鉄釜石・日鉄大阪・供託金返還　裁判の紹介

2002年・冬季カンパに
ご協力を！

「支援する会」に入会し、裁判を支援してください
年会費・個人 3,000円／団体 10,000円

〈자료 2〉 일본제철 전 징용공 재판을 지원하는 모임(『무지개 통신(ムジゲ通信)』 No77, 2002년 1월호). 월드컵 공동 개최의 해를 맞이하여 일본제철 재판의 전면적 해결을 실현하자는 구호가 보인다.

제12장

일본제철 오사카제철소의
피동원자 소송 지원 운동

-신일본제철 사장에게 보낸 강제동원 피해자의 편지-

나카타 미쓰노부(中田光信)*

먼저 일본제철 전후보상 요구소송 원고인 한국인 강제동원피해자 두 사람이 사죄와 보상을 요구하며 2012년 1월에 신일철주금주식회사(이하, 신일철)의 사장과 회장에게 스스로의 강제연행, 강제노동의 체험을 직접 전달한 편지를 소개한다.

무네오카 쇼지(宗岡正二) 신일본제철 주식회사 사장 귀하

나는 신일본제철 소송의 원고 여운택(呂運澤)이라 합니다. 작년에 사장님을 만나려고 몇 번인가 회사에 가고자 했으나 만날 수 없었습니다. 사장님을 만나서 이야기하고 싶은 것이 있어서 이렇게 편지를 씁니다.

나는 일찍이 아버지를 여의고 어릴 때부터 여러 군데에서 일을 했습니다. 탄광과 주물공장에서도 일했고, 평양에서는 일본인이 경영하는 이발소에서 일하기도 했습니다. 어려서부터 여러 일을 경험하였기에, 일본제철 오사카공장에서 근로자 모집공고를 보았을 때,

---

* '일본제철 오사카 소송 지원 모임'의 활동가. 평화운동가.

기술을 배우면 좋겠다고 생각했습니다. 그 광고에는 일본제철은 자본금 2억 엔의 큰 회사이며, 2년 일하면 기술자 자격을 취득하여 돌아갈 수 있다는 설명이 있었습니다. 나는 2년이 지나면 기술자가 되어 돌아갈 수 있겠다고 생각하여 지원하였습니다.

하지만, 일본제철에 도착하여 숙사에 가보니 창에는 각재로 만든 격자가 쳐있어 예상한 것과는 전혀 다른 곳에 왔구나라는 생각이 들었습니다. 거기에서 나는 크레인을 조작하여 평로(平爐)에 고철을 나르는 일을 하였습니다. 1,000도 이상이라는 고온의 평로는 뭐라 형용할 수 없을 정도로 뜨거워서 내복이 땀에 흠뻑 젖을 정도로 힘든 일이었습니다. 용광로에서 하는 일이기에 사고도 자주 일어났고 위험한 일이었습니다. 하지만 그때는 젊었기에 힘들어도 정말 열심히 일했습니다. 내가 가장 힘들었던 것은 같은 회사에서 일을 하는 동료 노동자로서 대해주지 않았다는 것이었습니다. 식사는 현미밥에 반찬은 배추절임만 나왔는데 양이 적어서 항상 배가 고팠지요. 조금 틀리기만 하면 맞았고 정기적으로 경찰이 와서 협박하였기 때문에 한인은 항상 기가 죽어 있을 수밖에 없었습니다.

거기다 월급도 제대로 주지 않았습니다. 나의 월급은 숙사의 사감이 받았기 때문에 월급봉투를 본 기억이 없습니다. 대신 숙사 벽에 저금액을 적은 종이를 부쳐두어 자기의 저금액을 알 수 있게 해두었습니다. 1945년 6월에 공장이 폭격을 당하자 우리들은 청진(清津)에 있는 다른 공장으로 이동하였습니다. 나는 저금한 월급이 걱정되어 통장을 달라고 요청하였지만, 나중에 준다는 말만 들었습니다. 그 후, 청진공장도 폭격 당해, 가까운 산속에 피해 있다가 9월말에 겨우 고향으로 돌아갔습니다.

나는 1997년 12월에 받지 못한 급여를 지급해달라는 소송을 제기하였으나, 기각 당했습니다. 일본의 최고재판소는 '일한 협정으로 한국인의 권리가 소멸되었고, 지금의 일본제철은 내가 일을 했던 일본제철과 다른 회사'라고 말했습니다. 하지만 전쟁이 끝나고 나라를 재건하는 과정에서 회사를 분리 통합하여 다른 법인이 되었어도, 지금의 일본제철이 해방 전에 내가 일을 했던 일본제철과 같은 회사라는 것은 누구라도 알고 있는 사실입니다. 회사를 통폐합하고 월급을 공탁하면서도, 나에게는 아무런 연락도 하지 않았습니다.

이러한 일을 '사기'라고 하지 않고 뭐라 하겠습니까.

젊은 시절, 일본제철에서 일한 경험은 그것이 쓰라린 것인들 즐거운 것인들 내 인생의 일부이자 큰 영향을 미쳤습니다. 내가 그 시기에 땀 흘리며 열심히 일했던 대가를 반드시 인정받고 싶습니다. 일본제철은 법이나 외교협정과 같은 정치적인 결정 뒤에 숨어 있지 말고, 당당하게 앞으로 나와서 이 문제를 책임져 주십시오.

2012년 1월 여운택

무네오카 쇼지 신일본제철 주식회사 사장 귀하

나는 대한민국 서울에 사는 신천수(申千洙)라고 합니다. 1926년 태생이니까 금년에 86세 됩니다.

나는 18세 때에 평양에서 일본제철의 견습생 모집 광고를 보고 노동자로 지원하였습니다. 그때는 나이가 들면 징용을 가지 않으면 안 되었기 때문에 할 수 없이 지망하였습니다. 광고지에는 "2년간 기술연수, 급여도 많음, 집에 송금할 수 있음, 귀국하면 기술자로 대우해 줌"이라고 적혀 있었습니다. 그래서 간 곳이 일본제철 오사카(大阪)제철소였습니다. 같이 간 사람들은 2층의 목조건물에서 생활했으나, 창에는 격자가 쳐져 있는 1층에서 4명이 같은 방 하나를 같이 쓰는 생활을 하였습니다. 숙사 문에서 경비가 출입을 통제하고 있으며, 밤에는 열쇠가 걸려 있어서 자유롭게 행동할 수는 없었습니다. 숙사에 들어간 첫날부터 나는 '속았다'고 생각했습니다.

거기에서 나는 용광로에 석탄을 넣고 쇠막대로 석탄을 분산시키는 일을 하였지요. 용광로의 바로 옆에서 일을 해야 하니까 매우 힘들었습니다. 어렸을 때 기술을 배우고자 일본에 왔지만, 여러 가지 일이 예상과는 달라서 귀국한 후에도 무리하게 이 일을 계속할 수 있을까라고 걱정이 되었습니다. 다른 곳으로 보내달라고 말할 수 있는 상황도 아니었기에 지시한대로 일을 하지 않으면 안 되었습니다.

그렇게 일을 하였지만, 급여도 제대로 받지 못했습니다. 내가 처음으로 월급을 받았을 때, 회사는 강제적으로 우편저금에 예금시켰고, 통장과 인감은 사감이 보관했습니다. 급여를 직접 전해달라고 말한 사람도 있지만 "그렇게 많은 돈을 주면 도망가니까 안 된다"는 말을 들었습니다. 일본인은 월급을 제대로 받았고 외출도 자유여서 식당에서 음식을 사서 먹었습니다만, 한인은 배가 고파도 돈을 받지 못했기 때문에 굶을 수밖에 없었지요. 제철소에서 일을 한 지 1년이 지날 무렵, 일이 너무 힘들고 외로우니까 도망가고 싶다고 말한 적이 있었지만, 그 말을 들은 사감으로부터 심하게 구타당해 3~4일간 몸을 움직일 수 없었던 적도 있습니다. 그렇게 1년 6개월간, 회사에서 노동을 하였습니다. 일본제철은 우리들에게 월급을 준다고 하였지만, 월급봉투조차 본 적이 없어요. 그리고 해방된 후에는 노동의 대가인 월급을 마음대로 공탁을 해버렸습니다.

내가 일본제철과 일본정부에게 요구하고 있는 것은 전쟁 중에 피와 땀으로 번 노동의 대가를 돌려달라는 것입니다. 나는 도의적으로 동정을 받고자 하는 것이 아닙니다. 당연히 받아야 하는 노동의 대가를 요구하고 있는 것입니다.

전쟁이 끝나고 이미 65년이 지났어요. 이제 90살이 되니까 앞으로 어느 정도 살지 모르겠습니다. 한일 관계의 진정한 발전을 위해 일본제철 주식회사가 무엇을 해야 하는지 진지하게 고민하고 피해자와의 대화에 나서야 할 때이라고 생각합니다. 답신을 기다립니다.

2012년 1월 신천수

1. 미불임금 지불 및 사죄와 보상을 요구하며 싸웠던 재판 투쟁

1990년을 전후하여 '냉전'이 종결되고 세계가 긴장 완화의 방향으로 향하던 그 시대에, 일본은 걸프 전쟁이 종료된 페르시아 만에 자위대를 처음으로 파병하였으며, 캄보디아에 PKO로 참가하였다. 오로지 과거의 '일본 제국'과 같이 군비확장 노선으로 향해 갔다. 그에 위기감을 느낀 많은 아시아인들 특히 과거 일본의 침략전쟁에 희생이 된 사람들(일본군위안부 피해자들, 군인 및 군속으로서 동원된 사람들, 일본의 탄광이나 공장에 동원된 사람들)이 일본패전 이후 50년이 된 1995년을 전후하여 일본에 대해 분노의 목소리를 높이기 시작하였다. 그리고 미쓰비시(三菱)중공업 주식회사, 일본강관(日本鋼管) 주식회사[1], 후지코시(不二越) 주식회사 등 아시아태평양전쟁 시에 강제동원·강제노동을 자행한 일본 기업에 대해, '전쟁책임'을 추궁하는 투쟁으로서 사죄와 보상을 요구하는 소송이 연이어 일어났다.

그 '강제동원' 기업 중에서도 일본제철 주식회사(이후 '일본제철', 현재의 신일철주금주식회사)는 아시아태평양전쟁기에 일본의 침략전쟁을 수행하기 위해, 기간산업인 철강업을 강화하기 위해 설립된 국책회사로서 당시 연인원 약 1만 명의 노동자를 한반도에서 강제로 동원한 대표적인 기업이다. 이 일본제철이 행한 강제동원과 그 전후 처리에 대해서는, 고마자와(駒澤)대학의 고쇼 타다시(古庄正) 교수가 발견한 회사의 내부자료「조선인 노무자 관계」를 통하여 그 실태가 구명되었다. 그 과정에서 일본제철 가마이시(釜石) 제철소의 '공탁 명부'에 있는 주소로 서신을 보냈고, 동원 피해자의 유족들과 연락이 되었다. 그들을 통해 희생자의 유골 반환이라든지, 미불 임금의 지불, 사망 통지 등이 일체 없었다는 것이 판명되었다. 그리하여 1995년 9월 15일, 동원 희생자 유족 11명이 신일본제철과 일본정부를 상대로 유골 반환, 미불 임금의 지불, 사죄와 보상을 요구하는 소송을 도쿄(東京) 지방재판소에서 제기하였다(일본제철 가마이시 재판).

패전 이전의 일본제철은 무로란(室蘭), 가마이시(釜石), 히로바타(広畑), 야하타(八幡)에 제철소를 두고 있었고, 오사카(大阪)시 다이쇼(大正)구에서 일본제철 오사카공장을 조업하고 있었다. 1995년에 제기된 가마이시제철소 피동원자 유족의 소송에 이어, 1997년 12월

---

1) 2003년 4월에 가와사키(川崎)제철과 합병하여 'JFE스틸 주식회사'로 변모하였음.

24일에는 서울에 거주하는 일본제철 오사카공장에 동원되었던 여운택(呂運澤) 씨, 신천수(申千洙) 씨가 신일본제철과 일본정부를 상대로 미불임금의 반환, 사죄와 보상을 요구하는 소송을 오사카 지방재판소에 제기하였다(일본제철 오사카 재판).

이 재판에서 원고들과 지원회는 일본의 식민지 지배에 기초한 강제동원의 부당성과 위법성, 강제동원 사실에 대한 인정을 요구하며, 국제법을 개인에게 적용한다든지 국가 무답책론의 부당성과 신일철의 별도 회사론(채무 승계문제)의 부당성, 그리고 안전배려 의무 위반, 한일 청구권협정 및 일본국내법 144호의 위헌성, 공탁 수속의 위법성 등에 대해 여러 가지 논점을 제기하며 투쟁을 전개하였다.

그에 대해, 일본정부는 주로 국가무답책론, 시효(時効)·제척(除斥), 국제법·국제조약·인권규약 등에 의거한 개인 청구권의 부정, 한일조약에 의해 개인 청구권이 해결되었다는 등의 주장을 하였다. 한편 신일철은 당초는 주로 별도 회사론(“회사경리 응급조치법 및 기업재건 정리법에 의해 구 회계에 의한 채무는 신 회사가 계승하지 않는다”)과 시효·제척을 주장하였지만, 최종적으로는 한일조약에 의해 개인 청구권이 해결되었다는 주장도 하게 되었다.

2001년 3월, 오사카(大阪) 지방재판소는 일본으로 동원한 강제성은 부정하였지만, ‘강제노동’이었다는 사실은 인정하였다. 그러나 원고의 청구 자체에 대해서는 일본정부에게는 ‘국가무답책’론을, 신일본제철에게는 ‘별도회사론’을 적용하여 모두 기각하였다. 다만 미불임금을 공탁한 것에 대해서는 공탁 자체가 부정확한 내용이므로 무효라고 인정하였다. 또 신일본제철이 행한 공탁에 대해서도 경우에 따라서는 신일철에게도 책임이 발생할 여지가 있다고 시사하는 판결을 내렸다.

그러나 2002년 11월에 오사카 고등재판소는 지방재판소의 사실 인정만은 유지하였지만, 공탁은 완전히 유효하며, 청구권에 대해서도 한일협정으로 모두 소멸되었다는 판단을 내렸다. 재판 과정에서는 일본정부·신일철 둘 다 한일협정에 의거한 청구권 소멸을 주장하였지만, 주요한 논점은 아니었다. 그러나 재판소는 일부러 한일협정에 의해 모두 해결되었다는 내용을 전면에 내세워 부당한 판결을 내렸다. "한일 관계에서 전후보상 문제는 이미 모두 해결되었음"이라고 일부러 말하려고 내린 판결이다. 그리고 2003년 10월에 최고재판소는 구두변론도 열지 않고, 한 장의 판결문으로 원고의 청구를 기각하고 말았다. 이 판결에 의해 일본 사법부에서의 해결 방도는 막히고 말았다.

일본에서의 재판이 패소하자, 한국 사법부에서 '법의 정의'를 실현해 줄 것을 요구하자고 하여, 일본제철에 동원당한 피해자 180명을 대표하여 생존자와 유족 5명(일본제철 오사카재판 원고 포함)이 2005년 2월 28일에 서울 지방법원에서 신일철을 피고로 소송을 제기하였다. 미쓰비시중공업 피폭 징용공 재판에 이어 한국 사법부에서 두 번째로 일본기업의 강제동원 책임을 묻는 소송이 제기되었다.

그러나 2008년 4월 3일에 서울 지방법원은 원고들의 청구를 기각하였고, 그 후 2009년 7월 16일에 서울 고등법원에서도 원고가 패소하였다. 또한 일본제철의 서울 소송에 앞서 일으킨 미쓰비시 소송도 2007년 2월에 부산 지방법원에서 시효(時効)를 이유로 청구가 기각된 이후, 고등법원에서도 패소하였다. 이 두 소송 모두 한국의 대법원에 상고되어 심리가 계속되었는데, 2012년 5월 24일의 판결에서는 일본 재판소의 기존 판결을 추종한 한국내의 1, 2심 판결이 잘못되었다고 지적하고, 한일협정은 한국정부의 자국민에 관한 외교적 보호권을 포기한 것이기에 피해자 개인의 재산 청구권은 소멸되지 않았다고 하는 획기적인 판결이 나왔다. 따라서 두 소송 모두 재심이 필요하다며 각각 고등법원으로 환송되었다.

2. 피해자가 살아 있는 동안에 해결되길 원하며

"재판상의 다툼은 어디까지나 재판으로 결착 지을 수밖에 없다. 그러나 이 강제연행 문제의 해결은 일개 기업이 할 수 있는 것이 아니다. 기업의 틀을 초월한 사회적·정치적인 큰 틀 속에서 문제가 제기된다면, 그때는 협력할 수 있다"라고 이전에 신일철 담당자가 말한 적이 있다. 그러나 역사적으로 보면 당시 철강이나 탄광을 운영하는 기업은 전시 생산을 계속하기 위한 노동력이 부족하니까 한반도에서 노동자 이입을 적극적으로 해야 한다고 정부에게 압력을 가하였다. 그러한 스스로의 책임은 뒷전에 두고 일본정부에게 책임을 전가하는 기업의 무책임한 자세는 용서받을 수 없다.

일본의 최고재판소는 원고들의 소송을 기각하는 것으로써 법적인 책임을 지는 것은 피하였지만, 사회적인 책임까지 면죄를 받았다고 할 수 없다. 최근 일본에서는 CSR(Cooperate Social Responsibility: 기업의 사회적 책임), 기업의 법령준수(Cooperation Compliance)라는 말이 자주 등장한다. 이를 풀어서 말하자면, 아무리 회사가 과거에 행한 행위라 할지라도 바로잡아야 할 일은 바로잡지 않으면 안 된다. 그동안 강제동원 기업 중에서도 아시아인의 전후보상의 요구에 대해 성실하게 대응한 기업도 있었다. 니시마쓰(西松)건설의 경우는

CSR을 다한다는 입장에서 중국인 강제동원 피해자들의 보상 요구에 응했다.

피해자들에게는 이미 시간이 얼마 남지 않은 상황에서 하루라도 빨리 해결하자고 2011년 7월 20일에 신일철의 강제동원 문제를 해결하고자 한국 국회의원이 동료 의원 61명의 서명을 갖고 피해자단체(태평양전쟁희생자보상추진협의회)의 대표와 함께 신일철 본사를 방문했다. 그러나 신일철 담당자는 방문한 피해자단체 대표와 한국 국회의원에 대해 "일본제철과 신일철은 별도 회사이며, 당사자가 아니기 때문에 만날 필요가 없다" "재판에서 싸우고 있는 상대와 만날 수는 없다"라고 말하며 지참한 서명은 받았지만, 사실상 문전 박대를 하였다. 그 후 10월 24일에는 90세를 맞이한 오사카(大阪) 재판의 원고인 여운택 씨가 도쿄(東京) 본사를 방문하였지만, 사원은 일체 나오지 않은 채 경비원이 대응하게 하며 3시간이나 입구에 방치시켰다. 12월 15일에 피해자 단체의 대표가 방문했을 때에도 일체 회사 안에 들어오지 못하게 하였다. 그리고 2012년 2월 21일에는 사장과 회장의 집을 방문하여 직접 회장에게 호소하고자 했으나, "이 문제는 긴 경위가 있다. 재판에서 해결하는 것이 회사의 방침이다"라 하며 피해자의 목소리를 들으려 하지 않았다.

과거 신일철은 가마이시(釜石)제철소에서 사망한 피동원자 유족들에게 위로금 200만 엔을 지급한다는 조건으로 합의를 이루었던 적이 있다. 그 후의 재판에서도 여운택 씨나 신천수 씨 등의 강제동원 피해자들이 회사 측과 면담을 하였다. 그러나 앞에서 말한 것과 같이, 신일철은 이전과는 정반대의 태도를 취하며 피해자의 절실한 목소리를 전혀 들으려고 하지 않고, 사회적인 예의조차 갖추지 못한 태도로 일관하고 있다. 강제동원·강제노동을 당한 피해자들은 회사를 위해 일하고 회사의 발전에 공헌한 '전 사원'으로서 회사 선배에 해당한다. 그들이 회사를 방문하면 원래는 격려의 말을 걸어주는 것이 보통인데도, 무례하기 짝이 없는 태도로 대했다.

신일철은 일본을 대표하는 글로벌 기업의 하나이다. 이 회사가 기업 발전을 위해 아시아 시장을 무시할 수 없다. 과거를 바로잡고, 아시아 사람들과의 '화해'를 적극적으로 추진하지 않고서는 기업으로서 발전도 없다. 전후보상 문제의 해결은 일본을 대표하는 기업으로서 신일철이 지어야 할 책임이라고 생각한다. 지금이야말로 신일철은 스스로가 행한 강제동원의 책임을 인정하고 피해자에게 사죄와 보상을 하지 않으면 안 될 것이다.

가마이시 소송 이래 일본에서 소송을 일으킨 지 17년, 한국에서 소송을 일으킨 지 7년이 경과하였지만, 연로한 피해자들은 보상을 받지 못한 채 한 사람씩 세상을 떠나고 있다. 피해자들이 살아 있는 동안에 이 문제를 해결해야 한다고 절실하게 생각하고 있다. 이 이상 시간이 경과되는 것은 피해자들이 입은 상처를 더욱 쓰라리게 하는 것이 된다. 신일철은 피해자들이 전부 세상을 뜨기만 기다리는 것은 아닌가.

한편, 작년 9월에 한국정부는 전후보상을 행하지 않은 일본 기업을 '전범 기업'이라고 칭하며 한국의 공공 기관이 입찰하는 것에서 배제한다는 결정을 하였다. 그 중에서 신일철도 호명되었다. 그리고 한국의 헌법재판소는 '위안부' 문제와 재한 피폭자 문제에 대해, 한국정부에 대해 일본과의 한일조약을 재검토하는 협의를 하라고 권고하였다. 이러한 움직임과 연계하면서 하루라도 빨리 피해자가 살아있는 동안에 해결하고자 피해자에 대한 보상이 실현되기까지 지원 운동을 계속하고 있다.

3. 전후보상은 '인권의 회복' '식민지 지배의 극복'에 관한 노력

봉인되었던 과거 일본의 침략전쟁 범죄에 대해 일본군 위안부 출신자들, 강제동원 피해자들이 목소리를 높이면서 일본의 전후보상 문제가 밝혀졌고 일본정부 및 기업에 대한 책임 추궁을 하는 싸움이 시작되었다. 그러나 '전쟁 피해의 회복' '식민지 지배 책임'이라는 의미에서의 전후보상이라는 시점에 서면, 일본의 아시아 침략 전쟁뿐만 아니라 수많은 전쟁에서 수많은 희생자가 나왔고, 또한 식민지 지배의 관점에서 '서양'에 의한 아시아·아프리카의 식민지 지배의 역사를 보면 아직도 그 희생의 회복까지는 까마득하게 남았다.

분쟁 해결의 수단으로써의 전쟁이 '위법'시 되고, 국제연합의 더반 선언에서 겨우 식민지 지배의 책임이라는 개념이 정해졌지만, 그 이전에는 전쟁에 의한 피해나 식민지 지배에 의한 희생에 대해서는 어쩔 수 없이 참고 받아들이는 것이라고 여겨 왔다.

갈 길은 멀지만, 전쟁 피해나 식민지 지배에 의한 희생을 회복하는 것을 '규율화'하는 운동을 추진하면, 미래를 향해 전쟁과 식민지 지배폭력이 일어나지 않게 하고, 평화를 실현해 갈 수 있지 않을까. 특히 일본의 책임 있는 세력이 전후보상을 거부하고, 식민지 지배의 역사를 왜곡하는 것에 대해, 과거의 '역사적 사실'을 밝히고, 또한 피해자에 대한 사죄와 보상, 합의를 실현시키는 것이 동아시아의 평화와 미래를 열어가는 전망이 될 것이라고 확신한다.

〈참고: 일본에서 전개된 신일본제철 오사카(大阪)·가마이시(釜石) 소송의 경과〉

1995년 9월 22일:	도쿄 지방재판소에 제소 (피고 일본정부·신일철)
1997년 9월:	신일본제철 가마이시 소송의 유족과 합의
12월 24일:	오사카 지방재판소에 제소 (피고 일본정부·신일철)
2001년 3월 27일:	오사카 지방재판소 판결 원고 패소
2002년 11월 19일:	오사카 고등재판소 판결 원고 패소
2003년 3월 26일:	도쿄 지방재판소 판결 가마이시 소송 원고 패소
2003년 10월 9일:	최고재판소 판결 오사카 소송 원고 패소
2005년 9월 29일:	도쿄 고등재판소 판결 가마이시 소송 원고 패소
2007년 1월 29일:	최고재판소 판결 가마이시 소송 원고패소

〈자료 1〉 2013년 6월 7자 일본
제철 전 징용공 재판 지원회의
도쿄 총행동 전단지

〈자료 2〉 2013년 7월 판결에 즈음하여
신일철주금주식회사의 보상을 촉구하는 피해자·유족들

제13장

한인 강제동원 희생자 유해반환 운동

-노무동원 희생자를 중심으로-

고바야시 히사토모(小林久公)*

들어가며

70세인 나에게는 몇 가지 후회되는 과거가 있다. 그때 저렇게 했으면 좋았을 걸 하고 나중에 생각나는 것이다. 일본의 과거 청산이라든지, 유해 반환에 대한 것이 그 중 하나이다. 2년 후인 2015년에는 한일 양국이 국교 정상화 50주년을 맞이한다. 그러나 아직도 한일 간의 국교는 정상화되었다고 생각되지 않는다. 그것은 일본제국이 붕괴한 지 72년이 지났지만 일본의 과거 청산이 이루어지지 않았기 때문이다. 유해 문제도 그 하나이다. 일본정부는 아시아 각지에서 일본인 전몰자의 유해를 수집하고 있으나, 일본의 군인이나 군속으로 강제동원 당해 사망한 한인과 대만인 등 외국인의 유해에 대한 시점이 없다. 신원 불명의 유해란 취급을 한다. 또한 일본 국내에 남아있는 피 강제동원 한인 유해의 반환도 진척이 없다. 그

---

* 일본 '강제동원피해구명 전국 네트워크' 사무국장.

이유는 뭘까. 그것은 일본이 식민지 지배에 대해 반성을 하지 않은 채 오늘날까지 왔기 때문이다. 왜 일본에서는 과거의 극복이 이루어지지 않나. 왜 과거 청산이 되지 않는 것일까. 그에 대해 나의 개인사와 함께 생각해보고자 한다.

1965년 일본은 식민지 지배의 반성도 없이, 사죄나 배상도 없이 한국과 국교 정상화를 하였다. 그것이 일본의 불행이었으며 몰락의 시작이었다. 그 이후 일본정부는 해결되지 않은 일을 '해결 완료'라고 말하며 역사의 사실을 직시하지 않았다.

유해 문제의 뿌리에 그러한 문제가 있다. 일본정부는 한인 노동자 유해 문제에 대해 "사망자는 민간기업과 고용관계에 있었으므로 정부에 직접적인 책임이 없다"고 말하고, 피동원자를 사역한 민간기업은 "당시 정부의 방침을 따랐을 뿐"이라며 그 책임을 인정하지 않는다.

한편 한국에서는 헌법재판소가 위안부 문제나 한국인 피폭자문제가 해결되었는지 아닌지에 대해서는 한일 양국에 해석의 차이가 있고, 한일 청구권협정에 근거한 협의를 한국정부가 일본정부에게 요구하지 않는 것은 한국의 헌법에 위반된다고 판결을 하였다. 또한 한국 대법원은 피동원 노동자의 일본 기업에 대한 손해배상을 인정하는 획기적인 판결을 내렸다.

일본과 한국 사이에는 큰 간극이 생겼다. 이러한 상황을 만들고 있는 원인은 무엇인가. 일본에서는 한국 탓이라고 하는 보도가 많다. 하지만 나는 일본이 과거 청산을 하지 않은 것이야말로 그 원인이라고 생각한다.

1. 1965년 일본에서의 한일회담 반대운동

1) 한일회담 반대의 학생 운동

한일회담 반대투쟁 속에서 일본에서는 왜 과거 청산의 주장이 드러나지 않았는지를 자기 자신에 비추어 생각해보고자 한다. 1965년에 나는 학생이었고 '평화와 민주주의를 지키는 호세이(法政)대학 학생협의회'(평민학협)의 의장으로서 한일회담 반대투쟁의 소용돌이 속에 있었다. 대학 내에는 조선유학생동맹(조학동)을 중심으로 한 조선문제연구회(조문연)와 한국유학생동맹(한학동)이 중심인 한국문제연구회(한문연)가 대립하고 있었다. 또한 그때에는 가나가와(神奈川)에 있던 호세이대학 부속 제2고등학교 학생에 의한 조선학교 여학생의 치마저고리에 가위질을 한 사건이 발생했으며, '귀국 운동'도 한창이던 시기였다. 그러나 당시 우리들은 재일 한인에 대한 차별에 무관심하였고, 그 역사적인 배경을 알려고도 하지 않았다. 또한 일본에 의한 한반도 식민지 지배의 실태에 대해 완전히 무지한 상태였다. 1965년에 박경식 씨의 『조선인강제연행의 기록(朝鮮人強制連行の記錄)』이 출판된 사실도 나는 몰랐다. 더욱이 1958년부터 1963년까지 중국인 강제연행 희생자의 유해 반환이 전국적으로 진행되고 있었으나, 그곳에서도 한인의 유해 반환에 대해서는 관심을 기울이지 않았다.

그러나 우리들은 '한일학생의 연대'를 내걸고 '한일회담 분쇄'라고 외쳤다. 한일조약의 비준이 성립된 마지막 날의 밤에는 항의의 표시로 약 10만 명의 학생들 틈 속에서 자정까지 히비야(日比谷) 공원에서 데모를 하였다. 한없이 검게 무리지어 있는 학생들을 보며 "오늘 여기에서 일한조약에 반대한 일본의 학생이 있었다는 것을 역사에 각인하자, 자기의 역사에 남기자"라고 소리 질렀던 부끄러운 기억이 있다.

그 당시 우리들의 주장은 북한을 무시한 한일조약은 인정할 수 없고, 그것은 한미일 군사동맹의 강화이며 한반도의 분단을 고정화하는 것이라고 반대하였으나, 그 조약이 과거의 식민지 지배 청산을 수반함이 아니라는 것을 최대의 문제라고 삼는 인식에는 도달하지 못했다. 내가 한반도의 식민지 지배의 역사를 알게 된 계기는 그로부터 십수 년 후 오하시 교센(大橋巨泉) 씨가 진행한 〈일레븐 PM〉이라는 TV프로그램에서 명성황후의 암살사건을 본 것이었다.

2) 야당의 한일회담 반대

일본 국회의 회의록을 통해 한일조약을 비준하는 국회에서 야당이 한 주장을 보면, 한국에 대한 일본국민의 재산 청구권에 관한 것, 경제 협력금의 성격에 관한 것이 대부분이고 과거 청산에 관한 질의는 적다. 그 회의록 중에서도 가장 빛나는 부분은 1965년 12월 3일의 참의원 한일조약 특별위원회에서 전개된 공명당 소속 구로야나기(黑柳) 의원의 발언이었다.

구로야나기 의원은 명성왕후 암살사건을 언급하면서 "이 일한 기본조약에서 가장 중요한 것은 제2조에 있는 구 조약이 아닙니까. 이제 이것은 지금까지의 이야기를 들어보면 아실 겁니다. 과거를 청산하고, 과거의 일이 오늘에 연결되니, 과거를 반성하는 것이 장래의 우호와 연결되는 것이 아닌가라고 생각합니다. 도대체 36년간의 식민 지배를 어떻게 반성하고 평가하고 있는가, 이것이 장래에 대해서 또한 이번의 조약에 대해서 법적지위 또는 경제원조 또는 배상문제와 같은 것을 모두 결정하는 것이 아닌가라고 생각하기 때문입니다"라며, 한일합방조약에 대해 "박해를 가한 경우에는 무효입니다. 그렇다면 그 한일간의 조약도 무효가 아닌가라고 생각하지 않을 수 없습니다"라고 말하였다. 그러나 아쉽게도 이와 같은 관점을 학생운동을 하던 우리들이 알 리가 없었고 공유하지도 못했다.

당시 우리들은 천박한 이데올로기로 세계를 설명하려고 했고, 참된 의미에서 과학적으로 사물을 보는 시점이라든지 역사적으로 사물을 보는 시점을 체득하지 못했다. 부끄러울 정도로 무지했다.

2. 식민지 홋카이도(北海道)와 민중사 운동

나는 대학을 졸업한 후 삿포로(札幌)의 신용금고에서 근무하였다. 거래 상대는 지역의 영세 기업이나 가정의 주부, 노인들이었다. 그 중 노인들에게서 여러 가지를 배웠다. 그 사람들은 역사를 체험하였고 보고 들었던 사람들이었다.

내가 살던 주변 지역에 있었던 철도부설 공사와 수력발전소 건설공사의 '타고베야(蛸部屋: 감옥방-역자)' 이야기라든지, 대학 농장이나 황실농지의 소작농 일 등에 대해 들었다. 그리고 한인 노동자가 있었던 이야기도 들었다.

메이지(明治)정부는 홋카이도에 살던 아이누 민족의 토지를 빼앗고, 거기에 일본 내지의 하층 농민을 개척민으로서 대량 이주시켰다. 도로와 다리 및 철도 건설은 죄수들의 노동으로 이루어졌다. 그러나 공식적인 홋카이도 개척의 역사에는 박해당한 아이누의 이야기라든지, 개척을 담당한 하층 노동자의 이야기는 기록되지 않고 어둠에 묻혀 있었다.

그 어둠에 빛을 비추는 작업이 1970년대부터 홋카이도에서 시작되었다. 바로 민중사 발굴운동이다. 자기들이 사는 지역이나 생활에 역사를 연결하여, 인권이라는 시각으로 역사의 어둠을 밝히고자 하는 것이었다. 아이누 민족의 역사를 알고자 하였고, 죄수 노동이나 타고베야의 노동 실태를 조사함으로써 민중 스스로가 역사 발굴을 시도하였다.

초기의 단계에는 민중사 운동에서 한인 노동자에 관한 이해가 적었다. 홋카이도에서의 한인 노동은 1939년의 강제동원부터라고 알려져 있었지만, 1935년 전후의 삿포로발전소 공사장에서 있었던 타고베야 노동을 조사하던 중 많은 한인 노동자가 있었다는 사실이 밝혀졌다. 식민지에서 도항한 한인 일용 노동자에도 주목하기 시작하였다.

1973년부터 일본변호사연합회 변호사들을 중심으로 설립된 '조선인 강제연행 진상조사단'이 홋카이도에서도 조사를 진행하였다. 그것은 주로 현지에서의 인터뷰 조사였다. 민중의 역사는 문헌 기록이 적기 때문에 체험자나 견문이 있는 사람의 인터뷰가 주된 조사 방법이었다. 그 경험담을 우리는 '증언'이라고 칭하였지만 충분한 검증을 하는 경우는 적었다.

거기에서 강제노동의 증거가 된다는 '3점 세트'가 강조되었다. 즉 그것은 증언, 매화장 허가증, 유해의 3가지를 의미한다.

이 민중사 운동은 지역의 역사를 아이들에게 가르치는 사회과 교사들이 중심이 되어 진행되었기 때문에 국가와 기업의 책임을 묻는 일 없이 지역의 역사연구로서 교실에서 가르치는 범위에서의 활동이라는 측면이 강했다.

피해자 유해를 유족에게 돌려주고자 하는 운동은 1981년에 실시된 슈마리나이(朱鞠内)댐[1] 건설공사 희생자 유해 발굴 작업에서 시작되었다. 거기에서 발굴된 희생자의 유해를 유족에게 돌려줌으로써, 피해자와 가해자 간의 화해를 조성한다는 것이 과제로 인식되기 시작했다. 이 과정에서 운동을 주도했던 일본인 승려의 영향력이 컸다.

3. 일본에서의 유해반환 운동

1) 유해 문제의 경과

일본에서 사망한 한인 강제동원 피해자의 유해가 반드시 일본 국내에 전부 남아 있는 것은 아니다. 그들을 사역시킨 기업이나 지인에 의해 많은 유해들이 한국으로 돌아갔다. 그러나 돌아가지 못하고 일본 국내에 남아있는 유해도 있다. 특히 홋카이도에는 지리적 조건 때문에 많이 남아 있다고 생각된다.

전장에서 일본 내로 옮겨진 한인 군인군속의 유해는 일본정부가 보관하고 있다. 일본정부는 일본 내에 남아 있는 한인 유해 문제에 관해 한일회담에서 해결하려고 생각했지만, 과거 청산을 하지 않은 그 회담에서 유해 문제는 해결되지 않았다.

1969년의 제3회 한일 정기각료회의에서 유해 문제가 의제에 올랐으나, 그것은 일본정부가 관리하고 있는 군인군속 등 2,331구의 유해에 관한 것이었지, 민간기업에서 일하던 강제동원 노동자의 유해에 대해서는 논의되지 않았다. 그 회의에서 한국 측은 "전부 일괄

---

1) 1935년 홋카이도(北海道)의 슈마리나이(朱鞠內)와 나요로(名寄)를 잇는 철도 공사가 시작됐고 발전용 댐을 만드는 대형공사가 수년에 걸쳐 진행되어 1943년 당시 동양 최대의 슈마리나이 댐이 완공되었다. 댐공사와 철도공사에는 약 3,000명의 한인이 강제동원되어 노동을 당하였고, 위험한 노동 현장에서 적지 않은 사망자도 발생했다. (역자 주)

인수"한다고 주장하였고, 일본 측은 유족이 판명된 유해만 반환할 것이라고 주장하여 합의에 이르지 못했다. 그러나 일본정부는 제3회 정기각료회의의 양해사항으로서 유족이 판명된 유해는 반환한다는 것을 기본원칙으로 하였다고 하지만, 그 회의록에는 그러한 기록이 없다.

1948년에 GHQ의 지시로 군인군속의 유해 7,643구가 반환되었으나, 그 유해는 한국 내에서 행방불명이 되었다. 그 후 정부와 민간인의 손으로 한국에 반환된 유해는 6,651구이며 대부분이 천안의 '망향의 동산'에 안치되었다. 그 중에는 한국에는 돌아갔지만 유족에게 연락이 되지 않은 유해도 있다('재한 군인군속재판의 요구실현을 지원하는 모임' 홈페이지(http://www.gun-gun.jp/index.htm) 참조).

일본정부가 보관하는 한인 군인군속 등의 유해 1,135구는 도쿄(東京)의 유텐(祐天)사에 보관되어 있었으나, 한국 국적자의 유해는 2008년 1월부터 4회에 걸쳐 합계 423구(그 중 195구는 신원불명)가 반환되었다. 이 때 신원이 파악되지 않은 195구의 유해를 반환한 것은 제3회 한일 정기각료회의 시의 '양해사항'과 어긋났으므로 양국의 시민단체로부터 비판을 받았다. 현재 유텐사에 남아있는 것은 우키시마(浮島)호 침몰 사망자의 유해 280구와 본적이 북한 지역으로 되어 있는 유해 431구이다.

한인 강제동원 희생자의 유해 반환에 관한 일본정부의 움직임은 2004년 12월의 한일 정상회담에서 고 노무현 대통령이 고이즈미(小泉) 일본 수상에게 요청함으로써 시작되었다. 그 후 일본정부는 후생노동성 직업안정국에 '인도 조사실'을 설치하여 일본 국내에 남아있는 한인의 유해에 대한 조사를 시작했다. 그 결과 2,662건의 유해 관련 정보가 수집되었다. 그 중 이름만 있고 유해는 없는 것이 약

300건 있으며, 합골(合骨)을 해버려 개별성을 잃어버린 유해가 약 1천 구나 되므로, 신원이 확인되는 유해는 매우 적다. 신원이 확인되어도 그것이 강제동원 희생자의 유해라고 확인된 것은 소수이다. 한국정부의 기관에 의해 42구의 유해가 유족이 존재한다는 것이 확인되었으나, 그 후 8년이 지난 현재까지 단 1구의 유해도 반환되지 않았다.

2) 강제동원으로 사망한 한인 노동자 수

일본정부는 강제동원한 한인의 총수와 명부 및 사망자의 총수와 명부를 공표하지 않거나 조사도 하지 않고 있다. 또한 동원하여 사역한 기업도 공표하지 않고 있다. 우리들은 입수한 약간의 자료를 이용하여 사망자 수를 추산할 수밖에 없다.

일본 국회도서관 소장의 제84회 제국의회 참고자료에 의하면, 1939년부터 1942년 12월말까지의 노동력 감모 상황이 있는데, 그 중 사망자란에 있는 합계는 1,766명이다. 그때까지의 동원자 합계는 239,808명이므로 전국 평균 사망률은 0.7%가 된다. 다케우치 야스토(竹內康人) 씨의 『전시기 조선인 강제노동 조사자료집』(神戸学生青年センター出版部, 2007년)에 의하면, 강제노동을 시킨 일본의 사업장 2,735개소와 한인 사망자 7,750명의 명부가 있는데, 일본에 동원된 인원 약 70만 명 중에서 1%를 넘는 사람들이 사망한 것이다. 한인 강제동원이 가장 많았던 후쿠오카(福岡)현의 동원 규모는 17만 1천 명이라고 하는데, 남아 있는 1944년 1월의 통계를 보면 그 시점까지 강제동원된 인원은 113,061명, 사망자는 711명으로 0.6%이다. 도주자 수가 가장 많아 58,471명으로 51.7%인데, 그 중 발견된 자는 7,427명으로 도주자의 12.7%이다. 현재 인원은 46,254명이었고

기존 구직목적의 한인도 같은 기업에서 8,632명이 일하고 있었다(福岡県長官事務引継書, 『昭和十九年七月 県政重要事項 福岡県』, 福岡県立図書館所蔵).

비슷한 시기 홋카이도에서의 사망률은 전국 평균보다 높았다. 그것은 내지 식민지로서 노동환경이 열악했기 때문이다. 홋카이도청의 조사에 의하면, 여성과 유아를 포함한 거주 한인 수는 12,709명이었다. 그 중 사망 노동자 수는 1943년 이후 증가를 보였는데, 그 내역을 보면 탄광에서 1,257명, 금속 광산에서 110명, 토목공사에서 450명, 공장과 짐꾼에서 19명으로 합계 1,836명이 확인된다. 이 명부는 주로 매화장 인허증 등의 사망 기록에 의존하고 있다. 홋카이도에 강제동원 당한 한인 수는 약 14만 5천 명이라고 하는데 사망률이 높았다고 추측되지만 정확한 수치는 알 수 없다(朝鮮人強制連行実態調査報告書, 『北海道と朝鮮人労働者』, 北海道, 1999년).

나는 일본의 진상구명네트워크가 유골 조사를 진행하는 중에 생각했던 사실과 몇 가지 다른 점이 있는 것을 알았다. 그 중 하나는, 일본에 남아있는 유해 수와 사망률이다. 일본에서 사망한 한인 피동원자의 유해는 대부분 기업이 유족에게 돌려주었고 전국에 남아있는 것은 많지 않다. 그러나 일본정부도 기업도 그 수치를 밝히지 않기 때문에 진실은 아직 오리무중이다.

한인 군인군속의 사망자를 보면, 동원 수 364,188명(현재 일본정부의 기록에 의하면 243,992명) 중에서 사망자는 22,182명이다.

4. 유해반환 운동의 의의

일본에서 유해 문제에 대해 열성적인 불교 조동종(曹洞宗)의 승려는 "유해를 물건으로 취급하면 그것은 단순히 칼슘으로 된 물체이지만, 유해는 그 사람의 인생을 말하는 것으로서 인격의 상징"이라고 하였다.

왜 먼 일본에 가서 죽지 않으면 안 되었는지, 거기에는 일본의 식민지 지배와 전시동원의 역사가 있다. 우리들은 다시 그 역사를 되풀이하지 않기 위해서라도 강제동원의 진상을 규명할 필요가 있으며, 일본의 과거 청산이 필요하다.

유해는 가족의 것이다. 그러나 육친의 죽음을 전달받지 못한 유족도 많고, 아직도 육친의 안부를 요청하는 한국의 유족을 만날 때가 있다. 그 사람들은 죽은 육친의 족적을 찾기 위해서 기록의 공개를 희망하고 있다.

이러한 희생자 유족과 일본의 시민은 어떻게 만날 수 있는 것일까. 어떻게 신뢰와 우호를 구축할 수 있는가. 그들과 일본의 시민들이 마음을 터놓는 것이 가능하다면, 유해 문제의 해결을 위해 열심히 하는 것 이외에는 없다. 그것이 우리들이 유해반환 운동을 하는 의의이다. 그러나 일본의 시민에게는 이루지 않으면 안 되는 큰 과제가 있다. 식민지 지배도 강제동원도 일본이란 국가가 행한 것이지만, 일본정부는 그 사실도 책임도 인정하지 않는다. 따라서 그 피해에 대한 사죄도 배상도 거부하고 있다. 이는 일본 시민의 책임이다. 과거를 청산하지 않는 일본에게 미래는 없다.

기업도 나라도 강제동원 희생자의 죽음에 대해 책임을 인정하지 않고 있다. 법적 책임은 한일조약에서 이미 해결되었으니, 유해조사에 대해서는 인도적으로 협력한다는 입장이다. 사죄의 말도 없이 유해를 한국에 건네주려고 한다. 이러한 반환을 한국정부가 수용할 수 없을 것이다. 그것이 8년이라는 시간 동안 아직 1구의 유해도 반환하지 못한 원인이다.

동원된 한인 노동자의 죽음에 대해 누구도 책임을 지려고 하지 않는다. 이것이 양심이 있는 나라인가, 평화를 말할 수 있는 나라인가. 유해 문제를 해결하고자 하는 것은 일본이 한층 더 좋은 나라가 되기 위한 시도이다. 이것이 또 하나의 의의이다. 그러나 우리들의 힘은 약하다. 국가와 기업에 책임을 인정시키는 일은 어렵다. 한국의 유족은 고령이 되어 하루빨리 유해를 받고 싶다고 희망하기도 한다. 그런 상황에서 (일본)시민으로부터 (한국)유족으로, (일본)종교계에서 (한국)종교계로 유해를 반환하는 방법을 모색하고 있다. 2008년에 홋카이도의 시민단체가 지역주민의 성의를 모아 유골 반환을 성사시켰다.

2012년 5월, 적극적으로 유해 문제 해결에 나서고 있는 일본불교 조동종은 "이 조사 사업을 착수함에 있어서 일본과 한국 양 정부가 유해 반환을 실현한다는 가능성이 없다고 판단하면, 독자적으로 이 사업을 추진한다고 명언한다. 어디까지나 양국 정부의 책임하에 유골이 반환되어야 하지만, 그 가능성조차 의문시되고 있다. 조사에 협력해 준 분들의 신의는 준수되어야 하므로, 향후 독자적으로 반환 루트를 모색할 필요가 있다"는 견해를 공표하였다(曹洞宗 홈페이지 SOTOZEN-NET: http://www.sotozen-net.or.jp/column/jinken-forum-2012-5. html).

유해 문제의 해결은 원칙을 지키면서 행하되, 각 유해의 실상에 맞춰 해결해야 한다고 생각한다.

5. 유해 반환 태세의 문제점

1) 출발시의 상황

2004년 10월에 '강제연행 · 강제노동을 생각하는 전국교류집회'가 홋카이도에서 열렸다. 거기에는 한국에서 온 최봉태(崔鳳泰) 변호사와 일본에서 강제동원 진상규명에 힘써 온 후쿠도메 노리아키(福留範昭) 씨 등이 참가하여, 향후 일본의 과거 청산을 어떻게 진행할 것인가에 대해 논의하였다. 물론 홋카이도 포럼의 멤버들도 참가하였다.

그 자리에서 강제동원 희생자의 유해 문제가 부각되어 과거 청산의 현재적 과제로서 노력하자고 이야기 되었다. 일본에서의 전후보상 재판은 매번 패소하였고, 자민당 정권하에서는 전후보상 문제의 해결 가능성이 없어진 상황이었다. 아직 반환되지 않은 유해를 과거의 문제로 삼지 않고 오늘날의 문제로서 사회적 고발을 하여 일본에서의 과거 청산 운동에 전환점을 만들자고 하였다. 비록 한국 유족의 주장은 아니었다는 문제가 있었지만, 그것은 나중에 한국 유족과 교류가 시작되면서 극복되었다.

2004년 12월 17일에 일본의 가고시마(鹿児島)현 이부스키(指宿)시에서 개최된 한일 정상회담에서 고 노무현 대통령이 한국인 강제동원 희생자의 유해 문제를 언급하며, 그 소재의 확인 및 유해 봉환에 대한 희망을 표명하였다. 일본정부도 유해 문제를 위해 움직였다.

2005년 7월 18일, 일본의 시민운동 단체들이 한국에서 강제동원 피해 진상규명위원회가 설립된 것에 연동하여 '강제동원 진상구명 네트워크'를 설립하였다. 여기에서 정부와 종교계에 유해 문제 해결을 위해 제언을 하기 시작했다. 또한 관련 민간단체들을 초대하여 '한국·조선의 유족과 같이 유해 문제 해결을 위한 전국 연락회' 를 가동하였다.

2) 정부간 협의의 문제점

2005년 5월 25일, 유해 문제에 관해 한일 양국정부의 제1회 협의회가 도쿄에서 개최되었고, 거기에서 "유해를 한국 측에 반환하는 데에 인도주의, 현실주의, 미래지향 등 3원칙에 의거하여 한일 쌍방이 노력한다고 합의"하였다. 그러나 이 3원칙은 그 후 유해문제 해결에 걸림돌이 되었다. 일본정부가 말하는 '인도주의'는 스스로의 책임을 인정하지 않는 말로 사용되었고, '현실주의'는 한인 노동자의 죽음에 대한 진상규명을 회피하는 것이며, '미래지향'은 일본의 과거 청산을 애매하게 하는 것이었다. 일본정부의 유해 문제 담당자는 우리들의 재촉에 대해 "우리들이 하는 것은 유해의 소재 조사이지 사망자 조사가 아니다. 사망에 이르는 경과를 조사하지 않고, 유해의 신원 확인에 필요한 경우만 행한다"라고 답하고 있다.

또한 한국정부 기관인 진상규명위원회와 일본의 민간단체의 연계 방식도 반성할 점이 많다. 그 중 하나는, 진상규명위원회는 정부 기관이니까 한국정부를 통해 일본정부에게 강제동원에 관한 다양한 자료의 조사 및 제공을 요구해야 하지만, 일본의 연구자나 민간단체를 통해 그를 구하는 경우가 많았다. 그 결과로서 일본정부나 기업이 갖고 있는 자료를 충분히 빼내지 못했다고 할 수 있다. 예를 들면, 피동원자의 예금통장 같은 것이다.

맺으며

일본정부는 과거 청산에 대해 「한일 경제협력 및 청구권협정」에서 "완전하고 최종적으로 해결되었다" "어떠한 주장도 할 수 없다"고 정했다면서 "법적으로 해결되었음"이라고 한다. 그러나 그 "어떠한 주장을 할 수 없다"라고 한 것은 외교보호권을 포기한다는 의미에 지나지 않으며, 한국인의 재산권이나 배상청구권을 소멸시킨 것이 아니다. 재산권이나 배상 청구권에 대해서는 서로의 나라에서 국내적 조치에 의해 행하였다는 것을 확인하고 있을 뿐이다. 그 증거로서 일본정부가 1965년에 국내법 제144호를 제정하여 한국인의 대일 재산권을 소멸시킨 조치를 취한 것이다. 일본정부는 '위안부' 피해자나 강제동원 피해자의 손해보상 청구권에 대한 법적 조치는 취하지 않고 있으므로, 결코 "법적으로 해결"된 상황이 아니다. 나는 2011년 8월 22일 서울에서 열린 한일 과거청산시민운동보고대회에서 발표한 '유골 문제에 관한 보고'라든지, 2012년 4월 7일에 열린 제5회 강제동원진상규명 전국연구집회에서 발표한 '한국 헌법재판소 결정과 한일청구권협정의 의미'에서 그와 같은 취지를 주장한 적이 있다.

강제동원 희생자의 유골반환 운동도 일본정부의 "법적으로 해결되었다"는 논리 속에서 교착 상태에 있다. 강제동원 희생자의 죽음에 대해 국가와 기업의 책임을 인정하지 않고 사죄도 배상도 하지 않은 채 유골 반환을 하는 것은 있을 수 없다.

2012년 5월 24일 한국 대법원은 1965년의 한일협정으로 인해 개인의 청구권도 외교보호권도 소멸되지 않은 것이므로, 미쓰비시(三菱)중공업과 일본제철에 강제로 동원되었던 한국인 원고의 손해배상 청구가 타당하다고 판단하여 다음과 같은 판결을 내렸다.

> 청구권협정은 일본의 식민지 지배의 배상을 청구하기 위한 교섭이 아니고 샌프란시스코조약 제4조에 의거하여 한일 양국이 재정적·민사적 채권·채무 관계를 정치적 합의에 의해 해결하기 위한 것으로서, 청구권협정 제1조에 의해 일본정부가 대한민국정부에 지급한 경제협력 자금은 제2조에 의한 권리문제의 해결과 법적으로 대가 관계가 있다고 보이지 않는다는 점, 청구권협정의 교섭과정에서 일본정부는 식민지 지배의 불법성을 인정하지 않은 채 강제동원 피해의 법적 배상을 원칙적으로 부인하였고, 그 때문에 일제의 한반도 지배의 성격에 관해 한일 양국 정부의 합의가 이루어지지 않았지만, 이러한 상황에서 일본의 국가 권력이 관여한 반인도적인 불법행위나 식민지 지배에 직결된 불법행위에 의한 손해배상 청구권이 청구권협정의 적용대상에 포함되어 있다고 보기 힘들다는 점을 고려하면, 원고들의 손해배상 청구권에 대해서는 청구권협정으로 개인 청구권이 소멸되지 않았다는 것은 물론이거니와, 대한민국의 외교보호권도 포기하지 않았다고 보는 것이 타당하다.

이는 일본정부의 종래 주장과 정면으로 대립되는 견해이다. 또한 한국정부가 지금까지 한일회담에서 해결되지 않은 과제는 일본군위안부, 원폭피해자, 사할린잔류 한인이라고 했던 견해와도 다르므로, 한일 양국의 과거 청산을 근본적으로 되묻는 획기적인 판결이다. 그래서 한국정부가 일시적으로 고민될지 모르겠지만, 본질적으로 이 판결은 한국정부에게 대일 과거 청산에 관한 입장과 논리를 확실히 제공하는 것이다.

문제는 과거 청산을 행하는 입장이라 할 수 있는 일본의 정부나 국민이 그에 상응하는 역사인식도 결의도 갖고 있지 않다는 것이다. 그것을 이루어내게끔 일본의 시민운동이 실현 가능하면서도 과

거 청산이 확실히 가능한 시책을 제언하고 실시할 수 있어야 할 것
이다. 유골 문제도 그 중의 하나이다. 일본의 정부와 기업이 식민
지 지배와 강제동원의 책임을 인정하고 사죄 및 보상을 하느냐가
또 다시 추궁 당할 것이다. 그리고 당면한 유골 반환 문제는 유족
의 의사에 따라 사안별로 대응해야 할 것이라고 생각한다.

〈자료〉 강제동원 피해자 유골 발굴(2010년 5월 홋카이도 아사지노 비행장 근처)

최근의 변화와 향후의 전망

　본서는 현재 한일 양국 관계에서 나타난 문제점을 모두 망라하는 것은 아니지만, 특히 양국의 역사인식 상이가 현실에서 어떻게 나타났으며, 지난 수십 년 동안 일본 시민들이 그것을 어떻게 보았고 어떻게 해결하고자 했는지를 한국의 독자들에게 전달하고자 한 것이다. 여기에서는 본서 내용의 대부분을 차지하고 있는 과거 일제의 전쟁에 강제로 동원된 한국인의 피해규명 운동에 관한 최근의 상황 변화에 대해 약간의 논평을 하고 본서의 마무리를 하고자 한다.

　2012년 5월 24일에 한국의 대법원은 일본기업을 상대로 제기한 한국인 아시아태평양전쟁기 강제징용 피해자의 보상요구 소송에 대해 획기적인 판결을 언도하였다. 그 대법원 판결 내용은 2009년 2월 3일 부산고등법원이 미쓰비시(三菱)중공업주식회사에 징용된 한국인의 피해보상 청구 소송에 대해 내린 원고패소 판결이 '법리 오해의 위법'이라고 원심파기 및 환송한다는 것이다. 이는 한국인 강제동원 피해에 대해 한국 법원의 최고 기관이 내린 최선의 종합적인 판결이므로, 이하에 그 판결 내용[1]을 인용하여 정리해 보고자 한다. 2012년 5월 대법원 판결의 주요 골자는 다음 4가지이다.

---

1) 대법원 2012.5.24.선고 2009 다 22549 판결 손해배상(기)등 '일제 강제징용 사건'. 인터넷사이트 〈대한민국 법원 종합법률정보〉 수록.

(1) …(전략) 일본판결의 이유는 일제 강점기의 강제동원 자체를 불법으로 보고 있는 대한민국 헌법의 핵심적인 가치와 정면으로 충돌하는 것이어서 이러한 판결 이유가 담긴 일본판결을 그대로 승인하는 결과는 그 자체로 대한민국의 선량한 풍속이나 그 밖의 사회질서에 어긋나는 것임이 분명하므로, 우리나라에서 일본판결을 승인하여 효력을 인정할 수 없는데도, 이와 달리 본 원심판결에 법리 오해의 위법이 있다.

(2) …(전략) 구 미쓰비시가 책임재산이 되는 자산과 영업, 인력을 중일본중공업 주식회사 등에 이전하여 동일한 사업을 계속하였을 뿐만 아니라, 미쓰비시 스스로 구 미쓰비시를 미쓰비시 기업 역사의 한 부분으로 인정하고 있는 점 등에 비추어 구 미쓰비시와 미쓰비시는 실질적으로 동일성을 그대로 유지하고 있다고 봄이 타당하여 법적으로는 동일한 회사로 평가하기에 충분하고, …(중략)… 갑 등은 구 미쓰비시에 대한 청구권을 미쓰비시에 대하여 행사할 수 있다…

(3) '청구권협정'은 일본의 식민지배 배상을 청구하기 위한 협상이 아니라 샌프란시스코 조약 제4조에 근거하여 한일 양국의 재정적·민사적 채권·채무 관계를 정치적 합의에 의해 해결하기 위한 것으로서 …(중략)… 일본의 국가권력이 관여한 반인도적인 불법행위나 식민지배와 직결된 불법행위로 인한 손해배상 청구권이 청구권협정의 적용대상에 포함되었다고 보기 어려운 점등을 비추어 보면, 청구권협정으로 개인 청구권이 소멸하지 아니하였음은 물론이고, 대한민국의 외교적 보호권도 포기되지 아니하였다고 보아야 한다. …(하략)

(4) …(전략) 갑 등이 대한민국 법원에 위 소송을 제기할 시점까지는 갑 등이 대한민국에서 객관적으로 권리를 사실상 행사할 수 없는 장애사유가 있었다고 보아야 하므로, 구 미쓰비시와 실질적으로 동일한 법적 지위에 있는 미쓰비시가 소멸 시효의 완성을 주장하며 갑 등에 대한 불법행위로 인한 손해배상채무 또는 임금지급채무의 이행을 거절하는 것은 현저히 부당하여 신의성실의 원칙에 반하는 권리남용으로서 허용될 수 없는데도, 이와 달리 본 원심판결에 법리 오해의 위법이 있다. …

　이상의 4가지 중에서 (2)~(4)의 내용은 종래 일본 및 한국의 유사한 재판에서 한국인 원고와 피고 일본 정부 및 기업 사이에서 격렬한 쟁점이 되었던 사안이기도 하다. 이 대법원 판결은 그야말로 '대한민국의 선량한 풍속이나 그 밖의 사회질서'에 걸맞은 가치 판단에 입각하여, 1965년 한일 청구권협정과 종래 일본법원의 판결 내용을 새롭게 분석한 결과라고 할 수 있다. 나아가 종래 당해 문제에 관해 소극적인 태도로 일관했던 한국 정부에게 향후의 행보에 있어서 중요한 시사를 제공하는 것이다.

　돌이켜보면, 필자도 11년 전인 2002년에 발표한 졸고 「1990년대 일본에서의 '전후보상론'과 한국인의 소송 -역사인식의 거울-」(『韓日民族問題硏究』 제2호, 2002년 4월 발행)에서 1965년의 한일 청구권 협정이 한국인 전후보상 요구의 가장 큰 장벽으로 존재하나, 그 협정은 일본 정부가 한국 정부에게 '경제협력'을 한다는 의미였지, '보상' 명목으로 체결한 것이 아니다. 따라서 '경제협력' 명목의 협정으로 개인의 청구권을 소멸시키는 모순을 집중적으로 논파할 필요가 있다는 의견을 피력한 적이 있다. 2012년 5월의 대법원 판결을 접하고 격세지감을 느꼈으나, 한국의 사법부에서 상기와 같은 의의 깊은 판결이 나온 것은 참으로 다행이라고 생각했다.

　상기 대법원 판결의 효과는 이듬해 국내의 고등법원에 회부되어 열린 관련 재판에서 바로 나타났다. 2013년 7월 10일에 서울고등법원은 피고 신일철주금(新日鐵住金)주식회사에 대해, 같은 해 7월 30일에 부산고등법원은 피고 미쓰비시중공업주식회사에 대해 각각 한국인 원고가 요구한 강제징용의 피해 보상금을 지불하라고 판결을 내렸다. 이 두 고등법원 판결을 접한 한국과 일본에서 원고의 소송을 지원한 시민 그룹은 그야말로 환호성을 올렸다. 하지만 안타깝게도 현실은 강제징용 피해자나 그 유족들이 희망하는 대로 즉시 해결될 것 같지는 않다. 피고인 신일철주금주식회사는 고등법원 판결을 수용하지 않고 자신들 '주장의 정당성을 명백하게 밝힐 것'이라며 7월 30일에 바로 대법원에 상소하였고, 향후 설사 대법원에서 패소한다 하다라도 이 건은 일개 기업의 문제가 아니므로 일본 정부와 상의하여 진행하겠다고 의견을 밝혔다.[2]

한편 이러한 일본기업 측의 대응을 한국 측에서 강제동원 소송의 원고를 지원하던 그룹도 이미 예측을 했었다. 그들은 이미 한국 측에서 정부와 한일 청구권자금의 수혜기업이 출자하는 '재단'을 설립하여 한국인 강제동원 피해자에 대한 지원을 해결할 것을 제안하였다. 그런 다음, 그들이 설립 희망하는 그 '재단'에 일본 측에서도 정부와 징용 주체였던 기업들이 출자하도록 권고할 것이라는 희망도 밝혔다. 그러나 그 '재단'이 어떤 성격과 기능을 가지고 있는지 실체가 밝혀지지 않아 아직 단정할 수는 없지만, 종래와 유사하게 동원 피해자들에게 '지원' 즉 금품을 제공하는 기능만 부각되고 있을 뿐, 기존의 정부 기관에 의해 진행된 '지원' 사업에서 드러난 모순들을 해결할 전망을 보여주지 못하고 있다.

종래 정부 기관에 의해 행해졌던 '지원' 사업은 ① 강제동원을 주도했던 일본정부나 기업에 의한 보상이 아니라 한국 정부가 사업 주체가 되고 있다는 점, ② 의도적으로 대상 범위를 국외(한반도 외부) 동원에 한정하여 엄연히 존재했던 국내 동원의 피해를 무시하였다는 점, ③ 개인에 대한 금품 지급의 형태를 취하고 있기 때문에 발생하는 대상자의 선정과 액수환산의 방식에 관한 공평성 문

---

2) 인터넷판 『연합뉴스』 2013년 8월 19일자 기사 「신일철주금, "징용배상 지급 확정된 바 없다"」 참조.

제, ④ 국외 피동원자 중에서 생존 귀환자에 대한 지원 미비 등의 한계가 있다고 지적할 수 있다. 또한 보다 근본적인 문제로서, 강제동원 피해의 사실 판단을 위해 필요한 당해 분야의 연구가 아직 동원 분야별로 골고루 축적되어 있지 않다는 점도 들 수 있다. 그 이유로서는, 2004년 11월 이후 활동을 시작한 강제동원의 피해 규명을 위한 한국정부 기관이 관련 자료를 수집하고 조사를 하였지만, 일본 관민 소장의 자료가 부분적으로밖에 공개되어 있지 않고 있다는 점을 들 수 있다. 따라서 향후에 한국에서 설립될 강제동원 피해 규명을 위한 기관은 그 형태가 어떤 것이 될지라도 이상에서 지적한 문제들을 종합적으로 해결할 수 있는 기능을 갖추어야 할 것이다. 그렇게 종합적인 기능을 갖춰 해결하고자 접근하지 않으면, 이 문제는 다음에 또 불거질 것이다. 이미 역사는 우리에게 가르쳐주고 있지 않은가. 제대로 예지를 하지 못해 허점이 많은 제도를 만들면 그로 인해 또 다른 수많은 문제가 야기된다는 것을.

한편, 상기에서 언급한 소송에서 피고 일본 기업(대기업)은 한국에서의 영업환경 변화를 예측함과 동시에, 일본 정부의 자문도 받으면서 대법원 항소를 진행할 것으로 예상된다. 예를 들면, 2012년 5월의 대법원 판결에서 기준삼은 식민지강점을 인정하지 않는 논리에 대해 한국인 원고와 피고 일본 기업 사이에서 완전히 상반되는 입장을 내세우며 공방이 전개될 것도 예상된다. 우리 측은 당연하다고 생각하는 역사적 사실에 대해 상대측에게는 전혀 반대의 가치관이 형성되어 있는 것이 한·일 관계이므로 양국 정부에 의해 정치적 대타협이 이루어지지 않는 이상 결착을 보기까지는 요원한 시간이 소요될 수도 있다.

하지만 본서에서 소개한 내용이 꾸준하게 양국의 시민사회에서 공감 되다면 해결될 가능성은 있다. 지난 수십 년 동안 과거 침략의 역사를 반성하고 평화를 지향한 일본 시민들에 대한 이해를 증진하면서 양국 시민들이 진정한 우호 평화를 위해 각자의 내셔널리즘을 초월한 협력 구도를 만들고 자국 정부에게도 꾸준하게 주지시킨다면, 양국 간에 장애물로 존재하고 있는 역사 관련 미해결 문제도 해결될 수 있을 것으로 믿어 마지않는다.

김광열(金廣烈)

광운대학교 국제학부 교수.

도쿄외국어대학교 외국어학부 일본어학과 졸업.

히토쓰바시대학교 대학원 사회학연구과 동아시아사회사 전공, 석사 및 박사과정 졸업.

사회학 박사. 근현대 한일관계사, 일본사회사 전공.